광고의 이해

이원재

Understanding of Advertising

이 원 재 _지음

설득과 관계, 뛰어넘기

요즘 주변을 둘러보면 정보를 손쉽게 습득할 수 있는 채널들이 가까이에 널려 있다는 것을, 그리고 어떤 채널을 선택하면 좋을지 고민하는 사람들이 더러 있다는 것을 감지할 수 있다. 이처럼 어떤 매체도 독점적인 지위를 누리지 못하고 있는 상황과 더불어 기술의 진화에 따른 수많은 통신 디바이스, 다양한 플랫폼 서비스 등은 우리의 일상을 급속도로 변화시키고 있다. 이러한 변화의 흐름은 인터넷과 모바일의 확산을 가져와 정보 유통 경로가 계속해서 늘어나고, 소셜네트워크서비스(SNS)를 기반으로 하는 1인 미디어까지 등장하면서 소통의 환경 또한 급변시켰다. 이는 우리가 살아가고 있는 현대가 디지털시대로 변화하면서 생겨난 현상일 것이다.

한편 경제의 영역에서도 변화의 흐름이 감지되고 있다. 해마다 세계경제는 불확실해지고 거친 바다처럼 출렁이고 있다. 디지털로의 이행 속에서 변화의 속도는 모든 시장에 영향을 끼치고 있는 것이다. 특히 스마트폰 같은 가전제품 시장에서는 반년 계획조차 세우기 어렵게 되었다. 디지털은 속도를 계속해서 가속화시키기 때문이다.

이처럼 우리가 살고 있는 현실은 세상을 움직이는 표적들로 가득하고 생각의 속도보다 더 빨리 변하고 있다.

광고 미디어의 생태계 역시 예측이 힘든 복잡한 상황에 직면해 있다.

그렇다면 요즘 같은 다양한 정보 유통과 소통의 메커니즘이 작용하는 사회에서 광고가 대중을 어떻게 효율적으로 만날 수 있을까. 무엇보다 세상의 변화에 민감하게 반응하고 능숙하게 대응할 수 있는 것이 중요하다. 인터넷 버블시대는 기업이나 광고 모두에게 비전을 원했고, 버블 이후에는 디자인과 효율성이 강조되었다.

지금의 시대는 훨씬 다양한 양식의 능력이 필요하다. 예를 들어 최근 광고로서 'SNS 드라마'가 선보여진 것을 들 수 있다. 기업의 페이스북이나 유튜브 등 SNS를 통해 공개되는 동영상을 광고 도구로 사용하는 것이다. 이러한 방식은 방송광고보다 비용이 저렴하고 젊은층을 공략하기 쉽다는 장점이 있다. 이는 인터넷과 모바일로 광고 플랫폼이 무한 확장되면서 탄생한 새로운 방식이라 할 수 있다. 이러한 형식은 부차적으로 컴퓨터와 스마트폰을 통한 영상 확장판을 찾게 유도하면서 광고하고자 하는 대상의 이미지를 좀 더 오래, 그리고 강하게 유지시킬 수 있다.

한편 소통방식의 변화에 따라 손가락 하나로 자신의 의견을 표명하고 집단 행동이 가능해진 만큼 소비자들의 능동적인 참여가 가능해졌다. 이러한 분위기 때문인지 소비자는 브랜드에 자신의 요구를 담아주길 원하게 되었고, 이러한 요구에 발맞추어 소비자의 마음을 사로잡을 수 있는 광고가 필요하게 되었다. 결국 광고는 좀 더 단순하면서도 더욱 흥미롭게 설득과 관계를 이어나가야 할 필요가 생겼다. 최근 여러 매체를 통해 볼 수 있는 다양한 광고들이 소비자가 일정한 역할을 하도록 여지를 남겨두면서 즐길거리가 풍부해졌다는 점은 이러한 분위기를 반영한 것이라 볼 수 있다. 재미있고 능동적인 참여가 가능한 광고는 빠르게 입소문 나지만 그렇지 못한 경우는 외면받기 일쑤다.

광고는 더 이상 제품의 기능을 구구절절 설명하고 그것을 사달라며 유혹하는 홍보 수단이 아니다. 그렇지만 뉴 미디어시대, 미디어 융합이 가속화되는 환경에서 변화에 발맞춰 간다는 것이 여간 어려운 일이 아니다.

이러한 상황 속에서도 광고계 종사자들은 급격한 변혁의 소용돌이 속에서 나름의 질서를 창조해낸다. 매번 명쾌하면서도 끊임없이 바꿔야 할 것과 지켜야 할 것을 선택한다. 그래서 어떠한 상황에서도 신속하게 대응할 수 있는 커뮤니케이션 감각을 요구받고 있다.

이 책의 많은 부분은 광고 현장의 경험에서 비롯된 글이다. 시작은 대학에서 수업 중 보다 쉽게 광고의 개념을 파악할 수 있었으면 한다는 요청에서 비롯되었다. 첫 직장이었던 공공기관에서 홍보 업무를 담당했을 때나, 온라인 전문 광고대행사를 운영하고 있는 지금이나 한결같이 중요한 것은 바로 기본이었다. 그럼에도 불구하고 광고 전반의 이해를 구할 수 있는 책이 많지 않았다. 물론 매일 시간에 쫓기다보니 계획된 일정보다 많이 늦어졌고 원고를 정리하는 과정에서 부족한 부분도 많아 아쉬웠다. 그렇지만 광고를 시작하려는 분들에게 작은 도움이라도 되길 기대한다.

2013년 10월
이 원 재

프롤로그 | 설득과 관계, 뛰어넘기　　　　　　005

제1부 광고란 무엇인가

04　광고 제작의 현장

05　국제광고의 조건

06　광고 관련 법규와 규제

제2부 광고의 기획과 제안

01　기획의 입안

제1부

광고란 무엇인가

광고의 정의

1. 광고의 정의와 우리나라 광고산업 현황

대중문화는 일상의 모든 것들이 내재되어 있으며 자본주의와 함께 현대사회를 구성하는 축이다. 광고 역시 이러한 대중문화의 한 영역으로서 엄청난 영향력을 발휘하고 있다. 오죽하면 현대를 대중문화의 사회이면서 광고의 시대라고 할까. 일상생활에서 광고가 차지하는 비중은 매우 크다는 점, 그리고 수많은 광고들이 삶의 다양한 모습을 드러내고 창조해낸다는 것에서 충분히 이해할 수 있는 대목이다.

광고(廣告, advertising)는 일반적으로 명시(明示)된 광고주가 매체를 통해 의사 전달을 하는 의사소통방법이며, 광고를 접하는 수용자의 태도를 변화시키기 위한 목적을 갖는다.

그렇다면 광고라는 단어는 어디로부터 왔을까? "광고"를 이루는 한 자어를 직역하면 '널리 알리는 것'이 된다. 영어로는 "advertising" 또는 "advertisement"라 표현하는데 이 단어들의 어원은 라틴어 "adverter"으로

'돌아보게 하다', '주의를 돌리다'라는 뜻을 지니고 있다. 또한 독일어, 불어에서는 광고를 각각 "Die Reklame"와 "Reclame"라고 하는데, 모두 '부르짖다'라는 뜻을 지닌 라틴어 "Clamo"에 어원을 둔 것으로, 결과적으로 광고는 '반복하여 부르짖다'는 뜻이 된다.[01]

위에 살펴본 광고의 어원을 종합해 생각해보면 광고는 '사람들의 주목을 끌어서 널리 알린다'는 의미로 요약할 수 있다. 하지만 광고에 대한 정의는 학자들에 따라 다양하게 내려지고 있다. 광고를 둘러싼 모든 행위의 주체들은 각각의 시각에서 광고를 바라보기 때문이다.

오늘날 광고에 대한 정의는 바라보는 관점에 따라 매우 다양하게 진화해 왔다. 예를 들어, 저널리스트들은 광고를 커뮤니케이션, 홍보, 혹은 설득과정으로 이해한 반면, 경영인들은 하나의 마케팅과정으로 정의한다. 경제 전문가와 사회학자는 광고를 경제적 혹은 사회·윤리적 관점에서 이해한다.[02]

이러한 어려움에서도 광고에 대한 정의를 굳이 얻고자 한다면 여러 학자들이 내리고 있는 정의의 공통점을 이해하는 것이 좋을 것 같다. 많은 학자들이 이야기하는 광고에 대한 정의의 공통점은 광고가 '유료 (paid, 지면 혹은 매체, 그리고 시간에 대한 비용을 지불하는 커뮤니케이션 형태)'이고 '비대인적(nonpersonal, 대중 매체를 통해 불특정다수의 대중들에게 메시지를 전달)'이며, '명시된 광고주', 또는 '확인 가능한 광고주(identied sponsor, 메시지 전달주체를 밝힘)'

01 이명천·김요한, 『광고학개론』(개정판), 커뮤니케이션북스, 2010, 1~2쪽.
02 김봉현 외, 『광고학개론』, 한경사, 2000, 17쪽.

의 행위라는 점이다.[03]

이러한 점을 감안하여 광고에 대한 원론적인 내용을 정리하면,

> 광고는 자신의 이름을 밝힌 광고주가 사람의 대화가 아닌 정보 전달의 매체를 이용하여 어떤 상품(서비스, 생각, 사람, 조직단체 등 포함)을 특정 대상에게 소개하거나 판매를 촉진하는 활동[04]

정도로 요약해볼 수 있다.

그럼 이제까지 알아본 광고의 정의와 우리가 익히 잘 알고 있는 광고에 대한 지식을 가지고 광고는 어떠한 요소로 이루어지는지 생각해보자.

먼저 광고라는 행위를 하는 주체가 있어야 한다. 이 주체, 즉 광고주는 광고하기 위한 제품의 소유자이며, 광고를 하기 위해 일정한 자본을 투입하는 자를 말한다. 둘째, 광고를 하기 위한 제품이 있어야 한다. 광고의 메시지는 곧 제품이나 다름없을 것이다. 셋째, 광고의 타깃이 있어야 한다. 타깃이란 광고가 매체를 통해 배포되었을 때 이를 접하게 될 다수의 대중을 말하는데, 광고 제작 시 광고 타깃을 결정해야 그에 알맞은 카피, 디자인 요소나 적합한 매체 등을 결정할 수 있다. 넷째, 광고를 배포할 수 있는 매체가 있어야 한다. 광고에 있어서 매체는 필수불가결한

---

03 광고와 흔히 혼동해서 쓰는 PR(public relations)과 선전(propaganda)은 '유료', '명시'란 두 관점에서 광고와 다르다. 첫째 홍보나 선전은 광고처럼 일정한 금액을 내지 않으며, 둘째 홍보나 선전을 하는 주체가 분명히 밝혀져 있지 않다.
04 장대련 · 한민희, 『광고론』(제2판), 학현사, 2011, 8쪽.

요소이다. 이는 광고 대상과 광고를 하는 주체 간 의사소통의 고리이기 때문이다.[05] 마지막으로 광고의 목적과 성과에 대한 평가가 있어야 한다.

이렇게 정리된 광고의 요소는 커뮤니케이션에서 이야기하는 5W의 원칙과 동일하다. 5W의 원칙이란 who(광고주), what(제품 내용), whom(대상), which medium(매체), what effect(광고성과)를 약자로 표시한 것인데, 이는 곧 광고는 근본적으로 커뮤니케이션 행위임을 시사해준다.

한국에서 광고라는 개념이 처음 도입된 시기는 근대광고의 초기인 1886년 2월 22일자 『한성주보』 제4호에 실린 '세창양행' 광고로 어느덧 127년이 지났다. 당시는 "고백(告白)"이라는 단어가 광고라는 의미로 처음 사용되었다. 이후 우리나라 광고는 양적으로 상당한 발전을 해온 것이 사실이다. 광고비 측면에서 보면 2013년 총 광고비는 9조 8,821억 원으로 이러한 광고비는 1988년을 기점으로 국민총생산(GNP)의 2%를 능가하며, 1980년 이후 평균 15% 전후의 지속적인 성장을 하고 있다.[06]

문화체육관광부와 한국방송광고진흥공사[07]는 우리나라 광고산업 사업체들의 전반적인 현황과 동향을 체계적으로 조사한 '2012 광고산업

---

05 광고의 매체를 TV, 신문 등에 한정하여 생각하는 것이 보통이다. 하지만 최근 매체와 관련된 기술 발달(예컨대 모바일 기술과 같은)에 힘입어 인터넷이나 무선이동통신망상의 많은 커뮤니케이션 통로가 생겨 광고 역시 새로운 형태로 진화해가고 있다.

06 이러한 성장세는 세계 12위권, 아시아 내에서는 2위권을 유지하고 있다.

07 한국방송광고진흥공사(Korea Broadcast Advertising Corporation : KOBACO)는 1981년 언론통폐합 조치의 일환으로 설립된 방송광고판매기관으로 방송의 공공성 확보와 전파로 창출되는 수익의 사회 환원을 위하여 설립된 미디어렙(media rep)이다. 미디어렙은 방송사를 대신해 방송광고의 영업을 하고 수수료를 받는 방송광고 판매대행사를 말한다. 현재 한국의 모든 지상파 방송사와 DMB 매체의 광고 영업을 대행하고 있다.

통계'를 발표하였다. 조사 결과에 따르면 국내 총 광고비는 전년 대비 1.0% 오른 9조 6,524억 원이었다. 6대 매체인 지상파 텔레비전, 신문, 라디오, 잡지, 케이블 텔레비전, 인터넷의 분기별 광고비를 살펴보면, 먼저 지상파 텔레비전이 5,567억 원(22.7%), 인터넷 5,351억 원(21.8%), 신문 4,215억 원(17.2%), 잡지 1,148억 원(4.7%), 케이블 텔레비전 3,743억 원(15.3%), 인터넷 5,351억 원(21.8%)이고, 기타(15.8%) 3,877억 원이다. 흥미로운 것은 인터넷이 지상파 텔레비전을 바짝 추격하고 있다는 점이다.

인터넷은 매스미디어와 마찬가지로 폭넓은 광고주에게 이용되고 있는 매체이다. 신문사의 뉴스를 인터넷으로 읽고, 컴퓨터와 휴대전화로 텔레비전 방송을 보는 것과 같이 매체 간의 경계가 없어지고 상호 융합하고 있기 때문이다.[08] 더구나 인구 대비 인터넷 사용자 비율이 높은 편인 우리나라에서 광고 매체로서의 인터넷은 다른 매체보다 성장 가능성이 높다고 할 수 있다.

한편 대행사, 제작사, 기획사 등의 광고 관련 사업체 수는 5,625개로 전년도 5,011개에 비해 10.9% 증가한 것으로 나타났다. 이들의 평균 취급액은 전년도 20억 6천만 원에서 21억 6천4백만 원으로 늘어났지만, 평균 종사자 수는 7명에서 6명으로 소폭 감소하였다. 그러나 전반적으로 광고산업 내 사업체의 생산성이 증가된 것으로 볼 수 있다.

---

08 조작의 용이함과 비용 측면에서 소비자가 선택하는 매체에는 일정한 틀이 있는데, 이러한 점은 매체의 융합은 매체의 형식보다 콘텐츠의 독자성이 중요하다는 점을 시사해준다.

2. 광고의 역할과 기능

　광고에 대한 정의를 내리는 많은 설명과 마찬가지로 광고가 가진 역할이나 기능 역시 여러 측면으로 설명이 가능하다. 사실 오늘날의 광고는 마케팅 도구 이상의 기능을 담당하고 있기 때문이다.[09]

　광고주는 제품이나 서비스를 팔거나 기업에 이미지를 부여하기 위해서 광고를 한다. 상품이나 서비스는 물론 가격과 판매처를 대중들에게 알리거나 사용 중인 브랜드를 인지시키기 위해서다. 요약하면 광고 활동은 새로운 제품과 서비스를 알려 소비 욕구를 자극시킴으로써 구매 효과를 높이는 것이다.

　광고의 기원을 살펴보면 알 수 있겠지만 물물교환이나 상거래가 있는 곳에는 반드시 판매자와 구매자가 존재하게 되는데, 판매자가 구매자에게 표시하는 의사 활동이 광고의 원초적 형태라고 볼 수 있다. 따라서 동서양을 막론한 간판, 호객 행위 등은 광고의 기능으로 볼 수 있다.

　그렇지만 광고가 오로지 어떤 제품의 소개나 판매를 도와주는 마케팅의 역할만을 하는 것은 아니다. 20세기 후반 이후의 광고는 소비자의 선택에 도움이 되는 정보를 제공하는 측면보다 이미지 제고와 같은 설득적 측면이 강조되었다. 결국 오늘날의 광고는 단순한 판매방식이나 마케팅의 차원을 넘어 공공성과 같은 사회적 성격까지 포함하고 있다.

---

09 광고가 기업의 제품이나 서비스의 판매를 도와주는 마케팅 수단으로서만 역할을 하는 것은 아니다. 오늘날 광고는 단순한 판매도구나 마케팅 요소의 차원을 넘어 하나의 사회제도적 성격을 띠고 있다. (…중략…) 오늘날의 광고는 개인생활은 물론 사회 전체에 중요한 영향을 미치는 경제적, 사회적, 문화적 제도로 인식되고 있다(이명천 · 김요한, 앞의 책, 37쪽).

다시 광고의 기원이라 할 수 있는 시대를 살펴보자. 널리 알려진 '로제타의 돌(The Rosetta Stone)'은 그리스 문자, 이집트 상형문자, 콥트 문자, 이 세 가지 문자로 쓰여 있는데, 이것은 이집트의 프톨레마이오스 5세를 위하여 세운 송덕비로 그의 권위를 널리 알리기 위한 것이었다. 또한 기원전 500년으로 추정되는 '베히스툰 비명(Behistun 碑銘)'에는 다리우스 1세가 내란을 평정하고 페르시아 제국의 기초를 확립한 기록이 페르시아어, 엘람어, 바빌로니아어 세 가지 문자로 쓰여 있다. 이들은 모두 정치적 홍보의 선구적인 형태라고 할 수 있다. 이밖에도 세계사 속에서 자국의 사회·문화적 모습을 담은 독특한 광고 활동을 엿볼 수 있다.

광고는 '명시된 광고주가 어떤 상품을 소개하거나 판매를 촉진하는 활동'이라는 점에서 마케팅 기능을 가진다.

기업의 마케팅 활동은 잘 알다시피 고객으로부터 이윤을 얻는 것을 목적으로 한다. 결국 마케팅 활동의 도구[10]로서 광고는 소개하는 제품을 많이 판매하는 것이 궁극적인 목표라 할 수 있다. 하여 광고는 첫째, 대중(소비자)들에게 제품에 대한 정보(제품의 기본적인 사양부터 구매처, 혹은 제품의 브랜드 등)를 제공하고, 둘째, 제품에 대한 호감을 부여한다. 마지막으로 제품의 구매를 유도하기 위해 구매에 대한 동기를 부여하거나 제품의 필요성을 대중들에게 인식시키고 구매욕을 자극한다.

두 번째로 광고는 근본적으로 '기업과 대중 간의 커뮤니케이션 행위'

---

10 기업이 의도적으로 예상 고객의 수요 욕구를 환기시키고자 하는 모든 활동과 관련된 전략, 즉 촉진 전략을 수행하기 위한 도구를 촉진 믹스라고 한다. 촉진 믹스는 ① 광고 활동, ② 인적 판매 활동, ③ 판매 촉진 활동, ④ 공중 관계 활동이 가장 많이 활용되고 있다.

라는 점에서 커뮤니케이션 기능을 가진다.

광고는 광고주가 부여한 각각의 특정 메시지를 대중들에게 전달한다. 한편 이렇게 전달된 메시지는 다시 피드백되어 돌아온다는 점을 감안할 때 발신자로서 광고주와 수신자로서의 대중 사이에 커뮤니케이션 도구로서의 역할을 한다고 볼 수 있다. 특히 불특정다수의 대중들에게 전달되는 메시지인 광고는 광고주 입장에서 제품에 대한 대중들의 다양한 반응을 경제적(시간, 비용, 노력의 측면에서)으로 확보할 수 있다는 장점을 가지고 있다. 특히 이러한 측면은 다수에게 동시에 메시지가 전달되는 비인적 채널인 대중 매체(mass media)를 통해 수행된다.[11]

세 번째로 광고는 사회 · 문화적 기능을 가진다.

광고는 우리 사회에 존재하는 많은 가치관(또는 문화)을 담아낸다. 그래서 한 편의 광고를 통해 전달되는 메시지는 어떤 가치관을 부각시킬 수도, 반전시킬 수도 있다.

> 최근 선풍적인 인기를 끌고 있는 웰빙(well-being) 문화는 각종 광고에서 '웰빙'이라는 단어가 강조되면서 우리 사회에서 하나의 트렌드로 자리매김할 수 있다.[12]

위에 제시한 예는 광고가 지니고 있는 사회 · 문화적 기능을 단적으로 설명한다. 이 사례는 대중들에게 새로운 트렌드를 제시함으로써 그동안 잠재되어 있던 가치관을 확대해 사회적으로 건강에 대한 관심을

---

11 심성욱 외, 『광고학 개론』, 서울경제경영, 2011, 26쪽 참조.
12 장대련 · 한민희, 앞의 책, 36쪽.

불러일으킨 예라고 할 수 있다.

또한 광고는 공익적인 측면에서의 사회·문화적 기능을 갖는다. 다시 말하면 광고는 공익적 메시지를 담아 건강, 인권, 환경 등에 대한 사회적 관심을 도모해 대중들에게 올바른 판단 기준을 제공한다.[13]

마지막으로 광고는 경제적인 기능을 가진다.

이는 하나의 상품을 홍보하고 판매 이익을 높이려는 마케팅 기능과 이어지지만 좀 더 포괄적인 측면이다. 광고가 시작되어 대중들의 호기심과 관심을 자극하게 되면 제품의 대량 수요가 생겨나면서 대량 생산이 필요하게 된다. 이에 따라 기업은 대량 생산을 위한 좀 더 체계적이고 효율적인 생산·유통라인을 확보하게 되고, 생산원가를 절감시킬 것이다. 이러한 메카니즘은 결국 경제 성장을 도모하게 된다.

광고의 경제적 기능은 제품광고 등의 상업적 광고의 기능을 대상으로 한다. 주된 기능은 수요 창출, 산업 집중, 비용 절감, 소득 재분배 등이다. 기능의 정도와 방향은 제품의 주기나 업종, 기업의 위치 등에 따라 다르다.

한 기업의 분석에 따르면 경기 후퇴기에 오히려 광고비를 증액시킨 기업이 수익률이 높았다는 보고가 있다. 과거 미시적 개별 기업이 국가의 경제에 기여한 가능성 때문인지 2000년 유럽 발 경제 불황의 그늘에서도 한국의 광고비는 감소하지 않았다. 오히려 인터넷광고를 중심으로 증가했다(물론 광고의 역기능으로 지나치게 소비를 자극해 과소비를 부추기고 사회 양극

---

13 이외에도 광고의 사회적 기능에는 '소비 촉진을 통한 기술 발전 유도', '광고 관련 사업의 재정적 영향 등을 들 수 있다.

화를 초래한다는 비판도 있다).

광고가 잠재적 니즈를 현재화시켜 대량 소비가 대량 생산에 따른 비용 감소를 촉진하는 경우는 제품의 성장 주기를 통해 관찰할 수 있다.

이러한 광고비와 제품 가격에 대한 두 가지 학설을 살펴보면, 먼저 하버드대학을 중심으로 한 시장파워학파는 광고가 소비자의 기호를 바꿔 브랜드 가치를 높임으로써 시장 집중을 촉진하고 기업에 높은 수익을 초래한다고 주장한다. 한편 시카고대학을 중심으로 한 시장경쟁학파는 광고가 소비자에게 보다 많은 선택권과 경쟁을 촉진시켜 가격이 낮아진다는 논리를 펼친다.

이후 1997년에 들어서 두 이론을 통합한 새로운 모델이 나왔다. 소비재산업에서 도매단계까지 유통의 정도가 높은 경우에는 시장파워학파가 어울리고, 계열화가 낮은 경우에는 시장경쟁학파의 이론이 적절하다는 것이 그것이다.

3. 광고의 분류

■■■

광고는 목적이나 표현방법, 광고를 내보내는 대상, 표현방법 등으로 분류할 수 있다.[14]

본 절에서는 몇 가지 분류기준을 통한 광고의 유형은 어떻게 되는지,

---

14 광고마다 사용하는 공간과 시간이 다르고 방식이나 수단도 매우 다양하다. 이러한 이유 때문에 실제 업무를 들어가게 되면 분류해야 할 이유와 상세한 내용을 확인할 필요가 있다.

그리고 그 분류에 따른 명칭은 어떻게 되는지 대표적인 사례를 중심으로 간단히 살펴보겠다.

먼저 타깃이 누구인지에 따라 분류할 수 있다.

- **소비자광고**(Consumer Advertising) _ 실제 대부분의 광고가 소비자광고인데, 최종 소비자 즉 본인이나 다른 사람을 위해 제품을 구매하는 사람들을 대상으로 하는 광고를 말한다.

- **비지니스광고**(Business Advertising) _ 타깃으로서 기업을 대상으로 하는 광고이다. 이때 타깃인 기업은 자신의 사업을 위해 제품을 구매하려는 의사가 있는 기업을 말한다. 비지니스광고는 소매업자, 도매업자, 유통업자와 같은 중간상을 대상으로 하는 특성 때문에 중간상광고(Trade Advertising)라 말하기도 한다.

위에서 소개한 소비자광고는 판매 지역에 따라 분류하기도 하는데 전국에 걸쳐 배포되는 전국광고를 비롯해서 지역광고(regional advertising), 지방광고(local advertising)가 있다. 전국광고는 매스미디어를 통해 전국에 걸쳐 전달하는 광고, 지역광고는 특정 지역이 대상인 광고를 말한다. 지방광고는 광고의 규모에도 차이가 있으나 표현에 있어 지방의 특색을 살려야 효율적인 광고를 할 수가 있다. 미국의 경우 지방광고, 즉 로컬 애드버타이징은 개개의 슈퍼마켓이나 소매점이 영향권이 되는 비교적 좁은 대상의 광고를 말하며, 소매광고라 말하기도 한다. 비슷한 의미로 한국의 신문광고에서 각 지역의 안내광고나 영화, 백화점광고가 여기에 속한다.

한편 비지니스광고(business advertising)는 산업광고, 유통광고, 전문광고 등의 총칭으로, 직접반응광고[15], 기관 내지 기업광고, 공공 서비스광고 등이 있다.

이와 더불어 광고와 사설의 합성어로 신문기사와 같은 애드버토리얼(Advertorial)과 정보와 영상의 합성어로 장시간의 텔레비전광고인 인포미셜(Informecial)[16]도 있다. 보통 텔레비전광고는 15초나 30초에 불과하지만 인포미셜은 짧은 프로그램처럼 몇 분간 지속된다.

비지니스광고의 하나인 산업광고는 생산재나 산업용품 판매를 위한 광고이다. 일반적인 제품과는 달리 고가이며 구매 결정에 관련된 사람이 다수이고, 구매자가 한정되어 있으며, 제품의 선택도 기술이나 경영적 측면에서 다뤄진다. 따라서 산업광고의 표현은 대체로 인간의 감정에 호소하여 구매욕을 자극시키는 소비자광고와는 달리 기업의 목표와 신용, 가치 등을 호소하여 좋은 인상을 심는 데 주력해야 한다. 산업광고의 범위는 산업기계나 원자재, 부품 외에도 정보 시스템이나 운송까지 포함된다.

유통광고는 제조나 도매업자가 아닌 유통 관련 사업자에게 실시하는 광고이다. 전문광고는 건축기사, 공인회계사, 의사, 변호사 같은 전문가를 대상으로 하는 광고를 말한다.

최근에는 투자의욕을 높이기 위한 투자자 대상광고가 주목받고 있

---

15 직접반응광고는 최근 증가하고 있는 다이렉트 마케팅(Direct Marketing)을 말한다. 기업과 고객 간의 쌍방향적 의사소통을 지향하는 마케팅 기법으로, 고객을 지속적인 커뮤니케이션 관계로 파악하는 것이다. 주된 목표는 고객과의 지속적, 개별적 접촉을 통해 고객의 평생가치를 극대화시킴으로써 기업의 경쟁력을 강화하는 데 있다. 광고에 기업의 연락처가 기재되고 응답을 통한 고객의 인적사항을 데이터베이스에 남겨 활용하기도 한다.

16 보통 텔레비전광고는 15~30초에 불과하지만 인포미셜의 경우 짧은 프로그램처럼 몇 분간 지속된다.

다. 투자자 대상광고, 즉 IR(Investor Relations)광고는 개인과 기관 투자가를 상대로 광고주에게 투자를 이끌어내기 위한 광고이다. 개인 투자자들의 확장을 배경으로 하는 IR 활동의 일환으로 기업광고에 가까운 표현이 사용되고 있다.

다음으로 광고의 목적에 따라 분류하면,

- **제품광고**(Product Advertising) _ 기업의 신제품 혹은 서비스를 판촉하기 위한 광고이다.

- **기업광고**(Corporate Advertising) _ 비제품광고라고도 불리는 기업광고는 특정 제품이나 서비스를 판촉하는 것이 아닌, 기업(조직)을 인식시키고, 긍정적인 이미지를 조성하기 위한 목적을 가진 광고를 말한다.

- **정치광고**(Political Advertising, Polispot) _ 정당이나 후보 개인이 내는 선거광고나 정부기관 혹은 정치 관련 단체가 내는 유권자 광고를 말한다. 국내에서는 1987년 13대 대통령 선거 때 등장하였고, 1992년 14대 대통령 선거 때는 최초로 TV광고가 시작되었다.

- **공익광고**(Public Advertising) _ 국가 내 국민들을 대상으로 관공서나 단체, 기업 등이 공공의 목적으로 내보내는 광고를 말한다.

특히 제품 판매를 목적으로 하는 제품광고에 대응하는 기업광고의 경우 기업의 개념이나 사업 영역, 기술 등을 알림으로 인지도나 이미지의 향상을 도모하기 위한 수단이다. 즉 기업의 호의적 태도나 소비자에게 좋은 이미지를 심고자 하는 것이 목적이다.

이렇듯 기업광고는 대중들의 즉각적인 구매를 촉진하기보다 주로 광고주의 호의적 이미지를 형성하기 위해 제작된 광고라는 점에서 PR의 한 수단이라 할 수 있다. 물론 기업을 대표하는 제품의 광고에는 기업 이미지를 높이는 기능도 있어 제품의 구매에 영향을 끼치는 것 역시 사실이다.

한편 위에서 소개한 분류의 광고 외에 장기적인 브랜드 구축을 의도한 광고를 브랜드광고(Brand Advertising)라고 한다. 브랜드광고는 특정 브랜드를 광고하는 것으로서 브랜딩 전략의 일환으로 이미지 구축을 위해 시행된다.

전달 매체에 따른 분류를 살펴보자.

● **인쇄광고**(Print Advertising), **방송광고**(Broadcasting Advertising), **옥외광고**(Out-of-home Advertising), **인터넷광고**(Internet Advertising), **모바일광고**(Mobile Advertising) 등.

매체에 따른 분류는 고정적인 것이 아니다. 광고 채널로서 어떤 매체를 사용하느냐에 따라 달라지는 것이기 때문에 새로운 매체가 생겨나면 새로운 광고 분류도 생겨나게 된다. 대표적인 예로 전통적인 4대 매체(TV, 라디오, 신문, 잡지)를 제외한 케이블 TV나 위 예로 든 인터넷광고, 모바일광고를 들 수 있다. 유무선 통신망 및 통신 기술의 발달로 새로운 채널인 인터넷과 모바일을 이용한 광고가 급속한 발전 양상을 보이고 있는 것이 최근 현실이다.

한편 기법을 기준으로 볼 때 티저광고(Teaser Advertising), 비교광고(Comparison

Advertising), 시리즈광고(Series Advertising), 콜라보레이션(Collaboration) 등으로 분류할 수 있는데 크리에이티브의 특징에 따라 각기 다른 호칭이 부여된다. 특히 콜라보레이션은 마케팅에 있어 일종의 협력을 일컫는 말로 서로 다른 분야의 두 브랜드가 하나의 타깃을 위해 공동 마케팅을 펼치는 것이다. 서로 다른 업종이 상호간의 제휴를 통해 비용을 절감하면서 광고 효과를 극대화한다는 점에서 타이업(tie up) 전략과 맥을 같이한다. 그러나 이는 궁금증을 자아내어 호기심을 유발하는 티저 기법에 의존한 타이업보다 좀 더 적극적인 마케팅 기법이다.[17]

이외에도 광고는 다양한 관점에서의 분류가 가능하다. 이러한 점을 깊이 이해함으로써 광고가 어떤 식으로 활용되고 있는지 이해할 수 있을 것이다.

4. 광고와 PR

우리는 흔히 주변에서 광고와 PR을 같은 의미로 사용하는 사람들을 볼 수 있다. 하지만 이 두 가지 개념은 엄연히 차이가 있다. 인용한 아래의 내용은 광고, PR, 선전에 대한 이야기이다.

---

17 콜라보레이션 기법을 사용하는 제품을 '콜라보 상품'이라 부르는데, 대표적인 예로 나이키나 하이네켄 로고와 심벌을 의류에 도안한 경우를 들 수 있다.

흔히 업계에서는 다음과 같은 말을 많이 한다. "광고는 우리 제품을 사달라는 Buy me이고", "PR은 우리를 믿어달라는 Believe me이고", "선전은 우리를 사랑해달라는 Love me다".[18]

물론 이 말 자체가 광고와 PR, 선전의 차이에 대해 적확히 이야기하고 있다고 생각하지는 않는다. 하지만 이 세 개념의 차이에 대해 조금이나마 이해할 수 있는 설명이라고 볼 수 있다.

그렇다면 우리가 흔히 이야기하는 PR(Public Relations)은 어떤 것을 말하는 것일까? 그리고 광고와 PR은 어떤 차이를 가지고 있는 것일까?

사실 우리가 PR과 혼동하는 단어는 비단 광고, 선전뿐만이 아니다. 우리는 PR을 '홍보(弘報)'라는 단어와도 함께 사용하고 있는데, 엄밀히 이야기해서 홍보는 PR에 속하는 활동에 불과하다. 그렇다면 PR은 도대체 어떤 것을 말하는가. 쉽게 이야기해보자. 우리가 한 광고기획사에 신입으로 들어가 선배 동료들에게 자신의 소개를 한다고 생각하는 행위, 이것이 바로 PR이다. 다만 홍보는 단순이 다수의 공중들에게 메시지를 전달하는 것을 이야기하지만, PR의 경우는 이와 더불어 PR 주체에 대한 긍정적, 호의적 이미지를 형성시키는 활동이라는 점이다.

PR에 대한 정의는 광고의 정의와 마찬가지로 아주 다양하게 나타나고 있다. PR의 근대적 정의로만 500개가 넘는 것으로 집계되었다는 이야기가 있을 정도이니 말이다. 하지만 PR의 가장 핵심적인 개념을 정리한다면 '공중', '관계', '관리', 이 세 단어로 이야기할 수 있을 것이다.

---

18 이명천 · 김요한, 앞의 책, 148쪽.

앞서 홍보와의 차이에 대해서 말한 것과 마찬가지로 PR은 홍보 활동 이상의, 공중과의 관계 유지가 중요한 핵심이라 할 수 있다. 그럼 PR과 광고는 어떤 차이가 있는 것일까.

필자는 앞서 수많은 광고의 정의들을 세 가지 요소로 정리한 바 있다. 바로 유료라는 점과 비대인적이며, 명시된 광고주의 행위라는 점이다. 사실 이 세 가지 요소들은 광고와 PR의 차이, 그리고 공통점을 모두 갖고 있다. 먼저 PR은 광고와 마찬가지로 비대인적이다. 이 둘 모두 매스미디어를 사용하는 행위이므로 대중들에게 전달될 시 불특정다수에 노출될 수 있고, 시간과 비용 등의 측면에서도 효율적이다. 하지만 PR은 유료 행위인 광고와 달리 별도의 비용이 들지 않는 특성이 있다. 한 예로 PR의 종류 중 하나인 보도자료를 들 수 있다. 이 보도자료가 담당기자들에게 전달·선택되어 신문이나 잡지, 혹은 TV에 한 기사로 보도되었다고 하자. 이 기사가 나간 것에 대해 기업은 별도의 비용은 지불하지 않는다. 하지만 사회 노출을 통해 기업에 대한 긍정적인 이미지 형성, 제품에 대한 소개 등의 효과를 누릴 수 있다. 이러한 이유 때문에 PR은 각 매체의 관리자들이 자사에 대한 보도를 많이 하게 하는 '유도'가 필요하다.[19]

한편 광고와 PR은 그것이 지닌 신뢰도에서 차이가 난다. 광고란 명시된 광고주가 제품을 판촉하기 위한 수단이다. 결국 광고는 자신이 자신의 제품에 대해 홍보를 하는 행위이지만, PR은 제3의 존재를 통해 기사 등의 형식으로 전달되는 메시지여서 그 신뢰성이 높아질 수밖에 없다. 다시 말해 광고주가 비용을 지불해 만든 광고보다 금전적으로 살

---

19 장대련·한민희, 앞의 책, 161쪽.

수 없는 PR의 신뢰성이 크다는 것이다. 하지만 이러한 특징에 따른 문제점이 있는 것도 사실이다. 바로 통제력이 떨어진다는 것인데, 이것이 광고와 PR이 가지는 마지막 차이이다. 여기서 통제력이란 광고와 달리 한 매체에 대해 소개되었을 때 그것에 대한 편집 형태나 보도 형태, 내용의 생략 정도 등에 대한 권한을 의미하는데, PR은 광고와 달리 그에 대한 판단과 결정권이 매체 측에 있다. 그러므로 PR은 전적으로 매체 관계자에 의해 보도 여부, 편집 성격 등이 결정된다는 것이다.

PR은 당사자와 이해관계가 있는 공공과의 신뢰관계 구축을 목표로, 이해 조정을 위한 민주적인 대화나 그에 상응하는 의미가 있다. 퍼블릭 릴레이션(Public Relations, PR)이라는 말은 1802년에 미국의 제3대 대통령 토머스 제퍼슨의 교서에서 차용한 것이 시초이다.

20세기 초 미국에서는 대기업이 노동조합이나 여론으로부터의 비판에 대응할 목적으로 PR을 실시했고, 이에 전문대행사가 등장했다. 한편 제품의 결함이나 환경오염 등의 문제가 생겼을 때 기업의 신뢰에 직접적인 영향을 미치기 때문에 일각에서는 위기관리를 위한 커뮤니케이션으로 보는 견해도 있었다.

한국에 PR이 도입된 것은 1945년 일제의 식민통치에서 벗어나 미군정이 시작되면서부터이다. 국사편찬위원회에 의한 미군정 시절의 문서 제목에 최초로 PR이란 용어가 명시되어 있었던 것이다.[20] 당시 미군정은

---

20 한국에서 최초로 PR 용어를 사용한 것은 『주한 미 육군 24군단 정보처 역사과, 1945~1948년 기간 주한 미 육군 군정청과 미국-소련 간의 한국 내에서의 관계와 한국 정치문제에 대한 RG332』 문서 70 쪽에, 'Public Relations, relations With Koreans, the Office of Civil information'라는 제목에서다.

정치의 민주적 운영을 위한 필수 조건으로 PR을 전개해나가면서 행정 PR이 급속히 발달하였다. 1961년 5·16군사혁명 이후 정부를 중심으로 널리 사용하게 되면서 용어가 보편화되었고, 점차적으로 민간기업과 광고대행사가 PR을 도입하기 시작했다.

기업에 의한 PR은 고도성장 시에는 제품의 판매방법으로 이용했지만, 공해나 제품 결함 등에 의한 사회적 비판 여론이 높아진 1970년대에 기업의 사회적 책임(Corporate Social Responsibility, CSR)을 수행하는 수단으로 취급되었다. 이러한 흐름 때문인지 당시 홍보 담당 부서를 설치한 기업이 증가했다. 또한 1980년대에는 버블 경제와 거품 붕괴 등 복잡한 경제 환경하에서 PR이 중요성이 인식되었다. 기업의 사회적 책임에 대한 요구가 한층 높아진 21세기에는 다양한 이해관계자와의 커뮤니케이션이라는 의미로서 PR이 중요해지고 있다.

PR은 앞서 예로 들었던 신문이나 잡지에 보도자료를 제공하는 것, 또한 기관지나 팸플릿, 포스터 등의 인쇄물이나 공장견학 등을 하나의 종류로 분류할 수 있을 것이다.

5. 비영리광고의 종류

대개 사람들은 영리를 추구하는 촉진 믹스의 하나로 광고를 이야기한다. 하지만 일반적인 영리 추구와는 다른 목적의 광고도 있다. 바로 비영리광고가 그것이다. 그럼 비영리광고란 무엇이고, 어떤 종류가 있는지 알아보자.

비영리광고에는 공익광고, 행정광고, 정치광고, 종교광고 등이 있다. 광고를 통해 환경보호, 국제 간 이해, 공중도덕, 각종 비행이나 따돌림 방지 같은 공공의 문제 외에도 기업이나 단체의 저소득층 봉사나 문화활동의 지원, 교육환경의 조성 등 공공복지 향상을 주제로 행한다. 대한적십자사의 헌혈운동을 비롯해 수해 이재민 돕기, 산불 방지같이 공공의 문제를 사회에 알리기 위해 광고의 힘을 빌리는 것이다.

비영리광고의 대부분은 정부의 정책 홍보물이나 의견광고물로서 정부나 공공기관, 지방자치단체가 시행하는 공익광고[21]가 중심이다.

한국 최초의 공익광고는 1981년 12월 5일 KBS-2 TV에서 방송된 '저축으로 풍요로운 내일을'이라는 주제의 60초짜리 캠페인이다. 처음에는 텔레비전과 라디오 등 방송 매체로 한정되었지만 점차 잡지와 신문을 비롯해 극장광고, 지하철광고, 우편광고와 포스터까지 확대했다.

그렇다면 본격적으로 비영리광고에 대한 구체적 분류로서 몇 가지 종류의 예를 들어보겠다.

먼저 행정광고는 국가나 지방자치단체 등의 행정기관이 국민이나 지역 주민을 대상으로 정책 혹은 성과에 대한 홍보를 하기 위해 실시하는 광고를 말한다. 한 예로 국민연금관리공단에서 연금 가입을 촉진하기 위해 유명 연예인을 기용한 광고 같은 경우를 들 수 있다. 정부와 유관단체가 공동으로 진행하는 광고도 있다. 지구온난화나 아프리카 어린

21　정부가 시행하는 광고 중 정책 홍보광고의 경우 예산의 성격과 배경이 공익광고와 다르기 때문에 달리 분류된다. 단 사회의 특정 문제를 광고의 주제로 정하고 제작물의 심의와 사후평가를 위해 설립된 '공익광고협의회(公益廣告協議會)'가 시행하는 사회적 계몽을 위한 광고는 공익광고에 해당한다.

이의 질병과 기아 문제 해결을 지원하기 위한 광고는 정부를 비롯해 민간단체나 기업에 의해 다양한 방식으로 시행되고 있다.

다음으로 정치광고를 들 수 있는데, 앞서 설명한 것에 덧붙여 말하면 정당 등의 조직이나 후보자 개인이 자신의 신념이나 정책을 호소하기 위해 실시하는 광고로 상당한 역사를 갖고 있다. 미국의 민권운동 시기였던 1862년 에이브러햄 링컨에 의해 이전까지 있었던 노예제가 폐지된 이후 본격적으로 선거광고가 선보였다.

한편 1952년 미국의 제34대 대통령 선거에서 공화당 후보였던 아이젠하워가 카피라이터인 로서 리브스의 도움으로 3주간에 걸친 집중적인 텔레비전 스폿 커머셜을 실시한 이후 텔레비전에 의한 선거운동이 활발해졌다.

세 번째로 종교광고는 종교 단체가 홍보를 위해 실시하는 광고를 말한다.[22]

의견광고는 개인이나 여러 단체가 쟁점이 되는 사안이나 논의의 대상에 대해 특정 의견을 표명하는 광고를 말한다. 광고주의 요구에 부응하지 않기 때문에 공익광고나 정치광고보다 상위의 개념이라 할 수 있다. 우리의 헌법 제21조[23]에 담긴 내용의 의미도 이러한 유형에 속한다. 예를 들어보면 2011년 11월 22일, 한미 자유무역협정(U. S.–Korea Free Trade Agreement, 한미 FTA)이 통과된 이후, 관련된 의견광고가 신문에 게재된 것을 기억할 것이다. 이처럼 특정의 개인 또는 단체가 정치, 경제, 사회,

---

22　사실 영어의 'Advertisement'라는 단어는 1655년경의 성경에 처음 등장하는데 이는 광고나 경고를 의미한다.

23　'모든 국민은 언론·출판의 자유와 집회·결사의 자유를 가진다.'

문화 또는 국제적인 문제 등 공적, 사회적 제 문제에 관해 주의, 주장을 하거나 가부를 묻는 광고로 이른바 비상업적 메시지를 전달하는 형식의 광고를 말한다.

위의 종류와 더불어 비영리광고에는 사회적, 정치적, 경제적 과제에 대해 주장하는 의견광고나 논쟁방식의 논쟁광고, 자신의 입장을 옹호하고 주장하는 옹호광고도 있다.

02

설득과 소통의 패러다임

1. 마케팅 환경의 변화와 광고

오늘날 급변하고 있는 마케팅 환경에 더불어 광고 전략과 커뮤니케이션 이론의 패러다임도 급속하게 변화하고 있다. 이러한 변화는 극심한 경쟁에 대응하기 위한 자연스런 귀결이다.

광고계는 크리에이티비티(creativity)의 시대에서 전략 경쟁의 시대로 이행하고 있다. 효과적인 전략과 체계화된 캠페인, 그리고 제품의 브랜드화만이 경쟁력의 우위를 확보할 수 있다.

변모하는 마케팅 환경은 경쟁의 국제화와 시장 개방에서 비롯되었다. EU, NAFTA 등 권역별 시장으로 국경 없는 경제 전쟁이 도래하였고, UR에 따른 농업 분야와, WTO에 의한 지적 재산권 등 무형 자산 및 서비스산업까지 완전 개방 체제를 맞이하였다. 또한 기술의 고도화와 첨단화이다. 첨단 기술은 제품 혁신을 가속화시키고, 생산의 정보화는 제품 개발에 있어 시간의 단축과 저코스트, 고품질화를 이룩하고 있다.

또 하나의 이유는 유통망의 혁신적 변화이다. 월마트(WalMart), 타깃(Target) 같은 세계적 유통망까지 생기고 모든 업무가 컴퓨터로 처리 가능한 POS[01] 시스템으로 관리가 쉬워졌으며 광고와 프로모션의 연계도 가능하게 되었다.

한편 기업은 투자에 따른 보다 많은 이익을 얻기 위해 경쟁하고 있다. 자금과 시장의 우위를 위해 가격 파괴도 서슴지 않으며, 광고에 의한 장기적인 이미지 확립보다는 프로모션 등에 의한 단기 판매를 선호하는 경향이 생겼다. 그렇지만 고객의 제품에 대한 기대는 다르다. 단순한 필요 충족의 수준을 넘어 만족을 요구하고 있다. 소비의 질을 따진 제품과 소비자 사이의 심적 연대감이 형성된 브랜드 퍼스낼리티의 시대를 맞이하게 된 것이다.

이러한 변화에 적절하게 대응하기 위해 세계 유수의 광고대행사들은 나름의 마케팅 전략을 수립했다. 특히 대행사마다 나름의 독특한 시안을 정립하여 사용하기 시작했다. 일반적으로 기획서를 작성하기 위한 양식은 스타일, 매뉴얼, 전략안, 기획안, 기획서 등 다양한 호칭으로 불린다.

소비자 개개인의 삶의 방식과 광고의 수용은 소비자의 생활방식[02]과 유지를 광고의 시각에서 설명한 것이다. 특정 제품의 구매 행동과 사회의 중간 개념으로 소비자를 전체적인 시각에서 본 것이다. 특정 광고가 소비자에게 영향을 미치는 것은 메시지가 소비자의 가치관과 소비 수

---

01 POS(point of sales system). 판매시점정보관리 시스템으로 팔린 제품에 대한 정보를 판매시점부터 기록함으로써 집중적으로 관리 가능한 체계를 말한다. 점포판매 시스템이라고도 한다.

02 생활방식이란 소비자의 생활과 의식을 포함한 구체적 행동을 가리킨다.

준을 통해 수용되거나 특정 제품이나 서비스로의 욕구가 구체화되는 경우이다. 즉 광고의 사회문화적 기능은 소비자에게 있어 개성적인 삶의 추구라는 목표와 맞물려 있다.

2006년 12월 말에 발행된 미국의 시사 잡지 『타임스(The Times)』는 그해에 주목받는 사람으로 '당신(You)'을 선택했다. 인터넷 등 유무선 네트워크 기술의 발달로 개인이 블로그(Blog)나 소셜네트워크서비스(SNS), 동영상 투고사이트 등을 통해 자신만의 세계를 만들어낼 가능성을 시사한 것이다.

기업도 스스로 정보를 발신하는 힘을 가진 소비자에게 제품이나 광고에의 관심을 갖게 하기 위해서 사고의 변화가 요구된다. 이미 일각에서는 UCC[03]를 통해 소비자가 직접 만든 광고가 웹사이트를 통해 활발하게 선보이고 있다. 실제로 기업들은 소비자를 직접 참여시킨 '도전'을 시도하고 있다. 국민카드는 광고 제작에 소비자가 참여하는 '꿈꾸는 광고인' 공모전을 열고 케이블 텔레비전과 극장에 방영하여 화제를 불러일으켰다. 소비자 참여형 광고 캠페인의 핵심은 기존 기업이 소비자에게 일방적으로 메시지를 보내는 방식을 탈피한 것이다.

코카콜라사도 소비자가 직접 만든 광고를 선보인 지하철역 광고를 하였다. 코카콜라 유튜브 브랜드 페이지에서 집행된 '도전! 코카콜라 광고' 이벤트를 통한 작품들이다. 서울의 압구정, 왕십리 등 유동 인구가 많은 지하철역에 설치된 스크린도어광고를 통해 시민들에게 작지만 큰

---

03 UCC(User Created Contents)는 사용자가 직접 제작한 콘텐츠를 말한다. 사용자가 상업적인 의도 없이 제작한 콘텐츠를 온라인상으로 나타낸 것이다. 미국에서는 창작의 개념이 강조된 UGC(User Generated Contents)로 쓰고 있다.

재미를 선사했다. 뿐만 아니라 LG전자는 먼지압축 청소기 로보싸이킹 '팔로우미(FOLLOW ME)'를 주제로 동영상과 스토리보드 형태의 광고를 제작하기도 했다.

물론 아마추어가 만든 광고와 프로의 것은 질적인 측면에서 차이가 있을 수밖에 없지만 그렇다고 전문가가 만든 광고만이 보내는 측의 의도를 완벽하게 담았다고 장담할 수는 없다. 이러한 시도들엔 소비자의 눈으로 브랜드와 제품의 간격을 좁혀보려는 노력의 의미가 내재되어 있다.

광고가 소비자에게 영향을 미치면 그것으로 어느 정도의 목표가 달성된 것이며, 가계의 지출 구조는 그로 인해 변화한다.

광고는 좀 더 화려하게 개인의 연령이나 성별, 경제 수준에 어울리는 제품과 서비스의 조합을 매력적으로 연출하게 된다. 화려한 광고에 의해 촉발된 욕구는 아파트와 자가용 등이 있었으면 하는 욕망을 불러일으키고, 과거 압축 성장의 배경이 되었다. 광고는 소비자에게 동화 같은 이상을 현실로 이끄는 힘이 있는 것이다. 하지만 요즘의 추세는 생활 향상에 호소하기보다는, 환경이나 저소득층에 대한 배려 등의 공익적 가치를 드러낸 광고가 많다.

광고에는 일상의 불만이나 스트레스 같은 긴장을 해소하는 영역도 있다. 필자는 한동안 기업이 경제 성장에 비례해 광고의 효과가 신통치 않다고 느낀 적이 있었다. 그즈음 광고를 단순히 오락으로 즐기는 탈광고화가 시작되었다. 이는 매스커뮤니케이션에서 말하는 놀이의 이론이나 만족도에서 지적한 것처럼 보내는 측의 의도와 상관없이 광고를 그냥 보고 즐기는 것이다. 최근에는 소비자 스스로 광고와 유사한 콘텐츠를 제작하여 유튜브(YouTube)나 광고주 사이트에 공개하는 시도도 생겨나고 있다. 이러한 행위가 소비자에게는 단순한 놀이에 지나지 않겠지만, 이는 기업이 소비자들에게 브랜드에 대한 관심도를 높일 수 있도록 의도한 새로운 광고 기법이라 할 수 있다.

2. 통합 마케팅 커뮤니케이션

최근 광고라는 개념 자체가 흔들리고 있다. 광고업계에서는 광고라는 말 대신에 커뮤니케이션 또는 통합 마케팅 커뮤니케이션(Integrated Marketing Communication, 이하 IMC)이라는 용어를 즐겨 사용하는 추세이다.

본 절에서 알아볼 개념이 바로 이 'IMC'[04]이다.

사실 광고는 촉진 믹스 안에서 하나의 수단에 불과하다. 하지만 통합 마케팅 커뮤니케이션, 즉 IMC 안에는 광고 이외의 홍보와 인적 판매, 판촉, 제품의 사양, 유통의 효과까지 넓은 범위에 걸쳐 있다. 결과적으로 광고에 대한 새로운 정의는 지금의 시대에서 마케팅까지 포함하게 된 것이다. 이러한 현상은 단순히 광고와 같은 커뮤니케이션 수단에만 의존하지 않고 표적에게 도달하는 데 있어 가장 효과적일 수 있는 매체

---

04 1989년 미국광고업협회에서 발표한 IMC의 정의는 다음과 같다.
　　'IMC는 광고, DM, SP와 PR 등 다양한 커뮤니케이션 수단들의 전략적인 역할을 비교 검토하고, 명료성과 일관성을 높여 최대의 커뮤니케이션 효과를 제공하기 위해 이들 다양한 수단들을 통합하는 총관적 계획의 부가가치를 인식하는 마케팅 커뮤니케이션이다.'

나 수단을 적극적으로 찾아야 할 시점임을 시사한다.

IMC는 소비자, 고객, 예상고객, 조직 내·외부의 관계자를 대상으로 지속적으로 실시되며, 측정 가능한 설득적인 브랜드 커뮤니케이션을 기획하여 개발, 실행, 평가를 위해 사용되는 전략적 비지니스 프로세스이다.

미국에서 최초로 IMC학과를 설치한 노스웨스턴 대학 돈·슐츠(D. E. Schultz) 교수는 "소비자의 입장에서 커뮤니케이션을 재구축하는 것이다"라고 주장하며, 메시지의 일관성과 다양한 콘텐츠의 활용으로 인한 행동반응[05]의 중시를 지적했는데, 초기 광고나 판매 촉진에 초점이 맞춰져 있었던 IMC가 요즘은 고객의 중심으로 재편성되고 있는 것은 이러한 특성을 반영한 것이다. 또한 슐츠는 고객 관계 형성과 전략적 비지니스 프로세스라는 경영개념까지 IMC 개념으로 포함해 정의하였다.

한편 던칸(Tom Duncan)은 고객 및 이해관계자와의 관계 형성과 강력한 브랜드 구축 등의 개념을 강조함으로써 가장 중요한 관계 형성과 그 대상 그리고 브랜드 전략까지도 IMC의 일환으로 포함시키고 있다.[06]

IMC의 특징은 앞서 이야기한 대로 고객, 즉 소비자를 중요시한다는 점이다. 시장을 기업의 눈으로 바라보는 것이 아니라 고객의 욕구를 파악하여 시너지 효과를 올리며 구매 행동에 영향을 미치기 위한 목적으로 실시된다는 것이다. 다시 말해 마케팅 커뮤니케이션은 단순히 브랜드 인

---

05 행동반응이란 인지와 태도와 같은 심리적 반응뿐만 아니라 구매에 가까운 반응을 일으켜 커뮤니케이션 전략을 도모하는 것이다.

06 박준형, 『통합 브랜드 커뮤니케이션』, 이콘출판사, 2012, 55쪽.

지도에 영향을 주고 소비자 태도를 강화하는 것을 넘어 구매를 이끌어 낼 수 있도록 수행해야 한다. 따라서 소비자와의 빈번한 접촉을 위한 여러 방법을 구사하고 있다.

이러한 IMC의 성공적인 효과를 위해서는 강력하고 통일된 브랜드 이미지를 구축하고 소비자를 구매 행동으로 이끌기 위해 각 커뮤니케이션의 역할에 대한 조정이 필요하다. 또한 소비자와 브랜드 간에 유대는 물론 고객 간의 관계 증진도 필요하다. 소비자와의 깊은 유대를 통해 반복적인 구매와 브랜드 선호도를 증가시킬 수 있기 때문이다.

소비자는 제품을 직접적으로 경험하고 반응한다. 따라서 통합 마케팅 커뮤니케이션에 기초한 전략은 실행뿐만 아니라 다양한 소비자 반응을 측정하고 관리하는 것이 필요하다.

IMC의 실시를 위해서는 소비자 반응에 대한 개념이 제시되어야 한다. 광고가 중심인 접촉은 한계가 있으며, 광고 이외의 커뮤니케이션 수단을 통해 소비자와의 접점[07]을 만들어내야 한다. 소비자는 다양한 접촉을 통해 제품과 브랜드, 기업에 대해 의식 혹은 무의식적으로 반응하는데, 소비자 태도는 광고 이외의 다른 커뮤니케이션 요소에 의해서도 변할 수 있기 때문이다.

한편 IMC의 성공적인 수행을 위해선 광고주와 대행사의 관계에 대한 새로운 시각이 필요하다. 통합 마케팅 커뮤니케이션을 실행하기 위

---

07 접점이란 소비자가 브랜드의 정보에 접하는 장소와 매체로, 매스미디어 외에도 이벤트와 구전(口傳) 등 매우 다양하다.

해서는 대행사의 전문적 역할이 중요하지만 광고주의 의지가 선행되어야 한다. 대행사에게 전문성을 일방적으로 요구하며 단순히 수수료만을 지불하는 주체가 아니라 전략과정에 적극적으로 참여함으로써 통합전략에 따른 업무수행 주체로의 전환이 필요한 것이다.

또한 광고대행사와 광고주 간의 지불방법을 커미션 제도에서 보상제도로 바꾸는 것도 변화를 일으킬 수 있는 동력이 될 수 있다. 지불 제도는 책임성에 기초해야 한다. 기업은 광고 결과의 예측을 요구하고, 대행사는 수익성에 영향을 미치는 모든 요인들을 조정해야 한다. 결과적으로 책임에 따른 보상을 실시할 수 있고, 통합된 마케팅 커뮤니케이션에 대한 사고를 가능하게 할 수 있다.

IMC의 실시방법에는 먼저 투자효율중시형이 있다. 데이터베이스를 활용하고 우량 고객과의 장기적 거래를 촉진함에 따라 고객에 대한 투자효율(Return On Customer Investment, ROCI)을 높이는 것이다.

두 번째로 미션 마케팅형은 고객과의 관계를 창조하는 브랜드 메시지를 기획하고 실행, 감시하는 것이다. 커뮤니케이션의 대상은 고객, 종업원, 주주, 투자자, 유통업자, 언론, 감독기관 같은 이해 당사자들이다. 브랜드와 관계자 간의 관계가 우호적으로 정립되면서 브랜드 가치의 증대에 기여하게 되는 것이다. 고객과의 관계성을 나타내는 지표는 브랜드에의 신뢰나 만족, 성능과 접근의 용이성, 반응, 호감과 친근감을 들 수 있다.

브랜드와 타깃을 연결하는 접점은 네 가지 정도가 있는데 먼저 기업이 만든 접점인 광고, 뉴스, 팸플릿이 있다. 둘째, 구비된 접점은 사업

팀이나 회계 부서 등의 거래에 관련된 것이고, 세 번째, 계획 밖의 접점은 기업이 통제할 수 없는 구전 효과, 언론보도, 비평 등이다. 고객이 만드는 접점은 문의, 불평, 제안, 칭찬 등이 있다. 이러한 접점을 통해 일방적 전달뿐만 아니라 쌍방향의 정보 교환을 포함한 브랜드와 고객을 연결하는 언로(言路)가 가능하다.

세 번째, 구매단계대응형은 한국의 기업이 2000년 이후 특별히 관심을 갖는 분야의 하나이다. 특정 카테고리나 브랜드의 구매의사과정의 특징을 파악하여 비교와 엄선이라는 단계마다 접점을 찾는 것이다. 여기에는 시청률과 같은 구매의사 결정과정을 담은 자세한 데이터의 분석이 필요하다.

그 밖의 방법으로 구매 행동의 유발을 위해 쿠폰이나 휴대전화와 같은 즉효성이 있는 수단을 사용하는 것이 있을 수 있다. 또 대도시는 옥외광고나 교통광고 등과 연동시킨 기법이 일반적이다. 젊은층이 대상인 캠페인은 비용 대비 효과뿐만 아니라 창의적이고 화제성 있는 매체로 브랜드와의 유대감을 폭넓게 형성할 수 있다. 나아가 소비자가 풍부한 제품 지식을 가지고 있다는 점에 착안해 멋진 문맥을 활용하는 방법도 가능할 것이다.

IMC는 1980년대 이후 미국의 광고계에서 관심이 높았다. 이로 인해 매스미디어광고를 주요 서비스로 활용해온 미국의 광고대행사에게 변혁을 촉발하게 된 계기가 되었다. 소비자에게 직접 정보를 제공하는 다이렉트 마케팅(Direct Marketing)이 성장하고, 케이블 텔레비전의 다채널화로 네트워크 텔레비전에 의한 광고의 효율이 떨어진 점과 매스미디어광고에 대한 세일즈 프로모션(SP)의 비율이 높아진 것이 배경이다.

한편 한국과 미국의 기업 정서는 환경적 측면에서 조금 다르다. 따라서 한국적 IMC는 미국과 같을 수 없기 때문에 추진하는 방향이 달라야 한다. 한국에서는 아직까지 매스미디어가 상당한 영향력을 갖고 있다. 그래서 한국적 IMC는 매스미디어를 거부하는 것이 아니라 보완하는 수단으로 다른 커뮤니케이션 수단을 차용해 시너지를 극대화하는 것이 효과적이다.

또한 누가 IMC의 주체가 되어서 전략을 수립해야 하는가에 대해서 미국과 우리의 견해가 다르다. 수십 년을 거쳐 마케팅의 개념과 기법을 익혀온 미국은 기업이 IMC를 수립하고 통합해야 한다고 여긴다. 그래서 미국의 전반적인 추세는 기업이 주체가 되어 대행사를 통해 IMC를 수행하고 있다. 반면 한국의 광고대행사는 IMC의 수립 및 통합은 자신들의 과제라고 생각한다. 한국 기업은 미국의 경우와 달리 마케팅에 대해 축적된 자원이 적기 때문에 광고를 대행해왔던 회사가 IMC의 주체가 되고 있는 것이다. 이러한 추세는 광고주들 스스로 마케팅의 지식 축적이 가능할 때까지 상당기간 지속되리라 여겨진다.

그런데 우리나라와 같은 경우 광고대행사 입장에서는 여러 가지 장점이 있다. 먼저 같은 광고주를 지속적으로 상대하기 때문에 광고주의 기업 환경 및 전통에 친숙해질 수 있다. 더불어 능력 있는 대행사는 여러 매체 담당자와 유기적인 관계를 맺으며 효과적인 커뮤니케이션을 제공할 수 있다.

이러한 경향을 달리 바꿔 생각해보면 결국 서비스의 장점을 살리기 위해서는 기존 대행사의 기능에 없는 새로운 커뮤니케이션의 추가란 과제를 확인할 수 있다. 그렇다고 대행사가 반드시 모든 기능을 갖출 수 있을 거라고는 생각하지 않는다. 다만 대행사는 필수적으로 단순한 경쟁에서 벗어나 서로 유기적인 관계가 필요하다. 만약 자사가 IMC를 제공하기 부족하면 다른 대행사의 도움을 받는 차원의 개방성도 필요할 것이다.

3. IMC의 발전

IMC에 관한 최초의 저서는 1982년 마이클 레이(Michael Ray)가 쓴 『광고와 커뮤니케이션 매니지먼트』[08]가 있지만 개념적으로는 훨씬 이전부터 전략적 차원에서 유용하게 사용되었다.

본격적인 출현은 1989년 '미국광고대행사협회'가 IMC에 관한 연구에 착수하면서 시작되었다. 협회에 따르면 IMC는 "광고, DM, 판매 촉진, PR 등 다양한 커뮤니케이션 수단들의 전략적인 역할을 비교, 검토하고 명료함과 정확성 측면에서 커뮤니케이션 효과를 거둘 수 있도록 통합하는 총괄적인 계획의 수립과정"이라고 정의하고 있다. 종전의 판매 촉진방식인 광고와 PR을 부분적으로 보던 것을 상호 연관된 통합 마케팅으로 확대해서 보려는 방법이며, 소비자 입장에서 파악하려는 시도였다.

---

08 이 책에서 저자는 생각하고, 느끼고, 행동하는 소비자 행동 모델은 소비자가 정보를 받아들이고 어떤 감정적 반응을 가진 후, 활용할 수 있는 적합한 자원이 있을 때 행동하는 것을 추정한다.

IMC란 직접반응광고와 판매 촉진, PR 등 다양한 커뮤니케이션의 전략적 역할을 평가하고 조합함에 따라 메시지의 명확성과 효과에 따른 포괄적인 부가가치를 인식한다. 이 정의에는 직접반응광고나 PR이 포함되어 있다는 것에서 전통적 통합 프로모션과는 다르다는 점을 알 수 있다.

던칸과 케이우드(C. Caywood)가 논문에서 지적한 IMC의 7개 발전단계에 의하면, 제1단계는 필요성 인지단계(awareness stage)로 환경의 변화에 대한 인식과 소매상의 위상 변화, 글로벌 마케팅에 대한 요구 등 어떤 필요성을 인지하게 되는 것을 말한다. 제2단계인 이미지단계(image stage)는 일관된 메시지와 관점을 견지하는 것으로 문자와 시각적 메시지의 일관성, 미디어 수의 증가에 관한 것이다.

제3단계는 기능적 단계(functional stage)로 PR, 광고, 프로모션 등 기능적 커뮤니케이션 분야의 강점과 단점에 대한 전략적 분석단계이다. 제4단계는 협력단계(coordinated stage)로 각각의 기능적 커뮤니케이션과 마케팅 활동에 기여할 데이터베이스 활용 등의 잠재력의 보유에 관한 것이다.

제5단계는 소비자 기초단계(consumer based stage)로 목표 소비자에게 효과적으로 도달할 수 있는 채널의 선택으로 소비자와의 다양한 접촉 지점과 보다 많은 정보의 필요성을 말한다. 제6단계는 관계자 기초단계(stakeholder based stage)로 단순한 프로모션에서 벗어나 각 기능들을 관계자들과 더불어 투명성 증대 같은 커뮤니케이션으로 폭넓게 확대함을 말한다. 제7단계는 관계 관리단계(relationship management stage)로 관계자들과 원활한 커뮤니케이션의 수행을 위해 기업의 관리 기능을 비롯한 다른 복잡한 조직들과 함께 전방위로 접촉하는 것이다.

예를 들어 타이레놀 사건의 해결방법을 보자. 1982년 9월 30일, 시카고 교외에서 존슨앤존슨사(J&J)의 타이레놀 복용에 의한 사망사고가 있었는데, 이는 캡슐 내에 유입된 청산가리에 의한 것임이 판명되었다. 타이레놀은 미국의 진통제 시장에서 37%의 점유율을 지닌 톱 브랜드였지만 사건 직후 제로에 가깝게 떨어졌다. 그러나 소비자와 유통업자, 매스컴을 비롯한 의료 관계자의 신속하고 적절한 커뮤니케이션과 몇 차례에 걸친 소비자 조사를 실시해 4개월 후에 점유율 35%로 회복하였다.

존슨앤존슨사는 사건발생 후 1주일 내에 세계의 의료 관계자에게 경고를 내리고, 24시간 무료전화 서비스와 미국 식품의약국(FDA)에 보고, 매스미디어광고 중지, 전 미국에 걸쳐 11,000곳이 넘는 판매업자에게 제품회수 의뢰, 매스컴을 통한 경영자의 경위 설명, 소비자 조사와 데이터에 의한 판매 동향의 감시가 실시되었다.

소비자 조사 결과 캡슐의 문제지 존슨앤존슨사의 과실이 아니라는 이해가 90%였지만, 소비자는 경합 브랜드를 구입하기 시작했다. 10월 중순 이후 기업은 신문에 캡슐 타이레놀을 무료로 교환하겠다는 발표문을 게재하고 텔레비전에서는 의사 담당 임원의 설명적인 커머셜을 5일간 집중적으로 방송하였다. 회장이 직접 텔레비전 뉴스 프로그램에 출연해 기자회견을 하기도 했다.

그리고 삼중으로 봉인된 신 포장 캡슐이 시장에 도입되기 한 달 전부터 호기심을 불러일으키기 위해 600명의 기자와 직접 회장이 나서 위성으로 연결한 텔레비전 회견을 실시했다. 5일 후 소비자 전화 조사에서 고객의 신 포장 이해도는 79%, 신제품 구매 의향이 95%라는 높은 결과를 확인하고, 본격적으로 텔레비전광고를 개시하였다.

기업은 낮은 비용으로 소비자의 태도와 이미지를 복원시킬 필요성을 확인하고, 사건 전과 마찬가지로 신뢰와 효능을 테마로 한 광고를 개시했던 것이다. 또한 재구입 촉진을 위한 프로모션을 통해 사건 전의 수준을 회복하였다. 당시에 IMC라는 이론이 없었지만 제품 사고와 불상사에 대한 신속한 대응 사례로 지금껏 많은 기업에 참고가 되고 있다.

한편 미국생산성품질센터(APQC)가 1998년에 발표한 보고서에 따르면 IMC는 다음의 4단계를 거쳐 진화한다고 했다. 전술적 통합단계는 모든 커뮤니케이션 수단들을 조화시켜 통일된 시청각적 창출이 목적인 단계이다. 커뮤니케이션 확대단계는 조직의 기능적인 활동보다 소비자 및 기타 관계자들의 메시지 수용방법에 관심을 갖는 단계이다. 경험적 데이터 활용단계는 다양한 정보 기술을 통해 소비자 행동의 세분화를 실시하여 고객의 욕구에 맞게 커뮤니케이션을 하는 단계고, 전략적 활용단계는 내적 커뮤니케이션 계획(outside in plan)이 이루어지고 고객 중심의 커뮤니케이션 프로그램이 수행되는 단계다.

고객가치의 추구를 좁은 의미의 관계성으로 말한다면, 모든 이해 관계자와의 통합은 넓은 의미의 관계성이다. 기업의 사회적 책임이 요구되는 작금의 시대는 무엇보다 양자의 균형을 조화롭게 하는 것이 중요하다.

관계 마케팅(Relationship Marketing)에서 중요하게 여기는 '관계'는 수익성 있는 관계를 의미한다. 그래서 사실 관계 마케팅의 핵심은 고객 행동 데이터를 중심으로 한 데이터베이스 마케팅, 즉 CRM 마케팅이라고 할 수 있다. 이는 한마디로 고객의 욕구와 행태에 따라 고객을 세분화하여 이들과 커뮤니케이션하고, 이들과의 관계를 돈독히 하며 최적의 제품을 제공해 매출을 올리고자 하는 거래 마케팅의 진화된 형태라고 할 수 있다.[09] 다시 말해 장기간 고객과의 관계를 유지, 강화시켜 궁극적으로 개별화와 부가가치 부여 등을 통해 상호간의 이익을 지속적으로 추구하는 것이다.

관계 마케팅의 패러다임은 다음과 같이 설명될 수 있다.

먼저 교환 패러다임은 팔거나 사는 쌍방이 가치를 추구해 교환을 실시하는 것은 기업과 고객의 만족을 초래한다는 개념이다. 일방적인 판매는 하나의 자극, 즉 일시적 가격 인하 같은 긍정적 반응을 초래하지만 교환은 팔거나 사는 양쪽의 이익이 강조된다. 교환은 기업과 소비자뿐만 아니라 학교나 복지단체 등 비영리기관이나 개인의 거래로 확장된다는 점이 특징이다. 교환 패러다임은 소비자의 다양화와 기업의 시장 세분화가 이뤄진 1980년대 마케팅의 기반이었다.

관계성 패러다임은 사는 측이 명확하지 않은 경우에도 팔거나 사는 쪽이 공동으로 고객의 탐색과 제품, 서비스의 개발을 실시하는 상호 협

---

09 박준형, 앞의 책, 52쪽.

력에 있다. 한 번만의 교환이 아니라 상호 신뢰에 입각한 지속적인 거래를 지향한다. 신규 고객을 획득하기 위해 많은 비용을 들이는 것보다 현재 고객을 유지하는 편이 보다 안정된 수익을 가져다준다는 관점이다.

광고는 오랜 기간 설득적 커뮤니케이션으로서 효과와 기능이 연구되어 왔다. 그러나 자본의 시장 지배라는 도식만으로 현재의 광고를 설명하긴 어렵다. 소비자의 성숙도와 대규모 소매업자의 제품 구매력, 글로벌 경쟁의 진행, 매체의 다양화 등의 이유가 있기 때문이다.

이러한 이유로 1990년대 새로운 마케팅의 개념인 관계 마케팅이 출현했다. 이 개념은 이전의 단순한 생산자나 소비자 중심의 편중에서 벗어나 생산자(판매자)와 소비자(구매자)의 지속적인 관계를 통해 서로 상생하는 관점의 마케팅 전략으로 기업과 고객 간 인간적 관계에 중점을 두고 있다. 고객과 끊임없이 대화하면서 관계를 강화하고 원하는 제품을 정확히 파악해 고객 만족도를 높이는 대응 전략이 관계 마케팅의 핵심이라 할 수 있다.

관계 마케팅을 좁은 의미로 보면 기업에게 많은 이윤을 초래하는 우량 고객을 발굴해 원하는 제품과 서비스를 제공함으로써 지속적인 관계를 유지하는 것이다. 넓게는 기업과 고객의 상호 유대를 통해 니즈 파악과 제품 개발을 함께 실시함으로써 신뢰가 형성되어 장기간의 거래를 가능하게 한다.

관계 마케팅의 특징은 신규 고객 획득보다 기존 고객 유지를 목표로 한다. 한 번뿐인 거래보다 반복적인 거래가 대상이며, 단기적인 점유율이나 이익보다 지속적인 거래가 가져다주는 수익이 기준이다. 또한 자사에 충성도가 높은 소수의 고객을 대상으로 하며, 유대감을 강화하기 위해 다양한 인적 사항이 담긴 자료를 활용한다.[10] 항공사가 비행 마일리지에 따라 우대하는 프리퀀시 마케팅이나 카드 회원 이용자의 사용 실적에 따라 고객의 요구에 응답해주는 서비스 등이 그 예이다.

요즘의 기업에는 경쟁뿐만이 아니라 사회성까지 요구되고 있다. 사회 지향은 좁은 의미의 거래나 경쟁을 초월해 조화를 목표로 하는 이념이다. 1980년대 버블 경제 시기에는 기업의 사회적 기능이나 일자리 창출에 관심이 컸다. 그러나 지금은 기업의 영리활동에 사회공헌이 반영되길 기대하고 있다. 이러한 시기에 단순히 제품을 칭송하고 아름답게 꾸미는 데 치중한 상품광고에는 한계가 있다.

예를 들어 '지구를 살리자'와 같은 추상적인 슬로건보다 다양한 기부과 같은 공적 이념이 중요해진 현재의 시점을 생각해보자. 특히 문화가 다른 국가와 지역에 진출하는 글로벌 기업에게 있어 이러한 공익적 개념은 더욱 중요하다. 실제로 국내 A항공사는 중국의 산간벽지에 학교를 설립하고 지원하는 공적 사업을 통해 좋은 이미지를 얻고 있다.

10　미국은 일반적으로 관계 마케팅과 데이터베이스 마케팅을 같은 뜻으로 사용한다. 다양한 고객층의 요구와 시장마다 각양의 서비스를 제공하는 경우에도 대응이 가능하다면 고객 만족도를 높일 수 있다. 요즘은 점포마다 단골 고객과의 접촉을 효율적으로 이끌기 위해 제품별 거래 정보를 담은 데이터베이스를 활용하고 있다.

5. 광고는 마케팅의 일부다

광고는 마케팅의 일부이다. 광범위한 계층에 정보를 전달함으로써 판매 촉진을 효율화하기 때문이다. 만약 기업이 광고를 하지 않는다면 마케팅은 필요가 없다.

마케팅이란 기업이 고객에게 제품의 가치를 제공하여 수익을 창출하기 위해 수행하는 모든 활동이다. 그래서 광범위한 영역에 걸쳐 있다. 어떤 제품으로 만들 것인지부터 시작해 유통 경로와 가격은 물론 어떻게 알려 구매하게 만들 것인가에 대해 고심해야 한다.

미국마케팅학회(AMA)는 마케팅에 대한 정의를 "개인과 조직의 목표를 만족시키는 교환을 만들어내기 위해 아이디어, 제품, 서비스의 고안, 가격책정, 촉진, 그리고 유통을 기획하고 실행하는 과정"이라고 말한다. 이 정의에는 마케팅을 위한 네 가지 요소, 즉 4P가 존재하는데 바로 제품(product), 유통(place), 가격(price), 판매 촉진(promotion)으로서 이를 '마케팅 믹스'라고 부른다. 광고는 마케팅 믹스의 판매 촉진, 그러니까 프로모션에 해당된다. 한편 이 마케팅 믹스를 고객의 관점에서 본 4C, 고객의 가치(customer value), 비용(cost), 커뮤니케이션(communication), 편의성(convenience)으로 보면 광고는 커뮤니케이션에 해당한다고 볼 수 있다.

그럼 마케팅 믹스를 각 요소별로 살펴보자.

첫째, '제품'에는 콘셉트와 기능, 네이밍 등을 고려한 경쟁사와의 차별화가 요구된다. 둘째, '유통'은 어떤 판매 경로를 취할 것인지를 선택하는 것으로, 인터넷을 통한 통신 판매도 하나의 방법이다. '가격'에는 지금껏 출시된 제품과 비교해 어떤 차이점이 있는지를 살펴보는 것이 중요하다. 마케팅 활동 시 소비자의 의식과 경쟁사와의 비교도 중요하다.

'판매 촉진'은 매체를 선정하여 광고로 표현하는 것으로 제품과 타깃의 접점을 만들기 위한 모든 활동을 가리킨다. 때로는 광고 이외의 방법으로 소비자와 접촉해 구매를 유도하기도 하지만 광고는 매체를 활용하기 때문에 광범위한 계층에게 정보를 전달하는 데 적합하다. 광고가 없다면 기업은 대중에게 팔려는 제품을 알리기 위해 비효율적인 방법을 수행할 수밖에 없다.

하나의 광고가 멋진 작품으로 보여지거나 대중의 주목을 받아 유행을 낳고 사회적인 붐을 일으키기도 한다. 아이패드의 광고음악에는 대단히 인상적인 멜로디가 등장한다. 바로 영국 런던 출신 뮤지션 필델(Phildel)의 〈더 키스(The Kiss)〉인데, 이 매혹적인 피아노 음악을 듣고 있자면 즐겁고 행복한 일상이 눈앞에 그려진다. 우리에게 그다지 잘 알려지지 않았던 아티스트의 곡이었지만 이 광고의 영향으로 꽤 유명해졌다.

이 예만 들어보아도 광고의 문화적 영향력을 과소평가해선 안 된다는 것을 직감할 수 있을 것이다. 광고를 통해 새로운 유행어가 생기거나 출연한 탤런트가 갑자기 주목받는 등 광고 자체가 하나의 엔터테인먼트 작품으로 사회에 영향을 끼치기 때문이다. 따라서 광고를 제작하는 데는 단순히 광고를 통한 마케팅 효과 극대화에만 집중해선 안 된다. 제작된 광고가 전혀 의도하지 않은 방향으로 나아가거나 기업과 브랜드를 공격할 가능성도 있기 때문이다. 광고가 지닌 영향력을 의식하고 있어야 하는 이유이다. 한편 이러한 점은 광고가 문화적인 기능으로 즐길 만한 대상이 될 수 있음을 보여주기도 한다. 광고가 좌중의 이야 깃거리나 기사의 소재가 되기도 한다는 것이다. 광고의 요소들은 제멋 대로 구석구석을 흘러 다니며 광고문구가 유행어가 되고 사용된 음악 이 인기를 끈다. 출연한 탤런트가 입었던 옷이나 액세서리가 유행이 되 는 사례도 많다.

광고의 이러한 면은 마케팅 믹스의 프로모션을 담당하는 도구로서 마케팅 효과를 극대화하는 데 기여한다고 할 수 있다.

03 광고대행사의 조직 구성

1. 광고대행사의 구조

■ 광고대행사란 무엇인가

광고대행사는 자사의 제품이나 서비스를 구매해줄 고객에게 판매자를 대신해 광고물을 기획, 제작하여 매체에 실어주는 역할을 한다. 광고기획자와 크리에이티브들로 구성된 회사인 광고대행사는 광고주와 매체의 중간에서 광고에 관한 모든 서비스를 제공해주는 것이다.

광고를 창조하는 것은 광고인이지만 그렇다고 혼자서 할 수는 없다. 광고를 제작하기 위한 모든 일은 고도의 전문화된 작업이기 때문이다. 그러므로 광고가 세상에 나오기까지는 여러 조직이 협력하지 않으면 안 된다. 다시 말해 대행사와 광고주, 매체사, 제작사, 이 모두가 원활한 협력하에 제작에 임해야 한다.

그 밖에 홍보사와 프로모션 이벤트사, 시장 조사기관, 미디어렙도 일부분 역할을 하고 있다. 먼저 프로모션 이벤트사는 제품을 위한 프로모션이나 이벤트 기획, 실행을 전문적으로 담당한다. 시장 조사기관은 시장 조사를 실시하고 그 데이터를 광고 기획에 활용한다. 미디어렙은 방송광고를 방송사 대신 판매하는 방송광고 판매대행사이다.

광고대행사가 광고주와 매체사 사이에 존재하는 형태가 이뤄진 것은 19세기 후반 구미에서 처음 시작되었다. 세계 최초의 광고대행사는 1841년 미국 필라델피아에서 파머(Volney B. Palmer, 1799~1864)에 의해 창립되었다. 당시 파머는 전미 1,400개 신문사의 광고 지면을 광고료의 25%를 받고 판매했다. 광고물의 제작은 하지 않았지만 신문에 관한 지식과 기회를 가짐으로써 서비스를 실행할 수 있었다. 하여 초기 40~50년간 신문의 지면을 매점하여 광고주에게 나눠주었다. 그러다가 점차 광고주의 요망과 업자 간의 경쟁으로 아이디어의 제공, 크리에이티브 측면의 협력이 이뤄지게 되었다. 오늘날 광고대행사의 업무는 광고 이외의 분야까지 넓어지게 된 것이다.

그러나 요즘과 같은 대행사의 구조가 자리 잡은 것은 20세기에 들어와서다. 20세기 초 미국의 로드 앤 토머스(Lord & Thomas)사는 존 E. 케네디(John E. Kennedy)와 클로드 홉킨스(Claude Hopkins)라는 광고의 역사에 길이 남을 카피라이터를 고용해 설립한 대행사였다. 특히 케네디는 '광고란 인쇄된 세일즈맨이며, 멋진 광고란 훌륭한 세일즈맨'이라고 주장했다.

이렇듯 광고가 단순히 제품의 이름이나 정보를 전달할 뿐만 아니라 설득의 주체가 된 배경에는 20세기 초 백화점업계의 대대적인 출범과 전국에 걸친 판매라는 이유가 깔려 있었다. 당시 도시의 백화점들은 경쟁적으로 고객을 끌어들일 필요성이 대두되었고, 대행사는 카피의 전문가가 필요했다. 제품에 브랜드를 붙여 파는 영업이 호응을 얻자, 광고문구와 디자인뿐만 아니라 시장 조사까지 요청되었다. 광고대행사 아이어(N. W. Ayer)사가 최초로 풀타임의 카피라이터를 고용한 것은 1892년으로 알려져 있다.

이러한 현상 뒤에 광고의 진실성을 요구하는 움직임이 활발해지면서 허위광고에 대한 법적 규제가 강화되었다. 광고가 사회와 한층 가까워지면서 광고의 기능도 변화했다. 다시 말해 고지(告知)에서 설득으로의 전환이었다. 이러한 기능의 전환은 대행사의 조직을 한층 전문화시키는 계기가 되었다.

그렇다면 어떻게 광고대행사가 광고주와 미디어 사이에 존재하는 형식이 되었을까. 대행사가 존재함에 따라 광고주와 매체사 사이의 거래에 따른 인적, 물적 소비를 절감할 수 있었다. 다시 말해 매체사는 대행사를 활용함으로써 담당 직원을 고용하는 것보다 효율적인 영업과 광고를 전개할 수 있었던 것이다. 또한 대행사와의 거래로 여타 광고주의 정보를 효율적으로 얻을 수 있었다. 대행사를 파트너로 참여시킴으로서 영업 부문의 인원을 감축하고 대행사의 크리에이티브나 마케팅의 지식을 활용함으로써 예산을 효율적으로 사용할 수 있게 된 것이다.

매체사는 대행사가 비용을 대신해주므로 보다 안정적인 운영이 가능하다. 만약 광고주가 도산 등의 이유로 지불이 불가능해졌을 경우에 대행사가 보증해주기 때문에 그에 따른 리스크도 줄일 수 있다.

대행사가 존재함으로써 광고주와 매체사는 쌍방에 실리가 있는 거래가 가능해진 것이다.

이러한 위치에 있는 대행사는 광고주가 이용하기 쉽도록 사전에 다

양한 미디어와 거래 관계를 조성해 언제든 제공이 가능한 체제를 갖추
는 것이 필요하다. 따라서 어떠한 편성이 광고주의 니즈에 적합한지를
헤아려 최적의 상황을 제안할 수 있어야 한다.

최근 대행사는 단순한 양자의 대리적 성격에서 탈피해 보다 독자적
인 전문성을 발휘하고 있다. 변화하는 사회에 어울리는 광고 기법과 매
체개발을 서두르고 있는 것이다. 인터넷을 활용한 온라인 분야의 대행
사가 대표적인 경우다. 한 예로 K리그나 프로야구는 스포츠 이벤트를
매체로 개척했다. 결과적으로 스포츠가 대중적으로 확산되고 새로운
오락으로서 정착하는 데 공헌했다.

한국의 광고대행사는 외국과는 조금 다른 구조적 특징이 있다. 큰
차이는 대부분이 대기업의 계열사(In house)로 모기업의 물량을 그대로
물려받고 있다는 것이다. 그리고 커뮤니케이션 전문 기업이 아니어서
수평적 비지니스가 아닌 수직적 관계로 구성되어 있다. 대기업마다 하
나씩 소유해 광고산업을 이끌기에 소수의 전문가들로 구성된 대행사
들은 자신들만의 고유한 경쟁력을 갖출 수밖에 없게 되었다. 지금은
외국계 대행사까지 진출해 무한 경쟁에 돌입한 상태다. 한 예로 삼성
그룹 계열의 제일기획은 해외 유명 광고회사인 미국의 독립광고회사
맥키니(McKinney Communications)[01]와 중국의 브라보[02]를 연달아 인수해 한동

---

01 1969년에 설립된 맥키니는 2012년 칸광고제에서 '올해의 가장 효율적인 독립광고회사'에 선정됐을 정
    도로 인정받는 업체다. 나이키나 소니 등 글로벌 브랜드 광고를 담당하고 있다.
02 중국의 브라보는 2006년에 설립되었지만 상하이와 홍콩에서 다국적 회사들의 광고를 수주한 영향력
    있는 대행사이다.

안 화제가 되었다.

종합대행사의 대부분은 커뮤니케이션 전략에 따른 전문적인 기능을 기대받는다. 광고주의 위탁에 따라 시장 조사와 광고 기획의 수립, 매체의 선택, 매체와의 계약과 평가까지 담당하기도 하고, 능력과 개성이 뛰어난 타 대행사와 업무를 공유하는 경우도 있다.

—

대행사의 조직은 광고주와 상호 연락을 유지하고 기획을 담당하는 부서와 제작을 하는 크리에이티브, 조사와 매체, 그리고 관리를 담당하는 부서로 나뉘어져 있다. 대행사의 주요 수입원은 각종 서비스의 대가로 받는 수수료이다. 대행사 수수료는 광고 요금의 15%를 받는 것이 국제적인 관례이다.

독립광고대행사는 신문광고나 인터넷, 지하철, 버스광고 등을 전문적으로 하는 대행사로서, 저비용 고효율의 광고를 선호하는 광고주들이 선호한다. 신문광고전문대행사는 신문사의 광고국 출신들이 차린 회사로 신문광고를 게재할 때 종합광고대행사보다 조금은 저렴한 비용으로 광고를 할 수 있다.

대행사는 무엇보다 과제를 해결하려는 커뮤니케이션의 입안 능력이 뛰어나다. 일반적으로 대행사의 업무로 떠올려지는 것은 제작, 즉 크리에이티브일 것이다. 물론 만드는 것 이상으로 텔레비전과 신문 등에 내보내기 위한 광고판의 확보도 중요하다.

최근에는 어떤 광고를 어떻게 전달해야 하는가 뿐만 아니라, 기업과 제품이 지닌 과제를 해결하기 위해 어떤 것이 효과적인지 전략을 입안하는 능력도 요구받고 있다.

■ 한국의 기업과 광고대행사

한국의 기업이 자사 내에 전문인을 고용해 광고를 제작하는 경우는 드물다. 광고를 중시하는 기업일수록 고도의 전문성을 갖춘 부서가 필요하다. 그래서 대행사를 필요로 하는 것이다. 광고주가 광고의 개시를 결정할 때 목표는 매출의 증대나 점유율, 지명도의 상승 등이다. 이에 따라 광고주는 기획을 진행한다. 이는 광고의 표현과 미디어 플래닝, 광고와 관련된 다양한 커뮤니케이션의 통합과 어떤 대행사를 선정할 것인가를 결정하는 것이다. 선정된 대행사는 예산의 배분과 관리, 광고의 제작, 매체의 선택, 효과에 대한 조사와 결과의 분석을 실시한다.

한편 기업에는 대부분 홍보실이라는 명칭으로 광고를 출고하는 부서가 별도로 있다. 그러나 홍보 업무가 사내 어디에 소속되어 있는지는 기업에 따라 다르다. 독립된 조직이거나 마케팅부서의 일부, 혹은 영업부에 소속된 경우도 있다.

어떻든 홍보실은 광고를 총괄하는 핵심 부서로 텔레비전광고를 비롯해 인쇄와 그래픽을 기획하고 작성한다. 마케팅의 한 측면으로 조사, 매체, 점두, 제품광고 등을 필요에 따라 연동해 실시하고 있다.

광고 진행은 사업부서와 공동으로 실시하는데, 브랜드 매니저가 있어 각 제품에 대한 기획을 추진한다. 나아가 유통을 통해 제품의 판매를 실시한다. 광고에 관련된 곳은 제품개발부도 있으며, 새로운 상품의 개발과 개량이 이뤄진다. 광고는 제품 개발자와 공동으로 실행한다.

대행사의 조직은 다섯 개의 기능으로 나눌 수 있다.

매체 부분은 매체사와 접촉해 미디어 계획의 기획과 입안, 그리고 매입을 실시한다.

크리에이티브 제작은 매체에 노출될 광고 소재를 기획하여 제작하는 것이 주된 역할이며, 어카운트 플래닝(Account Planning)은 마케팅과 조사 부문을 담당한다. 광고 활동의 기초가 되는 마케팅 계획이나 커뮤니케이션만을 전문적으로 기획하는 것이다. 그 밖에 세일즈 프로모션을 비롯한 그 외의 부문이 있는데, SP는 SP매체[03]의 기획이나 이벤트는 물론, 프로모션의 기획과 실시를 담당한다.

이 밖에도 대행사가 가진 기능은 수없이 많다. 홍보를 전문으로 하는 부서도 있는가 하면 연구개발을 하는 부서와 국제 활동만 하는 팀이 설치된 곳도 있다.

무엇보다 광고대행사가 광고주와 접촉하는 창구는 영업이다. 영업은 광고주와의 역할은 물론 사내 스태프를 한 데 모아 팀으로서 운영하는 대행사의 중심이라 할 수 있다. 특히 AE(Account Executive)라고 불리는 광고기획자는 광고주의 창구가 될 뿐만 아니라 사내의 다양한 제작 업무를 총괄한다.

2. 광고기획자의 역할과 기능

광고기획자는 엄밀히 말해 두 종류의 직무를 함께 지닌다. 앞서 소개한 AE와 AP(Account Planner)다. 그러나 현재 한국의 광고대행사는 이 둘을

---

03 신문사의 뉴스 전광판, 시내버스나 지하철, 게시판 등을 통해서 광고물이 전달되는 경우가 있는데 이러한 광고 전달 매체를 SP매체라 한다.

특별히 나누어놓지 않고 있다. AP는 광고 기획 업무뿐만 아니라 광고주의 문제를 소비자의 인식 속에서 찾아내어 해결함으로써 광고주에게 편익을 제공한다. 또한 광고주가 원하는 요구를 크리에이티브 브리프를 통해 전달하고 제작과정을 조율하며 매체기획자에게도 문제해결의 의도를 전달함으로써 메시지의 일관성을 창조한다. 광고가 집행된 후에는 전체적인 평가를 통해 성과를 광고주에게 보고하는 일도 맡는다. 따라서 차이라면 AE는 광고주를 관리하는 일까지 하는 반면 AP는 광고 기획 쪽에 좀 더 비중을 두는 정도다.

광고기획자는 만능이어야 한다. 영업 및 광고주의 관리와 창의적인 광고기획안을 작성해 팀을 이끌어야 한다. 광고주와 대행사 간에 연간 계약을 맺게 되면 기업의 광고 예산 집행부터 관리까지 도맡게 된다.

이러한 일련의 작업은 의뢰사에 속한 연관된 부서의 협조를 받지만 매우 복잡하고 분주한 작업이다.

광고기획자는 광고주와의 커뮤니케이션을 담당할 뿐만 아니라 계획을 수립하고 대행사 내에서는 광고주의 광고 활동을 지휘하며 한편으로 대행사를 대표하여 광고주와 협력관계를 유지하면서 크리에이티브, 매체, 조사 부문 등의 각 업무를 총괄한다. 광고주의 기업 이익을 제고하면서 대행사의 일원으로써 자사의 적정 수익을 도모하는 역할을 하는 것이다.

대행사에서 영업이 하는 업무와 기능은 다양하다. 영업은 대행사의 업무에 있어 가장 중요하며 광고주와 절충해 다양한 거래조건을 결정해야 한다. 대행사가 가진 기능을 최대한 이끌어내기 위해 사내 스태프를 적절하게 배치하는 것도 영업의 업무이다. 사내 스태프 중에서 누가 어떠한 역할을 할지를 결정해야 하는데, 사실 대행사의 능력은 사내 인력을 얼마만큼 잘 활용하는가에 달려 있다고 해도 과언이 아니다. 실제로 직원들에게 오리엔테이션을 통해 어떠한 방침하에 광고를 실시하는지 제시해야 한다. 광고주의 의향을 최대한 반영하여 구체적으로 어떠한 방안을 내놓을 수 있는지가 중요한 것이다. 수시로 광고가 순조롭게 진행되고 있는지 확인하여 사내 스태프들과 어떤 기획을 통해 광고주의 마음을 사로잡을지 고심해야 한다. 따라서 영업자는 사내와 사외에 걸쳐 상당한 영향력을 갖는다.

그 밖에도 영업이 담당하는 직무는 상당히 많다. 광고의 수주를 위한 활동과 프레젠테이션은 그중 하나이다. 결과적으로 다른 대행사에 비해 어떤 우위성이 있는지 보여줘야 한다. 슬리핑 스폰서[04]에게 다시 광고를 개시하도록 권장하는 일도 그들의 몫이다.

영업에게 요구되는 또 다른 능력은 자신의 방침을 광고주나 사내 스태프를 설득할 매니지먼트 능력이다. 그렇다고 영업에게 전권이 부여되는 것이 아니기 때문에 개인의 능력에 의해 결정되는 경우도 적잖이 많다. 때에 따라 플래닝까지 해야 할 수 있다. 미디어의 선정이나 콘셉트의 설정처럼 클라이언트를 훤히 꿰고 있는 담당자가 아니라면 감당 못할 업무가 의외로 많다.

대행사가 가진 모든 기능은 영업의 리더십에 의해 조화롭게 실시된다. 따라서 영업이 대행사의 인적 자원과 노하우를 어떻게 광고주에게

---

04 광고를 중단하고 있는 광고주.

효율적으로 제공하는지가 중요하다.

3. 매체와 크리에이티브

매체 업무는 대행사에 가장 오래된 분야이다. 1945년 이전, 그러니까 아직 광고기획자라는 수식어가 만들어지지 않았을 무렵에는 매체 파트를 영업으로 분류하여 미디어 판매를 하던 시대가 있었다. 그러나 광고기획자가 정착하면서 매체 파트는 오로지 매체 거래에만 전념할 수 있게 되었다.

매체 담당은 텔레비전이나 신문, 잡지 등의 매체 구입을 주요 업무로 한다. 매체사로부터 광고할 공간이나 시간을 구입하는 것이다. 그리고 제작이 완료된 광고물이 매체사에 의해 적정하게 노출이 이뤄지는지 관리하며 진행 상황을 광고주에게 전달하는 업무를 맡고 있다. 그 밖에도 매체사와 함께 새로운 광고 계획을 입안하고 실시해야 한다.

이처럼 매체 파트의 역할은 항상 매체사의 입장을 이해하면서 광고주와 조정해야 하는 것이다. 단순히 광고주와 매체사와의 중개만 하는 것이 아니라 매체 계획의 입안과 실시에 따른 고도의 전문성이 요구된다.

크리에이티브는 카피라이터, 디자이너, CM플래너 등으로 구성된 전문 집단이다. 겉으로는 화려해 보이지만 제작을 진행하는 과정에 잡다한 업무가 많은 것이 크리에이티브의 실상이다.

카피라이터는 광고문구를 작성하고, 디자이너는 광고물을 디자인한다. 조사부는 시장 조사를 비롯해 경쟁업체의 실태까지 파악한다. 촬영 기사는 광고의 촬영을 담당하며, PD는 영상물의 연출을 책임진다. 기획의 시안에 따라 어떠한 표현을 할 것인지 촬영과 제작까지의 전 과정에 관여해야 한다.

한편 제작 진행의 관리를 "트래픽"이라고 하는데, 가지각색의 광고물이 납기기한에 맞도록 진행되는지를 체크하는 것도 이 파트의 업무이다. 광고 표현에 따른 외부 스태프의 관리도 책임져야 하므로 사내뿐만 아니라 사외의 스태프까지 동원되어 제작되기 때문에 총괄 능력이 요구된다.

크리에이티브는 영업이나 어카운트 플래닝의 협력 아래 광고 표현의 개발을 실시한다. 아이디어에만 전념하면 되는 것이 아니라 전략이나 표현, 나아가 제작물의 관리에 이르기까지 업무의 폭이 넓다.

한편 대행사에는 마케팅 커뮤니케이션을 총괄하는 부서가 따로 있다. 광고 전략 플랜을 입안하여 광고주에게 제시해 협의하는 것이 이들의 주요 업무이다. 또한 시장 조사를 실시하여 분석해 제시해야 한다. 간혹 광고주와 함께 신제품의 개발에 참여하는 경우도 있는데, 사업을 보다 확대하고자 하는 배경이 깔려 있다.

크리에이티브 제작과 어카운트 플래닝이 협력 관계에 있다는 것은 말할 것도 없다. 다만 크리에이티브 제작이 감성적이라 직감으로 사고하는 데 반해 어카운트 플래닝은 이성적이고 논리적인 사고를 하는 경향이 강하다. 이 때문에 현장에서 종종 물과 기름의 관계가 되는 수가 많다. 양자의 톱니바퀴가 원활하게 움직이게 하는 것이 광고 제작의 성패로 이어진다.

—

　종합광고대행사라고 불리는 에이전시는 더욱 다양한 업무와 기능을 가지고 있다. 세일즈 프로모션에게 요구되는 기능은 어떠한 SP활동을 실시할 것인지에 따른 전략의 입안과 추진이다. 그리고 SP광고의 구입과 광고주와의 조정도 해야 한다. 광고주에게 SP매체사의 정보를 제공하여 OOH광고, 교통광고 등의 구입에 따른 조정도 한다. SP활동에는 다양한 분야에 있는데 매끄러운 활동이 될 수 있도록 현장 관리도 해야 한다. 이벤트에 있어서는 반드시 현장에서의 진행을 체크해 불의의 사태에 대비할 필요가 있다. 또한 홍보와 관련된 퍼블릭 릴레이션 기능인 PR도 그들의 임무 중 하나이다. PR은 저널리즘에 필적할 기자회견이나 프레스 릴리스의 준비와 실시를 포함한다. IR, 리스크 매니지먼트 등도 최근 몇 년에 걸쳐 PR의 중요한 과제가 되었다.

광고 제작의 현장

04

1. 전문가들로 구성된 제작팀

광고는 매우 짧다. 영화나 드라마는 긴 시간을 통해 감동을 안겨주지만, 광고는 단 30초 내의 짧은 시간 안에 메시지를 전달해야 한다.

이렇듯 한정된 시간 안에 메시지를 집약해야 하는 광고는 특정 전문가 집단이 모여 펼친 창작 행위이다. AE, 크리에이티브 디렉터, 카피라이터, 프로듀서, CM플래너, 카메라, 조명, 촬영, 미술, 세트 디자이너, CG 디자이너, 코디네이터, 메이크업, 헤어 아티스트, 녹음 등 30초의 예술을 만들기 위해 각기 역할을 맡아 하나의 목표를 향해 나아가는 것이다.

광고대행사는 광고주로부터 승인을 받은 기획만을 제작단계로 이행할 수 있다. 초기에는 제작 스케줄의 작성, 캐스팅, 로케이션 헌팅, 대도구나 소도구의 조달 등 진행을 위한 준비를 한다. 텔레비전광고의 경우는 그림 콘티에서 카메라, 컷 분할, 의상, 소도구, 음악, 음향, 내레이션 등 상세한 사항이 기입된 연출 콘티를 준비한다. 이후 연출 콘티에 의한 촬영과 편집을 거쳐야 한다. 시안에 따라 제작된 광고물을 매체사로 넘겨 각종 광고물을 완성시키기 위한 단계 중 하나이다.

신문이나 잡지광고라면 카피라이터가 제목 등의 광고문구를 작성하고, 아트 디렉터(Art Director)가 사진과 일러스트, 레이아웃 등을 참고해 밑그림을 그려야 한다. 또한 라디오광고는 내레이터가 스튜디오에서 녹음하고, 음향을 가미하는 등의 과정을 거쳐야 할 것이다.

기업의 자사 홍보실에서 광고물을 기획, 제작하는 경우도 있지만 대부분은 대행사를 활용한다. 광고주는 대행사를 대상으로 오리엔테이션을 실시하는데 광고할 제품의 특성과 타깃, 예산, 매체, 캠페인 기간, 목표 등을 설명한다. 이때 기업은 거래할 대행사를 미리 정하지 않고 오리엔테이션을 통해 우수한 기획안을 제출한 곳을 선정하기도 한다.

오리엔테이션을 할 때는 요점을 정리한 "오리엔테이션 시트"를 준비해야 한다. 오리엔테이션 시트에는 광고할 상품을 둘러싼 시장과 경쟁사, 관련된 문화와 사회적 여건 등의 분석 등이 담겨 있다. 신제품에 대한 오리엔테이션이라면 제품의 개발경위를 비롯한 특성과 세일즈 포인트, 네이밍, 가격 등에 관한 정보, 기존 제품을 위한 것이라면 그간 광고가 어떻게 진행되어 왔으며 어떤 톤 앤 매너(ton & manner)가 있었는지에 관한 정보를 담는다. 캠페인의 목표와 판매 촉진 등 광고 이외의 마케팅 커뮤니케이션 계획, 그리고 주요 타깃과 이용 예정 매체까지 기입하여 설명해야 한다. 이러한 과정 중에서 광고주 측에서는 광고 담당자뿐만 아니라 제품 개발자, 혹은 영업 담당자가 부연 설명을 요구할 경우도 있다. 기업 측에선 거래할 대행사들이 자신들 제품에 대한 확신과 열정을 보여주는 것을 오리엔테이션의 주요 목적으로 삼기 때문이다.

한편 오리엔테이션에는 대행사와 제작사에서 나온 다양한 전문가들도 참여하는데 이들을 모두 "크리에이터"라고 부른다. 간혹 대행사에 소속되지 않고 자유롭게 활동하는 크리에이터도 있다.

광고 제작을 위한 구성원 중 크리에이티브 디렉터는 총괄자로 광고 전체의 방향을 결정하고 지휘, 감독한다.

광고기획자인 AE는 광고주의 제품에 대한 지식에 정통하며 광고 계획을 작성하여 실행하는 중요한 위치에 있다.

소비자의 심리를 파악하여 소정의 목표를 달성하기 위한 광고물을 만드는 데는 무엇보다 팀워크가 중요하다. 흩어져 있는 아이디어들을 모아 조율하여 멋진 결정체를 만들어야 하는 것이다. 따라서 각 분야의 전문 스태프를 적절하게 활용하며 대행사에서는 광고주를, 광고주에게는 대행사를 대변할 수 있어야 한다. 따라서 플래닝 능력과 크리에이티브 감별력을 함께 갖추어야 하는 것이 광고기획자, AE인 것이다.

카피라이터는 잘 알다시피 광고물의 문구를 담당하는 구성원이다. 인쇄 매체라면 캐치프레이즈나 헤드라인, 카피, 슬로건 등을 맡고, 텔레비전이나 라디오광고에서 내레이션 부분이나 등장인물의 대사를 작성한다. 한편 AD라고 불리는 아트 디렉터는 광고의 시각적 표현을 담당하여 레이아웃과 비주얼의 완성을 책임진다.

CM플래너는 텔레비전광고의 기획을 담당한다. 스토리보드를 짜고

완성단계에 도달할 때까지 무수히 많은 과정을 책임지는 영상제작자이다. CM은 다른 매체와 달리 초 단위의 시간 제약은 있지만, 음악과 효과음 외에도 영상이나 대사를 조합한 입체적인 소구가 가능하다.

광고주로부터 오리엔테이션은 마케팅 플래너[01]가 받는다. 물론 이 오리엔테이션 때는 크리에이티브 디렉터, 카피라이터, 아트 디렉터도 함께 참여할 수 있다. 마케팅 플래너가 제작에 직접적으로 관여하는 것은 아니지만 광고주의 의향을 읽어 크리에이티브팀에게 전달하는 역할을 한다. 그렇기 때문에 표현에 있어서 상당한 영향을 미친다. 또한 크리에이티브팀에서 나온 아이디어를 프레젠테이션할 때 카피나 디자인 등을 설명하기 전 이것이 어떠한 배경에서 기획되었으며, 근거는 무엇인지 등을 전달해야 한다.

크리에이티브팀은 어떤 의미에서 고도의 전문성과 장인적인 기질로 제작에 임하고 있다. 그래서 프레젠테이션 시 크리에이티브팀의 아이디어를 이해한 후 광고주에게 설명하는 데는 마케팅 플래너의 도움이 절대적으로 필요하다.

또한 광고의 제작·시행과 조사 양쪽에 모두 능통한 플래너로 광고주의 마케팅 전략에 입각한 기획을 책임지는 전략 플래너로 앞서 언급한 바 있는 어카운트 플래너가 있다. 1960년대에 영국의 광고대행사에서 처음 생겼다고 알려져 있지만, 한국에는 아직까지 완전한 어카운트

01 광고기획자(AE)의 보조적인 업무를 담당하고 있는 마케팅 플래너는 대행사 내에서 마케팅에 관한 전반적인 계획을 수립하는 역할을 한다. 하지만 국내에서는 광고기획자가 이 역할을 함께 행하는 경우가 많다.

플래너가 존재하지 않는다. 조사 데이터와 각종 정보에 정통하며, 소비자의 정보와 관점을 잃지 않도록 한다. 광고주와의 연결은 물론 크리에이티브와 조사 전반에 걸친 역할이 목적이다.

어떤 매체에 싣는 광고라도 표현에 따른 콘셉트가 필요하다. 제품에 명확한 포지셔닝을 부여하고 있을 때는 상관없지만 사회와 소비자는 항상 변화하고 있기 때문에 한때 적절했던 표현이 언제까지 가능할지 단언할 수 없다.

2. 광고기획자와 미디어 플래너

대행사에서 가장 중요한 파트는 광고의 실행을 맡은 광고기획자(AE)로 광고주와 대행사와 관련된 모든 업무를 책임진다. 한편 소비자에게 잘 전달하기 위해 매체를 찾는 역할은 미디어 플래너(Media Planner, MP)가 하며, 각 매체의 성격과 소비자를 분석하여 가장 적합한 것을 선택해야 한다.

광고기획자의 업무는 사외(社外) 업무 그리고 사내(社內) 업무, 두 가지로 나눠질 수 있다. 여기서 사외 업무란 광고주로부터의 업무를 수주해 조정과 합의, 비용 청구와 수령에 더불어 신규 일거리를 개척하는 것을 말한다. 한편 광고기획자의 사내 업무란 기획 수립과 각 파트별 업무 할당, 진행 상황 파악 등을 말한다. 여러 안건이 진행되면서 생기는 사소한 문제의 해결은 물론이거니와 스태프 편성을 위한 조정과 경비를 컨트롤하는 것도 중요하다. 또한 신규 고객 획득과 기존 고객과의 비지니스를 확대시키기 위한 전략도 세워야 한다. 특히 신규 광고주의 개척은 많은 자료 및 정보를 수집해 또 다른 기획안을 제안할 기회를 만드는 일로서 아주 중요한 업부의 하나라고 볼 수 있다.

이처럼 광고기획자는 회사 안팎의 모든 업무에 관여한다. 광고기획자는 기본적으로 광고주로부터의 갖가지 요청을 받는 창구다. 광고 의뢰는 물론이며 제작과 조사 등 모든 업무가 이들로부터 들어오는 것이다. 내부에서 일이 진행되는 사항을 총괄하는 프로듀서가 되기도 하고, 종료 후에는 광고주에게 비용을 청구하고, 수령할 때까지의 책임자가 되기도 한다.

결과적으로 광고가 만들어지기까지의 전 과정에서 모든 책임을 지는 프로듀서가 되어야 하는 것이다.

매체는 대행사의 일차적인 비지니스 대상이다. 매체를 상대로 일을 진행하는 것이 바로 미디어 플래너인데, 이들은 광고할 매체를 가능한 좋은 조건으로 구입해야 한다. 방송국이나 신문사, 출판사 등이 보유하고 있는 광고판을 구입하여 요청받은 광고를 제작해 내보내야 하기에 가능한 최상의 조건을 확보해야 한다. 광고 요금에는 기존 단가가 있지만 수급관계나 시청률, 부수에 따른 약간의 변동이 있고 인기 있는 매체는 얻기 힘들 수 있다.

매체 구입 시 가능한 저렴하게 구입할 수 있다면 예산을 효율적으로 사용할 수 있어 광고주의 만족도를 높일 수 있기 때문에 보다 좋은 조건으로 진행될 수 있도록 최대한의 노력을 기울여야 한다. 금액뿐 아니라 스케줄에 있어서도 원하는 조건에 맞지 않을 경우에 대비해 대체안을 만들 필요가 있다.

또한 각 매체사의 담당자로부터 다양한 정보를 얻은 다음 활동을 개시하는 것이 좋다. 또한 어떤 프로그램이 인기가 있으며, 어떤 페이지가 반응이 좋다는 식의 동향과 움직임에 관한 정보를 보다 신속하게 입수해야 한다.

3. 진화하는 대행사의 업무

광고대행사의 업무로는 기획이 있다. 광고와 커뮤니케이션 활동을 수행하기 위한 플래닝으로 미디어 기획, 광고 제작, 리서치, 프로모션, PR 등이 그것이다. 한편 대행사에게 브랜드의 관리나 개발까지 요구하는 경우도 있다. 이를 담당하는 부서의 업무는 브랜드 매니지먼트와 컨설팅, 제품개발 지원으로 나눠진다.

종합대행사는 커미션과 수수료, 그 밖에 다양한 비지니스로 얻는 사업이 주요 수익원이다. 특히 매체를 다루며 얻는 수익이 상당하다.

대행사와 기업 간의 광고비 집행과정을 간단히 들여다보자.

A사가 B사의 의뢰를 받아 텔레비전과 신문의 광고 지면을 구입할 때 먼저 매체와 시기, 비용을 A사가 매체사를 통해 섭외하고, B사의 승인을 받아 조건을 결정한다. 이후 A사가 매체사에 요금을 지불하고, B사에 광고비를 청구한다. 이때 A사와 B사가 계약한 광고비에는 사전에 설정한 일정 비율의 수수료가 포함되어 있다. 즉 수수료가 A사의 수익원으로 이것이 광고비이다.

플래닝을 동반한 업무에는 기획 수수료도 있다. 대행사는 매체를 취급하는 것 외에도 광고주의 업무를 대행하기도 하는데, 만약 A사가 B

사의 텔레비전광고를 제작하는 경우, 촬영과 편집, 출연료 등의 비용이 발생할 것이다. A사는 이 같은 비용에 영업비를 추가하여 광고비와 별도의 수수료를 B사에게 청구하게 된다. 또한 A사의 광고 크리에이터는 광고 전체의 콘셉트를 만들기 때문에 이와 관련한 기획비도 포함된다. 광고 제작 이외에도 캠페인과 이벤트 등의 프로모션, 마케팅 리서치, 소비자의 동향을 파악하는 데 필요한 데이터의 분석과 커뮤니케이션 전략의 플래닝, 시안에 포함된 갖가지 비용도 발생한다.

한국의 광고대행사는 그간 매체를 신문사와 방송국 대신 세일즈해주는 이른바 스페이스 브로커(space broker), 타임 브로커(time broker)의 역할을 해왔다. 광고주와 매체사 사이에 개입해 광고판의 구입과 게재에 따른 서비스를 제공해주는 것이다.

매체사들도 대행사에게 브로커로서의 역할을 기대했다. 대행사는 커미션이 사전에 일정 비율 광고비에 포함되어 있는 시스템이었기에 매체를 파는 것이 무엇보다 효율성 높은 비지니스였다.

사실 이러한 업무는 본래 서비스 차원이었지 주 수익원은 아니었다. 하지만 한동안 매체 판매에 의존해온 대행사는 버블 경제 이후 저성장 시대를 마주하고 비용 대비 효율에 대한 평가가 높아진 요즘 수수료를 중시하는 외국계 광고주의 선례를 참고하면서 커미션 비율을 낮추는 사례가 늘고 있다. 광고비의 구조가 변화하기 시작한 것이다.

다국적기업은 업종마다 각기 다른 대행사의 선정을 원칙으로 하며, 커미션보다도 수수료를 중시하는 경향이 높다. 뿐만 아니라 경쟁 광고주와 거래하지 않는 것이 특징이지만 간혹 성과가 높은 대행사와 거래가 필요할 때 경쟁 기업의 광고를 용인할 수 있다. 그러나 이런 관계는 구미의 대행사나 국내 외자계 대행사에는 해당되지 않는다. 구미의 대행사는 경쟁관계에 있는 기업과도 거래하며 업종마다 나누어 맡기고 있다. 특히 한국의 대행사보다 기업의 기밀을 잘 지켜준다는 인식도 있다. 그렇지만 실제로는 저마다의 사업 부서를 따로 둠으로써 개별 기업의 정보가 누설되지 않도록 주의하고 있다.

한편 다국적기업의 국내 활동이 증가하면서 광고주를 유치하기 위한 대행사들의 경쟁도 날로 치열해졌다. 다국적기업 전담팀이 생기는가 하면 아예 이들 기업만 상대하는 대행사도 있다.

또한 이런 추세로 인해 비지니스 모델도 확대되고 있다. 광고 프리젠테이션(PT)을 영어로 진행하는 것이 더 이상 낯선 풍속도가 아니며, 채용 시 가능하면 피자헛, P&G, 아우디, 아디다스 같은 다국적기업 광고를 대행해본 경력자를 찾는다.

이들 대행사는 저마다 일정 기간 쌓아온 데이터베이스와 마케팅, 미디어 플래닝 등의 노하우를 바탕으로 개성 있는 이벤트와 판촉, 홍보 등의 종합 서비스를 제공하고 있다.

글로벌 광고대행사는 일반 대행사와 다른 특징이 있다. 첫째, 크리에이티브를 중시하여 어카운트 플래너를 두고 플래닝을 충실히 한다. 둘째, 커미션보다 수수료를 선호한다. 그리고 셋째, 제품과 브랜드별로 광고대행사를 선정하고 신문과 텔레비전 담당을 각기 따로 두고 있다. 이유는 각 대행사와의 밸런스를 맞추기 위해서다. 간혹 대행사 간의 서열이 정해지는 경우가 있는데, 매체와의 관계 정도와 경력을 중시하는 경향이 있기 때문이다.

앞으로는 대행사가 광고 외에 얻을 수 있는 사업도 구상해볼 만하다. 독자적으로 이윤을 창출할 만한 사업으로 콘텐츠와 미디어 개발도 가능하다.

한편 광고주의 요구를 결부시킴으로써 비지니스 기회를 확대시킬 수 있다. 대행사가 비지니스를 전개해나갈 수 있는 가장 큰 장점은 하나의 영역에 얽매이지 않는 기획력과 미디어를 활용한 커뮤니케이션 능력이다. 그러므로 성격의 측면으로 보았을 때 종합 콘텐츠 비지니스로 확장하는 것이 바람직할 것이다.

외국의 경우에는 스포츠와 캐릭터산업, 영화와 대중음악산업에까지 진출하는 추세이다. 광고 관련 영역을 콘텐츠로 취급하여 저작권 비지니스와 마케팅 전개에 따른 수익원을 얻기도 한다. 하지만 우리나라는 그런 점에서 아직 미흡해서 간혹 영화나 드라마의 외주에 참여하는 정도이다.

한때 삼성이 영상사업단을 만들어 영화나 음반 등의 대중문화산업에 진출한 적이 있는데, 앞으로 애니메이션과 캐릭터산업 같은 대중친화적 사업에 적극적인 관심을 가져볼 만하다. 그 밖에도 커뮤니케이션과 관련된 갖가지 사업에 참여함으로써 출자분에 따른 수익을 얻을 수 있다. 인터넷을 활용한 다양한 사업은 이미 시작되었고 이를 기반으로 만들어지는 새로운 아이디어 확충에 심혈을 기울여볼 만하다. 광고의 수요에 직접적인 영향을 받지 않는 영역으로 대행사의 존재감을 늘릴 수 있기 때문이다.

05 국제광고의 조건

1. 국제광고의 배경

국가제도가 출현하기 이전, 실크로드(silk road)[01]는 중국 시안(西安)과 바그다드, 이스탄불 외 수백 개 도시를 연결한 최초의 무역로였다. 총 길이 6,400km에 달하는 이 길은 중국 중원(中原) 지역에서 시작해 허시후이랑(河西回廊)을 가로질러 타클라마칸 사막의 남북 가장자리를 따라 파미르 고원, 중앙아시아 초원, 이란 고원을 지나 지중해에 이르는 길이다. 고대 중국과 서역 각국에 비단을 비롯한 갖가지 상품을 사고 팔면서 정치를 비롯, 경제, 문화를 잇는 최초의 길이었던 것이다.

최초의 무역로시대를 지나 중세에는 탄자니아와 잔지바르 섬, 동아프리카의 많은 도시가 아시아 상인들을 위한 무역 허브 구실을 했고, 시장 도시들의 연맹인 한자동맹(Hanseatic League)은 13~17세기 유럽 각국

---

01 이 단어는 독일인 지리학자 리히트호펜(Richthofen, 1833~1905)이 처음 사용했다.

의 무역을 촉진했다. 이처럼 도시는 상품과 서비스, 정보의 교환이 이뤄지는 공간을 필요로 하는 사람들을 한 장소로 끌어모았다.

이것은 비단 과거의 이야기만은 아니다. 미국 브루킹스연구소가 2011년 발간한 『글로벌 메트로모니터』[02]에 따르면 세계 300개 대도시에 세계 총인구의 19%가 살고 있는데, 이들이 장악한 GDP 비중은 48%에 달했다. 세계 인구 대부분이 도시에 살고 있는 점을 감안한다면 세계 경제의 견인차로서 도시의 잠재력은 막강한 것이다.

한편 국제연합인구기금(United Nations Population Fund)에 의하면 세계 인구가 60억에 도달한 것은 1999년 10월 12일이다. 1960년에 30억이었던 인구가 20세기에 급증한 것은 녹색혁명과 남아 있는 농작 가능한 토지를 경작해 식량 생산이 증가되고, 개도국까지 백신 접종과 공중위생의 개념이 널리 확산된 것과 관련이 있다. 세계적인 경제 발전과 생활환경 개선 등 여러 요인들도 함께 작용한 것이다. 이러한 변동은 유럽, 미국 외 국가의 광고 시장을 크게 신장시켰다. 나아가 2000년대에 등장한 브릭스(BRICs), 즉 브라질, 러시아, 인도, 중국의 발전에 따른 세계 광고 시장의 규모가 크게 확대되었다.

사실 광고는 본래 지역(local) 중심이었기에 각 지역이나 타깃층에 맞는 나름의 가치나 문화를 담은 커뮤니케이션을 실시하는 것이었다. 하지만 세계기업들의 비지니스와 매체가 글로벌화됨에 따라 국가와 개별 도시의 경계를 넘어 광고를 실시할 필요가 생겼고 또한 가능해졌다.

글로벌한 광고 활동이 활발해지고 있는 최근 추세는 이러한 분위기

---

02 BROOKINGS, 『Global MetroMonitor 2011: Voldtility, Growth, and Recovery 1』, 2012. 1. 18.

를 반영한 것이라 할 수 있다. 특히 대형 에이전시라 불리는 세계적인 광고대행사는 매출의 상당 부분을 본사가 있는 자국 이외의 국가로부터 얻고 있다. 적어도 13개 글로벌 광고회사가 세계 39개국에 지사 또는 제휴사를 보유하고 있는 실정이다.

그렇다면 글로벌시대 속에서 광고는 어떤 전략을 수립하고 실천을 해야 할까. 그리고 어떤 배경하에 어떤 체제로 실시하는 것이 효과적일까. 여기서 중요한 것은 국가와 지역의 차이가 존재하는 현실에서 그 차이를 이해하고 극복해나갈 면밀함이 요구된다는 점이다. 나아가 한 국적인 특성을 담은 글로벌 전략이 필요하다.

과거에는 우리나라 제품에 대한 해외 광고를 수출광고라고 했지만, 지금은 국제광고나 글로벌광고라고 부른다. 이 두 개념을 좀 더 자세히 분류하면 애플이나 마이크로소프트와 같이 세계 공통의 표현을 사용하는 광고를 글로벌광고라고 하고, 국가나 지역에 따라 각기 다른 표현을 차용하는 광고를 국제광고로 분류하고 있다.

국제광고의 단초는 1899년에 미국의 광고업자 톰슨(J. W. Thompson)이 해외에 네트워크를 확장시켰을 때부터 시작되었다. 이후 미국의 대표적인 광고대행사인 매캔 에릭슨(McCann Erickson)이 1920년대 런던에 세계 최초의 글로벌 기업의 하나인 스탠다드 오일의 국제광고를 하게 되었다.

당시 국경을 초월한 광고 활동의 대부분은 수출이라는 형태로 실시되었다. 제품이나 서비스를 자신의 지역 외로 수출할 때 국내 광고의 연장선상에서 행하며 판매 촉진에 기여하는 것이었다. 물론 광고의 매니지먼트 또한 본국으로부터의 직접적인 통제하에 있었다. 다시 말해 당시는 각 지역 현지에 광고대행사가 존재하지 않았다. 따라서 본사로부터 강력한 지원이 필요했다. 광고방식으로 말하면 중앙집권식이라 할 수 있다. 하지만 국제광고는 지역 사이의 네트워크를 중시한 글로벌 네트워크 형태로 진행된다. 지역마다 본사로부터의 업무 지시에 자율성을 더하여 실행하는 것이다.

한편 지역별로 최대한의 자율성을 중시한 관리방식도 있다. 지시는 글로벌 본사로부터 지역별 본사를 경유해 각 로컬로 전해져 내려온다. 본사가 뉴욕에 있고, 아시아 태평양 지역의 헤드쿼터가 홍콩에 있는 경우에 한국에서의 광고 결정은 홍콩에 있는 리저널 헤드쿼터의 승인을 거쳐 뉴욕에 보고되는 형식이다. 특정 지역에서 입안된 우수한 아이디어가 본사나 다른 지역에 전달되어 세계적으로 성공한 캠페인도 있다. 영국과 네덜란드에 본사가 있는 유니레버사의 티모테이(Timotei) 샴푸의 아이디어는 1975년에 최초로 스웨덴의 영화광고로 고안된 후, 세계 25개국의 광고 캠페인으로 사용되었다. 그러나 로컬과 본부의 상호 협력에 의한 광고는 아직까지 이상이며, 국제광고가 안고 있는 과제이기도 하다. 현명한 세계화 전략이란 현지화와 선택 그리고 집중일 것이다.

국제광고의 실행에 있어서는 고려해야 할 것이 많다. 단순히 광고 활동을 집행하는 문제보다 더 근본적으로 특정 지역의 경제 수준이나 문화, 환경 등을 고려하지 않을 수 없기 때문이다.

국제광고의 대상은 세계 곳곳에 살고 있는 여러 문화권의 소비자들이다. 소비자와 커뮤니케이션을 해야 하는 활동인 광고는 아무런 의미 없이 행해질 수 없다.

그렇다면 국제광고 실행 시 고려해야 할 것들은 무엇이 있을까.

먼저 경제적 환경을 고려하지 않을 수 없다.

레이몽 버논(Raimond Vernon)은 1966년에 제품수명주기(Product life cycle)라는 이론을 고안했다. 모든 제품에는 도입기－성장기－성숙기－쇠퇴기로 이행된다는 주장이다. 제품이 시장에 등장하여 퇴장할 때까지는 기간이 있으며, 각 제품에 대해 출고기간 중의 매출과 이익에 주목하여 최적의 마케팅 전략을 구축해야 한다는 이론이다. 이와 함께 국가의 발전 상황 역시 세 개로 나누어 국제 마케팅의 발전과정을 정리하고 있다. 최초 단계는 선진국에서 어떤 기업이 혁신을 일으켜 국내 시장을 석권한다. 그럼 당연히 전 세계로 수출을 시작하게 된다. 두 번째 단계로 개발도상국으로 기술이 이전되어 점차 독자적으로 발전해나간다. 그렇게 되면 세 번째 단계는 개발도상국의 수출이 시작되고, 최초의 선진국은 수입국이 되는 사이클이다.

광고계는 자신이 광고하고자 하는 기업과 광고를 내보내고자 하는 국가가 어떤 단계에 주기에 와 있는지 숙지할 필요가 있다. 성숙기 제품이어도 어떤 국가는 발전과정에 있는데 똑같은 표준화 광고를 적용시킬 수 없기 때문이다.

경제적 환경의 고려에 대해 다음과 같은 부분도 고려해볼 수 있다. 자본주의 경제가 충분히 발전하지 않은 단계에서 광고에 익숙하지 않은 소비자들은 선진국의 소비자들보다 광고를 받아들이는 태도에 있어서 큰 차이를 보일 것이다. 이러한 점 때문에 개발도상국에서의 마케팅, 광고 활동은 선진국에서의 그것처럼 촉진의 역할을 다하지 못하고 있다.

다음 고려해야 할 점은 바로 인구 통계학적 관점이다. 각국의 인구

통계자료를 통해 가장 기본적이게는 소득이나 인구 수, 연령대 분포나 좀 더 자세히는 문맹률 등을 확인해야 한다. 이러한 사항은 광고를 실행하는 데 있어서 광고 시안, 혹은 콘티 수정을 불가피하게 하는 요인이 될 수 있다. 더 근본적으로는 광고 실행 유무를 결정하는 요인이 되기도 한다. 예를 들어 컴퓨터·인터넷·모바일 보급률이 현저히 낮은 나라에서 IT 기술을 응용한 광고를 실행할 수는 없을 것이다.

다음으로 문화적 환경을 고려하지 않을 수 없다.

이 관점에는 언어나 습관, 생활양식, 예술 등 문화적 요소들이 포함되어 있다. '소비문화'를 두고 이야기해보자. 한 예로 한국 주부와 미국 주부를 비교해보면 한국 주부들의 구매 빈도가 미국 주부보다 높다는 특성이 있다. 매장 내에서의 의사 결정률도 매우 높고, 광고 타입의 반응에서도 이미지광고에 적절히 반응한다. 그러나 전달 내용을 상기하는 비율은 미국의 소비자가 훨씬 높다. 제품별 가격의 차이가 큰 이유로 변동에 따른 민감한 반응을 한다.

이러한 문화적 환경은 국제광고를 실행하는 데 있어서 가장 중요한 요소라고 할 수 있다. 광고가 집행될 나라의 문화를 어느 정도 안다는 것은 그 나라 문화권에서 살고 있는 소비자를 이해한다는 뜻이 된다. 그 나라 소비자에게 어필할 수 있는 광고 메시지를 만들기 위해서 소비자를 이해하는 것은 가장 선행되어야 할 부분이라는 것을 잊지 말아야 한다.

한편 그 나라의 법률적 환경을 고려해야 한다. 우리나라에 광고에 대한 규제안이 마련되어 있는 것처럼 다른 나라에서도 규제안이 마련되어 있다. 각 나라마다 차이가 있기 때문에 미리 고려하지 않으면 애써 만든 광고를 법률적 문제로 쓸 수 없을지 모른다.

이외에도 국제광고를 집행하기 위해 고려해야 할 요소, 환경들은 다양하다. 그러므로 글로벌 시장에 진출하기에 앞서 특정 국가의 사회에 대해 면밀한 연구, 분석이 없다면 오히려 역효과를 볼 수 있을 것이다.

2. 문화적 차이와 국제광고

국제광고 실행에 앞서 고려해야 할 사항으로 문화적 환경을 든 바 있다. 앞서 이야기한 대로 이 요소는 국제광고를 실행하는 데 있어 가장 중요한 요소라고 이야기한 바 있는데, 이 절에서는 문화적 환경에 의한 차이에 대해 몇 가지 이야기를 더해보고자 한다.

먼저 소비자 행동의 차이로 인한 광고의 표현은 각기 달라야 한다. 실제 그 나라의 언어를 비롯한 음악, 메시지 등 국제광고의 비교에 사용할 수 있는 예들은 다양하다. 결과적으로 나라별 서로 다른 표현을 하고 있다는 것이다. 한국과 이웃한 일본과 중국은 물론, 말레이시아와 싱가폴에서도 공통점을 찾을 수 없다. 각 국가의 광고는 나름의 독특한 개성과 특징을 지니고 있다는 것이다. 이러한 국제광고에 있어서 광고를 전망할 때 반드시 문화를 반영해야 한다는 점을 한층 더 부각시킨다.

다음으로 다양성에 대한 이해가 필요하다. 애플이든 나이키든 다국적기업의 제품이 세계 여러 나라에서 광고를 하려면 광고하고자 하는 나라의 문화에 맞는 스토리를 만들어야 한다. 스포츠가 어떤 나라에선 단순한 게임이지만, 어떤 국가에선 애국심과 일체감을 불러일으키는 문화 코드가 될 수 있다는 점을 고려해야 한다는 것이다.

표현은 각국의 문화를 비롯한 사회와 광고산업의 사정 같은 복잡한 배경하에서 도출된다는 점을 잊지 말아야 한다.

다국적 광고주가 글로벌한 광고를 펼치고자 할 때 직면하게 되는 또 다른 문제는 영업의 차이다. 대부분의 텔레비전광고에 있어서 국가마다 광고시간의 취득과 방송에 따른 제약이 존재하며, 자유로운 거래가 가능한 나라는 그다지 많지 않다.

국내도 점차 글로벌 광고주와 대행사가 진입하면서 한국적 특성이 변화하는 조짐이 나타나고 있다. 미국의 광고대행사는 1990년대에서 2000년대를 거쳐오면서 대부분이 성과와 작업량으로 측정하는 수수료 방식을 차용하고 있다. 이러한 움직임은 글로벌 광고주와 대행사를 통해 한국 광고계의 관행까지 변화시키고 있다.

3. 표준화와 로컬화

제품을 매체로 갖가지 커뮤니케이션 수단을 활용하여 인종과 국적을 초월하여 전달하는 것, 그것이 글로벌광고라 할 수 있다. 그렇다면 글로벌광고는 광고주와 대행사가 어떤 관계를 유지하며 전개되고 있을까.

바르다르는 저서[03]에서 영국의 광고주와 대행사의 글로벌광고 활동

---

03 Vardar Nukhet 지음, 『글로벌 광고(Global Advertising)』, Paul Chapman Publishing Ltd, 1992.

을 인터뷰를 통해 관찰하며 흥미로운 발견을 하고 있다.

글로벌광고는 광고주와 대행사 각각의 헤드쿼터와 로컬 오피스, 4자 간의 관계에서 이뤄진다고 지적한다.

여기서 광고주의 헤드쿼터 관여는 기업의 문화, 특히 조직 구조에 의해 규정된다. 또한 광고주는 항상 변화를 유발하는 요인이며, 로컬 오피스와 대행사에 끊임없이 영향을 끼친다. 그래서 대행사는 항상 유연한 자세를 취해야 한다.

글로벌 마케팅의 가장 큰 과제는 진행 방향에 있다. 이 방향은 세계 공통, 즉 표준화의 진로와 로컬, 즉 지역 개별의 진로이다. 다시 말해 범세계적인 통일이 좋은지, 아니면 로컬 환경에 어울리는 것이 효율적인지를 둘러싼 문제로 요약되는데, 이러한 부분이 광고에도 적용된다.

명품 브랜드의 경우는 세계적으로 통일된 브랜드 커뮤니케이션을 차용하지만, 식품과 같은 경우는 로컬화의 사례가 많다.

제품과 커뮤니케이션의 양쪽 모두를 표준화한 사례는 컴퓨터나 시계, 향수, 신용카드사와 같이 문화의 장벽이 작은 제품에서 많이 보인다.

식품류는 사회적 장벽이 높은 제품인데, 코카콜라와 같은 음료의 경우가 그 예라 할 수 있다. 이는 제품은 로컬화되어 있지만 커뮤니케이션을 표준화한 예가 될 수 있다.[04] 다른 예로 가솔린의 Esso는 '호랑이를 차에'라

---

04 코카콜라 제품 자체의 사양은 지역에 따라 달라질 수 있다. 식품류에 대한 각국의 기준이나 문화적 차이도 요인이 될 수 있다. 하지만 제품의 광고 캠페인은 표준화되어 있다. "코카콜라"의 언어적 표기만 다를 뿐 로고 등은 세계 어디를 가도 통일되어 있다. 코카콜라가 가진 고유의 이미지를 인식시키기 위한 노력으로도 볼 수 있다(심성욱 외, 앞의 책, 307쪽 ; 장대련 · 한민희, 앞의 책, 411~412쪽 참조).

는 세계 공통 캠페인을 실시했지만 제품은 철저하게 로컬화하고 있다.

리바이스, 베네통 등의 패션 브랜드도 세계적으로 공통된 커뮤니케이션을 차용하지만, 상품은 지역별로 다르다. 제품의 표준화와 커뮤니케이션의 로컬화를 차용한 사례다.

물론 제품과 커뮤니케이션 모두 로컬화한 경우도 있다.

위의 유형 중에 어느 쪽을 택할지 하나의 기준만으로는 결정할 수 없다. 같은 음료라도 표준화와 로컬화는 시장의 상황이나 기업이 가진 자원에 따라 다르기 때문이다. 그래서 자사의 자원과 경합사의 전략, 취급하는 제품의 특성을 종합적으로 감안해 결정해야 한다.

표준화를 해야 하는 가장 큰 이유는 크리에이티브 비용을 줄일 수 있기 때문이다. 한국처럼 매체비가 높은 국가는 상대적으로 제작비에 많은 비용을 들일 수밖에 없다. 그러나 제품 판매율이 비교적 낮은 개발도상국에서 선진국과 같은 비용으로 광고를 만들기는 무리다. 이럴 때는 이미 만들어진 광고를 사용하는 것이 보다 효과적이다.

한편 표준화가 필요한 다른 이유는 동일한 고객층에 같은 이미지를 심어줄 수 있다는 점이다. 예를 들어 항공사의 경우 세계 곳곳의 소비자를 대상으로 하는 기업이다. 그러므로 항공사는 표준화된 광고를 사용하는 것이 유리할 것이다.

글로벌 기업이 하나의 광고를 세계적으로 통용되게 하고 싶다는 염원은 브랜드 이미지를 통일하고 싶은 의도에서 비롯된다. 하지만 지역에 따라서 자신들에게 적합하지 않다고 생각하거나 독자적인 선택을 하는 경향도 있다. 그렇다면 전 세계에 걸친 광고의 표준화가 어떻게 가능할 수 있을까.

표준화에는 세 가지의 방법이 있다. 동일한 광고 소재를 이용해 언어만 현지의 것을 사용하는 전면적인 표준화이다. 다음은 헤드쿼터에서 제작된 소재를 참고해 현지의 제작과 조합을 다시 하는 부분적 표준화, 마지막은 콘셉트 레벨의 표준화이다. 기본적인 아이디어만을 빌리거나 전달할 메시지의 내용만 같게 하는 것이다. 언뜻 보면 지역 단위의 제작처럼 보이지만 의외로 세계적인 광고 포맷이 된 예도 많다.

여기에는 몇 가지 전제 조건이 따른다. 제품의 혜택이 세계 어디에서도 같아야 하고 소비자의 구매 기준도 중시되어야 한다. 음료를 살 때 브라질의 소비자는 미국보다 정서적인 면을 기능적인 측면보다 중시하기 때문에 표준화는 불가능하다. 그러나 세계적으로 공통된 소비자 그룹이 존재하기 때문에 제품의 수명은 모든 국가에서 동일해야 한다. 기업이 광고의 표준화를 만들기 위해 이러한 조건들을 확인하여 사전에 무엇을 위해 실시하는가에 대한 합의가 전제되어야 한다.

4. 글로벌광고의 관리

광고주가 글로벌광고의 관리를 어떻게 실시해 나갈지도 중요한 과제이다. 먼저 헤드쿼터와 로컬 사이에서 전략 입안의 단계에서 합의가 원활하게 이뤄지도록 관리해야 한다. 실행의 단계에서도 사전에 합의된 대로 실행되고 있는지 살펴볼 필요가 있다.

특별히 주의해야 할 문제는 헤드쿼터와 로컬의 사이의 줄다리기이다. 헤드쿼터는 로컬을 감시하고 컨트롤하고 싶어 하지만, 대부분의 로컬은 나름의 자율적인 운영의 필요성을 주장한다. 그래서 헤드쿼터와 로컬 사이에는 드러나지 않는 긴장이 있다.

그렇다면 헤드쿼터는 어떤 경우 로컬의 사이에 개입하는 것이 좋을까. 헤드쿼터에 대한 로컬의 수익이 답이 될 수 있다. 로컬이 헤드쿼터에 비해 수익이 낮을 경우 헤드쿼터는 로컬의 마케팅에 적극 개입해야 한다. 그러나 수익이 높아짐과 동시에 로컬의 자율성 또한 높아질 수 있다. 로컬이 헤드쿼터에 비해 수익이 매우 높고, 스스로 경험이 축적되면 자연스럽게 헤드쿼터도 로컬을 보다 많이 컨트롤하고자 개입도를 높이게 된다. 그럴 경우 헤드쿼터가 책임감을 갖고 관리하지 않으면 로컬이 실패했을 때에 위험 부담이 상당히 커진다.

다국적 광고대행사의 경우 두 개의 헤드쿼터를 가지고 있다. 하나는 공식적인 본사고, 다른 하나는 글로벌광고를 직접 컨트롤하는 헤드쿼터이다. 바르다르가 인터뷰한 31개 광고회사 중 26개 회사인 84%가 이 시스템을 차용하고 있다. 달리 말해 광고주와 대행사의 소재지가 반드시 일치하지 않는다. 이러한 점에서 대행사는 필요한 장소에 따라 실무를 진행할 헤드쿼터를 설치하고 있다.

전 세계에 걸친 글로벌광고를 관리하는 방법은 세 가지가 있는데, 첫 번째가 리드 에이전시(lead agency solution)이다. 복수의 대행사가 협력하지만 리드가 되는 대행사가 총괄하는 방식이다.

하나의 예로 세계적인 렌트카 회사 Avis와 광고대행사 DDB사의 경우를 들 수 있다. Avis사는 '우리 회사는 렌트카 업계 넘버 투입니다. 그렇기 때문에 최선을 다합니다'라는, 넘버 투를 강조한 포지셔닝 캠페인으로 광고의 역사에 이름을 남기고 있다.

이 광고는 대행사 DDB사의 작품으로, Avis사는 광고를 DDB사만큼은 알지 못하며, DDB사도 렌트카 고객을 Avis사 만큼은 알지 못한다는 점을 서로가 이해하면서 함께 만들어낸 광고이다. 이 광고의 목적은 렌트카 고객에게 Avis사를 널리 인식시키는 것이었다. 당시 Avis사의 경합회사는 다섯 배 이상의 광고비를 지출하고 있었다. 따라서 경합사의 광고보다 효과 있는 광고를 만들기 위해 분투할 수밖에 없었다.

목적을 위해 Avis사는 DDB사가 제안한 광고안을 수정하지 않았다. 미디어 선택도 전적으로 DDB사의 책임하에 실시하였다. 이 과정에서 Avis사가 자신들의 주장만을 펼친 것은 아니었다. 하지만 DDB사는 Avis사의 지시에 따라 실행에 옮겼다. 이 캠페인을 실시한 것은 DDB사의 빌 번박(Bill Bernbach)이었는데, Avis사는 DDB사의 광고 철학에 동의해 성사되었다고 한다. 이것은 미국에서의 광고주와 광고대행사의 성숙한 비지니스 관계의 사례라고 말할 수 있다.

이처럼 대행사가 주도적 역할을 맡아 결과의 모든 책임을 지는 경우는 영국의 광고회사 90%에서 볼 수 있는 사례이다.

이 경우 세계 공통의 캠페인 지시 시안을 받은 리드 에이전시는 먼저 영어로 작성된 광고안으로 광고주 본부의 승낙을 받는다. 그 광고를 로컬 에이전시에게 다시 전달하고, 클라이언트는 지역별로 어떻게 표현할 것인가를 문의한다. 그것을 현지어로 번역한 후에 광고주 본부의 승인을 다시 얻는다. 그리고 각 지역 대리점은 로컬 광고주의 승인을 받는다.

두 번째는 공동 작업방식이다. 하나의 대리점이 전 세계의 모든 광고를 담당하고 있을 때는 하나의 시안을 전 세계의 지사에 보낸다. 각 지사는 아이디어를 고안하고, 안건이 각 로컬의 크리에이티브 디렉터에 의해 리서치되어 가장 우수한 것이 발탁된다. 이 안건이 광고주에게 제시되는 것이다.

세 번째는 신용카드사인 '아메리칸 익스프레스'에서 실행하던 방식이다. 광고대행사인 오길비 앤 마더(Ogilvy & Mather)사가 광고주와 대행사가 각 계층별로 대응을 실시한 것에 비롯된 것인데, 아메리칸 익스프레스사의 톱 오피스에서 로컬 오피스까지 광고주와 대행사가 밀접한 관계를 유지하는 방법이다.

각 로컬 오피스는 어떤 상품이라도 월드 와이드 포지셔닝에 입각하는 것이 의무화되어 있기 때문에 캠페인 시안에 충족시킬 만한 글로벌 캠페인이 있는지를 체크해야 한다.

이후 로컬 오피스는 오길비 앤 마더사의 뉴욕 본부 리저널 매니저에게 과거 캠페인 경험이 있는지를 확인해둔다. 한편 각 오피스는 크리에이티브 제작 초기부터 뉴욕 본부에 전략과 동시에 광고 작품을 전달하는 것이 의무화되어 있다. 아메리칸 익스프레스사의 이런 방식은 비용의 절약과 수준 높은 커머셜이라는 이점이 있는 반면에 코디네이션에 상당한 에너지를 들인다는 점이 문제로 지적된다.

06 광고 관련 법규와 규제

1. 표현의 자유와 광고의 책임

요즘의 시장 경제는 기업은 물론 누구라도 제품과 서비스에 대해 광고를 실시할 자유가 있다. 그러나 광고는 성격에 있어 예술이나 언론의 자유와는 다르다. 광고주에게 유리한 정보의 제공이라는 의미에서 영리적 언론이라고 말할 수 있겠는데 이러한 점에서 다양한 책임과 제약이 따른다. 그러므로 광고에 있어서 적절한 규제에 의한 공정 경쟁 유지와 소비자 보호는 필수적이며, 광고 자체에 사회적 책임도 명확하다.

언론의 자유는 아무리 강조해도 지나치지 않다. 민주국가의 존립과 발전의 기초이기 때문이다. 우리나라 헌법 제21조 제1항에서는 "모든 국민은 언론·출판의 자유와 집회·결사의 자유를 가진다"라고 규정하고 있다. 개인은 물론 기업이나 단체는 헌법으로 보장된 표현의 자유가 있기 때문에 광고의 표현도 자유롭게 실시되어야 한다.

그렇다고 언론의 자유에서 연상되는 정치적 발언이나 문학작품과 같은 동등함이 광고에도 인정된다고 여기면 안 된다. 시와 소설은 작가의 신념과 의지에 의한 창작 활동이다. 그러나 광고는 그 자체가 목적이 되지 못한다. 광고는 자사의 서비스에 대한 소구와 불특정 다수에게 기업과 제품을 알리기 위해 실시하는 것이다.

이와 같이 광고의 목적은 영리와 직접적으로 연관되어 있다. 따라서 대부분의 광고는 영리적 언론이라고 말할 수 있는 것이다. 영리적 언론에게 인정되는 표현의 자유는 어떤 것이 되었든 제약이 따른다. 광고주가 이득을 보는 광고는 당연히 그에 상응하는 책임이 있으며 대중을 왜곡시키거나 위험에 빠트리는 행위는 용납되지 않는다. 표현의 허위나 과장, 그로 인한 대중의 안전과 건강을 해치는 광고 표현은 금지되거나 제한되는 것이 당연하다. 제한되지 않음으로 인한 피해나 공정경쟁의 저해 행위는 사전에 방지되어야 한다.

광고의 규제[01]라 함은 광고를 실시하는 데 있어 내용이나 표현에 대해 일정한 규제를 가하는 것을 말한다. 광고가 생긴 초기에는 이러한 행위가 거의 없었으나 점차 내용이 과장되고 허위가 많아지면서 규제가 생겼다.

광고는 소비자에게 제품이나 기업에 대한 인식을 갖게 한다. 그러므로 잘못된 광고는 소비자들에게 부정적인 영향을 미치고 이는 곧 사회적인 측면에서 보았을 때에도 규제해야 될 대상이 된다. 광고가 진실한 정보를 제공할 때 사회적 건강성도 증대될 수 있을 것이다.

---

01 규제 대상은 허위·기만광고, 품위손상광고, 모방광고, 표절광고 등이다.

한편 광고 규제의 궁극적인 목표는 광고 대상을 보호하는 데 있다. 특히 광고에 대한 판단력이 부족한 대상의 광고는 많은 국가에서 일정하게 규제하고 있다. 물론 규제의 기준과 수준은 국가마다 차이가 있을 수 있다. 광고의 규제는 특정 사회의 가치관을 반영하는 것이므로 절대적인 기준이 없기 때문이다. 물론 이러한 것들은 옳다거나 그릇되었다는 관점으로 말할 수 있는 성격이 아니다.

한국의 광고 규제는 법적 규제와 자율 규제로 나뉘는데, 양자의 중간적인 위치에 '공정거래법'이 존재한다. 법률에 따른 규제는 광고주·대행사·매체사가 광고를 실시하는 데 준수해야 할 기준이며 강제력도 있다. 자율 규제는 허위·과장광고 등에 의한 폐해를 바로잡기 위해, 법률에 의한 공적(公的) 규제보다는 광고업 종사자들 스스로 자정하여 규제하는 것을 말한다.

이러한 규제를 위한 광고 심의는 사전 심의[02]와 사후 심의[03]로 나뉜다. 우리나라의 경우 방송광고와 인쇄광고의 규제가 각기 다른 방식으로 진행되는데 방송광고는 '방송통신심의위원회'에서 사전 심의를, 인쇄광고는 '한국신문위원회'에서 사후 심의를 진행한다. 한편 잡지류 등의 정기간행물은 '한국간행물윤리위원회'에서 사후 심의와 법적 심의를 한다.

그럼 우리나라 방송광고에 따른 심의·규제는 어떻게 발전되었는지 알아보자.

1962년 방송법의 제정으로 '한국방송윤리위원회'가 발족되고 1963년

---

02 광고가 제작되고 방송이나 인쇄 매체를 통해 집행되기 전에 심의, 평가를 받는 제도.

03 광고가 매체를 통해 집행된 이후에 규제를 하는 제도.

방송윤리규정이 제정되면서 심의가 시작되었다. 1968년 '광고심의위원회'가, 1976년부터는 '한국방송윤리위원회'가 텔레비전광고물에 대한 사전 심의를 실시하였다. 이후 1980년에는 '방송윤리위원회'가 '방송심의위원회'로 대치되었다.

1987년 방송법의 개정으로 국내의 모든 방송광고물은 '방송위원회'에서 심의받도록 되었고, 1989년부터는 방송위원회가 위임한 '광고심의소위원회'가 방송광고의 사전 심의를 맡아왔다. 1999년 통합광고법이 국회 문화관광위원회를 통과하여 기존에 문화체육관광부가 가졌던 방송정책 결정권이 방송위원회로 위임되었고, 합의제 행정기구로서의 위상을 갖게 되었다.

이후 2008년에는 '방송통신위원회의 설치 및 운영에 관한 법률'에 의거하여 방송통신 정책수립 및 관리를 위해 대통령 직속 기구로 '방송통신위원회'가 설립되었다. 디지털 기술 등의 발전으로 급속히 진행되고 방송과 통신의 융합화 추세에 능동적으로 대응할 수 있도록 하기 위한 기구이다. 그리고 '정보통신윤리위원회'와 '방송위원회' 심의기능을 묶은 '방송통신심의위원회'가 민간 독립기구로 출범하였다.

사실 작금의 광고 규제는 고정화되어 있는 것이 아니라 사회의 변천과 이용 가능한 매체의 다양화, 소비자의 성숙도에 따라 달라진다. 한 나라의 가치관도 시간에 따라 바뀔 수 있듯이 광고의 규제도 끊임없이 변화를 거듭하고 있는데, 우리나라의 경우 비교광고가 금지되어 왔던 과거에 비해 최근 들어 많은 부분 허용되었다는 점은 이러한 점을 시사한다.

 광고를 규제함으로써 소비자의 피해를 막고 공정한 경쟁을 유지하고자 했던 것은 오래된 일이 아니다. 미국도 1960년대에 컨슈머리즘(consumerism)이 대두되기 전에는 조악한 제품을 산 소비자도 책임이 있다고 여겼다. 제품의 유통량이 적고 구입하는 측이 앞다퉈 물건을 요구하는 시대에는 누구라도 제품을 먼저 입수하는 것이 우선이었고, 기대했던 제품이 아니어도 울며 겨자 먹기 식으로 사용할 수밖에 없는 상황이었다. 그러나 대량 생산과 소비의 시대에 돌입하자 기업 간의 경쟁이 격화됨으로써 선택의 폭이 넓어졌다.

 컨슈머리즘은 기술 혁신에 따른 신제품의 개발과 대량 소비로 인해 일어난 소비자 보호 개념으로 생산자 중심이던 마케팅을 소비자의 관점으로 바꾸자는 움직임이었다. 따라서 생산자가 마케팅 활동의 모든 책임을 질 수 없다면 경쟁에서 살아남을 수 없게 되었다.

 이러한 분위기 속에서 때때로 광고 사회가 하나의 전쟁터로 묘사되듯, 간혹 과격한 표현으로 소비자의 관심을 유도하는 경우도 있다. 그러나 내용이 허위이거나 소비자를 혼란시킬 때는 소비자나 경쟁사로부터 고발되어 한꺼번에 신뢰가 무너진다. 앞서 이야기한 대로 자유로운 광고는 전적으로 어떤 표현을 해도 괜찮다는 것이 아니라 일정의 제약하에 소비자와 신뢰를 유지하고, 공정하게 경쟁하는 범위 내에서의 자유라고 말할 수 있다.

 광고를 실시하는 데에는 몇 가지 이유가 있을 것이다. 그중 하나는 한 제품의 카테고리 안에 속한 많은 제품이 있는 현실 속에서 자신의 제품을 팔기 위해 실시한다는 점, 두 번째는 대량 소비시대 속에서 소비자에게 제품 구매에 대한 선택 기준을 제공하기 위해 실시한다는 점이다.

광고주는 이러한 이유로 소비자의 마음을 사로잡을 매력적인 표현과 매체의 효과적인 사용을 고심하게 된다. 때로는 광고의 표현이 과대 포장되거나 허위로 공정 경쟁을 저해하는 결과를 낳기도 한다.

개인에 따라 효과가 다를 수 있는 의약품을 누구에게나 효과가 있다고 표현한 광고를 가정해보자. 소비자가 광고를 보는 순간 실제로 질병이 호전된다고는 장담할 수 없어도 선택할 가능성은 높다. 다른 예로 타사의 제품도 같은 성분으로 만들어졌고 아무런 차이가 없는데도 자사 제품만이 특별한 효과가 있다는 듯이 표현되어 있다면 어떨까. 결과적으로 별 차이가 없는데도 타사 제품보다 우수하고 효과가 높다는 오해를 불러일으켜 경쟁을 유리하게 유도한 것이 된다.

위 예를 통해 알 수 있듯이 광고 내용이 부적절하면 소비자의 오해를 낳고, 제품의 효과나 성능에 대한 판단을 흐려 소비자를 교란할 우려마저 있다.

한편 광고물의 게재나 방송의 방법에 따라 오해를 낳을 수 있다. 판단 능력이 부족한 유아나 아동은 텔레비전을 볼 때 프로그램과 광고의 차이를 알지 못한다. 그런데도 등장인물이나 애니메이션의 캐릭터가 제품을 권장하는 광고가 나오면 어떤 결과를 초래할지는 상상하기 어렵지 않다. 미디어를 통한 광고 외에 고속도로로 주행할 때 지나치게 현란한 옥외광고나 네온사인은 운전자의 시야를 방해할 우려가 있다는 점도 하나의 예가 될 수 있다. 간판의 설치방법도 적절하지 않으면 비바람이 강할 때 통행인에게 부상을 입히거나, 사고를 유발할 수 있다.

이 같은 표현이나 게시방법을 방치하면 소비자 피해가 초래되고, 여러 종류의 사회문제가 야기된다. 한편 광고에 대한 규제를 법에만 의존하기보단 광고계의 자발적인 규제와 적절한 광고를 진행하겠다는 의지와 자정 노력도 필요하다. 광고로 실시해서 되는 것과 안 되는 것에 대해 법률 규제보다 자율성을 부여하는 편이 훨씬 효과적이며, 건전한 광고 환경을 조성할 수 있기 때문이다. 또한 광고는 업종과 제품의 종류, 매체에 따라 차이가 있기 때문에 일괄해서 하나의 법률로 규제한다는 것은 현실적으로 불가능한 측면도 있다.

광고의 자율 심의에 대한 논의가 시작된 것은 1980년 '독점규제 및 공정거래에 관한 법률'과 '소비자보호법'이 제정되면서부터이다. 여러 시민운동단체들이 광고의 역기능에 대해 비판함에 따라 자율적으로 규제하려는 움직임이 나타나 광고 관련 단체들에 의해 추진되었다. 광고에 대한 자율 규제는 타율 규제에 의한 소극적인 대응이 아니라 보다 차원 높은 광고산업의 위상 강화, 사회적 제도로서의 책임과 사명감에 따른 실천 행위이다.

한편 이러한 자율 규제는 광고주인 기업뿐 아니라 광고대행사, 매체사에서도 실행하고 있다.

광고주 관련 단체의 자율 규제는 특정 업종의 광고주가 자신들의 광고에 대해 실시하는 것 외에도 여러 업계로 이루어진 단체가 적정한 광고를 실시하기 위해 설정한 룰이 있다.

매체사가 설정한 자율 규제에는 민간방송국이 올바른 책임과 자세를 다할 것을 규정하고 있다. 또한 방송통신심의위원회의 기준으로 각 방송국은 나름의 기준을 갖고 자율적인 규제를 하고 있으며, 신문은 신문윤리강령에 따른 규제를 하고 있다.

광고대행사에는 '한국광고자율심의기구'가 설립되어 있어 기업윤리와 사회규범에 위배되지 않도록 광고윤리를 확립하고 자율성과 신뢰도를 높이고자 한다. 이 기구는 자율 심의기관으로 사전 검열이나 처벌 같은 활동을 하지 않는다. 다만 소비자로부터 광고에 관한 불만을 접수하고 내용이 타당한 경우에는 광고주에게 전달하여 적절한 시정을 권고한다.

광고는 경제나 사회에 직접적인 영향을 끼친다. 그러한 광고의 효과에는 부정적인 면도 존재하기 때문에 규제가 불가피하다. 정부도 사회의 건강성 측면에서 일정한 규제를 하지만 그에 따른 문제는 범위와 해석이다. 예를 들어 음란광고의 통제는 당연한 일이다. 그러나 성인들이 보는 매체까지 통제해야 하는지에 대해선 의견이 분분할 것이다. 한편 동일한 광고에 대해서도 시각이 다르고 해석 또한 명확하지 않은 경우도 많다.

소비자의 삶은 광고의 진실성에 따라 좌우된다 해도 과언이 아니다. 이때 진실하지 못한 광고를 기만광고 또는 허위광고라고 한다. 기만광고는 사실과 다른 정보를 전달하거나 사실 중 일부를 누락·오도하여 소비자가 불이익을 당할 가능성이 있는 광고를 말한다. 예를 들어 베트남에서 제조된 제품을 미국에서 생산된 제품이라 속이고 비싼 가격을 매겨 광고한다면 기만광고에 해당한다.

그러나 사실의 여부가 명확하지 않은 경우는 기만·허위의 해석이 어렵다. 자신의 브랜드가 '세계적인 제품'이라고 주장하는 경우가 그렇다. 또 '최고'와 같은 형용사의 사용이 위법은 아니기 때문에 사실의 여부를 가늠하는 것이 어렵다. 또한 사실을 이야기하는 광고도 소비자가 다르게 해석해 구매를 하면 허위의 해석이 어렵다.

미국에 본사를 둔 세계적인 식품회사의 제품인 '캠벨 수프(Campbell Soup)'는 지방질과 콜레스테롤이 적어 심장병에 좋다고 광고했지만, 소금량이 많다는 사실을 누락하여 미국연방거래위원회(Federal Trade Commission, FTC)에 적발되었다. 광고는 사실 여부뿐만 아니라 기업의 진실성까지 고려해야 한다.[04]

이처럼 허위·기만광고의 기준을 사실 여부만으로 결정하기란 사실상 모호한 부분이 많다.

광고 규제에 관련된 법 중 상위의 법은 '공정거래법'이다. 1980년에 제정되어 1999년 개정된 이 법은 광고 규제기관인 공정거래위원회에서 운영되었다. 그러나 광고의 법적 규제기관은 공정거래위원회와 방송통신심의위원회라 할 수 있다.

하지만 이 공정거래법에서도 광고에 대한 내용을 자세히 다룰 수 없는 한계가 있는 것이 사실이다. 하여 원론적인 것만 명시하고, 1999년에 개정된 '표시·광고 공정화에 관한 법률 시행령'의 제3조(부당한 표시·광고의 내용) 제5항에 근거, '부당한 표시·광고 행위의 유형 및 기준지정고시'에서 부당한 표시·광고 행위의 유형과 기준을 구체적으로 밝히고 있다.

한편 사업자는 가격은 물론 자신이나 구성원의 규모, 연혁, 생산시

---

04 장대련·한민희, 앞의 책, 59쪽.

설, 수상경력, 사업계획, 실적, 기술제휴 등에 관한 사항에 대해 표시·광고할 경우 사실과 다르게 과장하거나 모호하게 표시해서는 안 된다고 명시하고 있다.

공정거래위원회는 1999년 표시광고법의 임시중지명령제를 발동했다. 이는 광고를 방치함으로써 소비자나 경쟁업체에게 중대한 피해가 발생할 우려가 있을 경우에 예방 차원에서 일시 중지시킬 수 있는 제도로 임시중지명령의 첫 시행 사례이기도 하다.

예를 들면 건강식품 판매업체인 대한잠업개발공사의 '진품누에 동충하초'의 광고를 일시 중지하도록 명령한 바 있다. 이는 "농산물을 도·소매하는 회사로서 실험용 쥐를 대상으로 한 실험 결과를 진품 누에 동충하초가 마치 인체에 항암과 동일한 약리 효과가 있는 것처럼 광고하였으며, 사실과 다르게 농촌진흥청의 인증을 받았다고 주요 일간지에 대대적인 광고를 했다"는 내용이다. 공정위는 "쥐를 대상으로 한 실험을 근거로 수명연장 효과가 203%라고 표현한 것은 명백히 부당한 광고에 해당된다며 추석을 앞두고 많은 소비자들이 선물로 구입할 가능성이 있어 임시중지 명령을 발동했다"고 한다.

2. 광고의 규제 대상 유형

■ 광고 규제 대상의 종류

그럼 규제 대상이 되는 광고의 유형 몇 가지를 살펴보자.

규제 대상이 되는 광고의 유형 중 첫 번째는 선정적이거나 폭력적, 혹은 비상식적인 논란을 일으키는 것이다.

우리가 잘 알다시피 잡지에서 많은 문제가 되는 것이 성적소구광고이다. 성적소구는 인간의 가장 기본적인 욕망이다. 교육이나 사회화로 획득된 후천적인 성향이 아닌 타고난 본능이다. 따라서 성적소구광고는 소비자의 주목을 끌기 쉽다.[05] 하지만 과한 표현은 사회적인 문제를 야기시킬 수 있어 규제하고 있다.

다음은 허위·기만광고로 사실이 아니거나 근거가 불확실한 제품 성분, 재료, 함량, 규격, 효능 등을 오인하게 할 우려가 있는 광고를 말한다. 난해한 전문용어 등을 이용하여 소비자를 현혹하거나 부분적으로는 사실이지만 전체적으로 소비자를 오인하게 할 수 있는 표현도 포함된다. 공적 신뢰성이 없는 단체의 자료 또는 발표를 인용하는 것도 마찬가지이다.

예를 들어 보면, 벤츠 자동차를 수입한 A회사는 미국이나 캐나다, 독일 등지로부터 직접 수입하기 때문에 저렴한 가격으로 판매한다고 광고했으나 실제로는 독일로부터 직접 수입하지 않은 것으로 밝혀져 경고처분을 받은 사례가 있다. 한편 맥반석 돌침대와 황토단열재 사업자는 수맥과 전자파 차단 효과가 과학적으로 입증된 것처럼 허위, 과장광고를 했다가 문제가 되었다. 또한 한 업체는 커피 다이어트 제품으로 하루 10분 관장하면 복부비만을 해결할 수 있다는 광고를 했으나 역시

---

05 따라서 앞으로 노블레스 류의 명품 잡지에서 과격한 성적 표현을 담은 광고의 출현도 멀지 않았다. 표현의 자유를 주장하며 선정적인 광고의 게재를 요구하는 매체도 생길 것이다. 그러므로 전적으로 독자의 판단과 선택의 기준에 맡겨질 시대가 도래할 것이다.

허위로 드러났다.

다른 예를 들어 보자.

한동안 국내의 이동통신 3사는 신규나 번호이동 고객 유치 및 기기 변경 가입자에 대한 혜택을 강화했으며, 번호이동 고객을 확보하기 위해 보조금 확대 등의 혜택을 내놓았다. 한 해 번호이동자 수가 900만 명이 넘을 만큼 통신사 간 경쟁이 치열해지면서 위약금이나 할부금 지원 등을 내걸어 가입자를 유치한 뒤 나중에는 이 사항을 제대로 지키지 않아 소비자의 피해가 크게 늘었다. 소비자보호원에 접수된 이동전화 서비스 관련 피해 구제 건수는 2012년에 600여 건으로 이전 해보다 56% 늘었다고 한다.

요금과 서비스에서 경쟁하는 이동통신사는 광고 활동에 있어 빈번하게 경고를 받는 편이다. 번호이동제 도입을 계기로 각 통신사가 자사로의 계약 변경을 노리는 광고를 펼친 경우나 경쟁적인 요금 할인방식을 광고하는 경우 등이 그것인데, 적용 조건에 대해 명료하게 나타내고 있지 않는 경우가 대부분이라는 점에서 유익 오인에 해당한다고 말할 수 있다.

광고 규제 대상의 또 다른 유형은 비방광고이다. 비방광고는 기업이 경쟁 사업자의 제품이나 품질에 대해 객관적인 근거가 없는 내용을 표시하여 비방하거나 불리한 사실만을 적시하여 광고하는 것을 말한다. 예를 들어 자동차나 인터넷, 음료광고 등에서 적지 않은 비교광고를 볼 수 있는데, 한때 방송된 칠성사이다와 콜라의 비교광고는 무색소와 카페인 없음을 강조하여 논란을 일으켰고, 입증의 의무까지 다했지만 업체 간의 비방전은 한동안 계속된 바 있다.

후발업체가 브랜드의 포지셔닝에 입각한 비교광고를 잘만 한다면 시장 진입이 훨씬 쉬울 수 있다. 그러나 그것이 부정확한 내용이었을 경우에는 회사를 소송으로 이끌 위험성이 있다. 사회적 가치관을 반영한 정확한 정보의 제공이 매우 중요하다. 미국은 전면적인 경쟁을 선호하지만 한국은 여전히 직접적인 비교 내지 비방을 꺼리는 경향이 있음에 유의해야 한다.

입증 의무란 광고를 통해 소비자에게 중대한 영향을 끼친 주장은 내용이 허위가 아님을 객관에 의해 밝혀야 할 의무를 말한다. 방송심의 규정에서 입증 의무를 "광고에서 소비자에게 중요한 영향을 끼치는 객관적 주장은 입증되어야 하며, 입증은 공신력 있는 자료로 하여야 하고 신뢰성과 타당성이 있어야 한다"고 명시하여 광고주가 광고에 제시된 주장의 진실성을 실증하도록 하고 있다. 광고에 표현되는 입증되지 않은 주장과 배타적 표현 역시 금지하고 있다.

또한 모방과 표절광고도 금지하고 있다. 다른 광고를 현저하게 모방하거나 표절해서는 안 된다는 규정이다. 모방을 야기하는 배경에는 외국 광고에 대한 지나친 선호와 마감에 쫓기는 대행사의 단편적인 시각에서 비롯되는 경우가 허다하다. 마케팅 전략상 국내 시장을 방어하려는 업체가 경쟁사의 마케팅과 표현을 선점함으로 기선을 잡겠다는 의욕도 한몫을 한다.

그리고 품위를 해치는 광고도 규제 대상이 된다. 각 사회마다 가치관 혹은 문화가 다르기 때문에 광고에 쓰이는 표현도 적절해야 하므로 품위에 관한 규정은 시청자의 정서를 해치거나 방송의 품위를 손상하는 반사회적 행동을 조장하는 것도 금지하고 있다. 음란하거나 선정적인 내용, 신체적 결함, 약점, 조롱 또는 희화화(戲畫化)하는 표현과 시청자의 정서를 지나치게 불안정하게 만드는 내용을 하여서는 안 된다는 규정이다.

■ 어린이광고

어린이광고 규제에 대해 살펴보자.

어린이광고에는 어린이 및 청소년의 품성과 정서, 가치관을 해치는 표현을 할 수 없으며, 어린이를 상품과 관련된 상업문 또는 광고 노래의 전달자로 이용해선 안 된다.

예를 들어 장난감이 자동으로 움직이거나 수동으로 움직이는지 분명하지 않게 표현하거나 실제 제품과 혼동할 수 있는 표현도 금지하고 있다. 아래는 방송광고 심의에 관한 규정 중 어린이와 청소년광고에 해당하는 내용이다.

「방송광고 심의에 관한 규정」 제24조

1. 방송광고는 어린이 및 청소년의 품성과 정서, 가치관을 해치는 표현을 하여서는 아니 된다. 2. 방송광고는 어린이 보호를 위하여 다음의 표현을 하여서는 아니 된다. ①. 어린이가 상품과 관련된 상업문이나 광고노래, 또는 제품의 특징을 전달하는 표현 ②. 상품의 소유로 어린이의 능력이나 행동이 변할 것이라는 표현 ③. 상품을 소유하지 못하면 열등감을 갖거나 조롱의 대상이 된다는 표현 ④. 상품을 구입하도록 어린이를 충동하거나 부모 등에게 상품 구매를 요구하도록 자극하는 표현 ⑤. 어린이의 사행심을 조장하는 표현 ⑥. 어린이를 위험한 장소에 있게 하거나 위험한 행동을 취하게 하는 표현 ⑦. 어린이의 건전한 식생활을 저해하는 표현 3. 장난감, 게임기 및 기타 어린이들의 관심을 끄는 상품에 대한 방송광고는 어린이의

판단과 경험을 고려하여 다음의 표현을 하여서는 아니 된다. ①. 상품의 크기와 비례를 실제 이상으로 보이게 하는 표현 ②. 장난감이 기계적으로 움직이는지, 수동적으로 움직이는지 분명하지 않은 표현 ③. 장난감과 실제 물건이 혼동될 수 있는 소리나 표현

▪ 특정 업종 광고의 규제

법적 규제가 특정 업종이나 거래 형태에 적용되는 경우도 있다.

'식품위생법'은 공중위생에 해를 끼칠 우려가 있는 허위 · 과대 표시, 광고를 금지하고 있다. 한편 '옥외광고물 등 관리법'은 옥외광고물의 설치 · 유지 등에 관한 사항을 규정하기 위해 제정한 법률로 옥외광고물의 질적 향상을 위한 기반을 조성하고, 옥외광고물의 설치 · 표시 등에 관한 사항을 정하여 미관 풍치와 쾌적한 생활환경을 조성하는 것을 목적으로 설치된 법률이다.

전문 분야의 규제기관으로는 대한의사협회의 '의료광고심의위원회'가 있다. 의료법 개정에 의해 현재는 광고 가능한 내용이 많이 늘었지만 그 이전에는 의료기관의 주소와 의사의 이름 정도의 한정된 정보로 제한되어 있었다.

현재 의료광고심의위원회가 금지하고 있는 의료광고의 내용은 아래와 같다.

1. 제53조에 따른 평가를 받지 아니한 신의료 기술에 관한 광고
2. 치료 효과를 보장하는 등 소비자를 현혹할 우려가 있는 내용의 광고
3. 다른 의료기관 · 의료인의 기능 또는 진료방법과 비교하는 내용의 광고
4. 다른 의료법인 · 의료기관 또는 의료인을 비방하는 내용의 광고

5. 수술 장면 등 직접적인 시술 행위를 노출하는 내용의 광고

6. 의료인의 기능, 진료방법과 관련하여 심각한 부작용 등 중요한 정보를 누락하는 광고

7. 객관적으로 인정되지 아니하거나 근거가 없는 내용을 포함하는 광고

8. 신문, 방송, 잡지 등을 이용하여 기사(記事) 또는 전문가의 의견 형태로 표현되는 광고

9. 제57조에 따른 심의를 받지 아니하거나 심의받은 내용과 다른 내용의 광고

10. 제27조 제3항에 따라 외국인 환자를 유치하기 위한 국내 광고

11. 그 밖에 의료광고의 내용이 국민건강에 중대한 위해를 발생하게 하거나 발생하게 할 우려가 있는 것으로서 대통령령으로 정하는 내용의 광고[06]

요즘 지하철 역사나 상가를 걷다 보면 성형외과 광고가 넘쳐난다. 대부분 수술 전후를 비교한 사진이 크게 게재되어 있다. 최근 이러한 경향의 광고가 늘어나면서 본인 동의도 없이 수술 전후 사진이 광고에 게재되어 초상권 및 개인 사생활 침해에 대한 논란이 인 적이 있다. 게다가 환자의 비밀을 누설한 의료법 위반에 해당한다. 현행 의료법 제19조는 의료인은 의료 행위를 하면서 알게 된 비밀을 누설하거나 발표하지 못하도록 금지하고 있다. 의료광고, 특히 성형외과의 광고가 늘어나게 되면서 새로운 유형의 광고 규제 대상이 생겨난 것이라 볼 수 있다.

올해(2013), 의료광고가 서울영상광고제에서 수상해 눈길을 끌었다. 2005년 의료광고가 법적으로 허용된 이후, 경쟁적으로 광고를 하던 의료광고 시장에 신선한 자극이 되고 있다. 사실 그동안의 의료광고는 특

---

06   대한의사협회 의료광고심의위원회 홈페이지(http://www.admedical.org).

성상 광고제작 심의가 무척 까다로워 완성도에서 많이 떨어졌다.

그러나 수상작인 A 비만클리닉의 '지방이와의 이별' 편은 의료광고도 광고 캠페인이 가능하다는 점을 시사했다. 비만인의 지방을 작고 귀여운 '지방이'라는 캐릭터를 활용하여 의인화하고 있는 이 광고는 옷을 갈아입을 때, 외출을 할 때, 운동 이후 야식을 먹고 잠들 때까지 모든 생활에 늘 붙어 불편하게 하는 '비만'을 자신들의 클리닉에 맡겨달라는 메시지를 담고 있다.

잠재 고객에게 치료의 필요성과 병원 거부감을 낮추면서도 병원의 영업적 목적을 달성할 뿐 아니라, 의료광고의 타깃인 환자로 하여금 자신에게 해당하는 질병인지 필요한 의료 행위일지, 또한 의료기관은 믿을 만한지에 대한 정보를 제공하고 있다. 광고주와 대행사 모두 소비자들이 의료광고를 혐오감을 주는 것이 아니라 건강을 점검하고 좋은 기관을 선택하게 하는 광고로 인식할 수 있게 하는 효과를 얻었다.

3. 비교광고와 규제의 완화

비교광고란 자사의 제품을 경쟁사의 제품 또는 자사의 구형 제품과 비교하여 특징을 강조한 것을 말한다. 소비자의 선택권을 인정한다는 점에서 긍정적인 평가도 있지만 자사의 불리한 점을 회피하고 유리한 점만 과장하여 경쟁사를 비방한다는 평가도 있다.[07]

---

07 이를 '도전광고'라 한다.

메시지 전달의 강렬함 때문에 전달력과 설득력이 높아 널리 이용되고 있는 비교광고는 경쟁 제품을 포함해 보다 많은 정보를 소비자에게 전해주는 효과뿐 아니라 해석과 분석을 도와주어 합리적인 구매의사에 도움을 준다.

비교광고에는 경쟁사나 경쟁 상품을 명시한 것과 그렇지 않은 것이 있다. 같은 부류의 제품이나 서비스에 대해 적어도 두 개 이상의 상표를 명시적 또는 암시적으로 표현·비교한 경우도 있다. 이때 광고에 제품을 명시적으로 표현한 것을 직접 비교, 소비자가 쉽게 떠올릴 수 있도록 암시적으로 표현한 것은 간접 비교라 표현한다.

스튜어트와 퍼스(Stewart and Furse)는 이러한 정의에 의해 실제로 집행되는 광고의 1/3이 비교광고의 형태를 띠고 있으며, 페치만과 스튜어트(Pechmann and Stewart)는 텔레비전광고의 80% 이상이 비교광고라고 지적하고 있다. 비슷한 제품의 생산에 따른 경쟁으로 촉발된 비교광고는 자사의 자신감이라고 말할 수 있다. 하지만 무턱대고 타사를 비방하면 오히려 역효과가 날 수 있다.

미국연방거래위원회는 비교광고가 시장 집중을 감소시킬 수 있다는 판단에 1972년 이후 비교광고를 허용하고 있다. 이러한 조치의 주된 이유는 각 브랜드를 비교함으로써 소비자들에게 보다 많은 정보를 제공하여 합리적인 구매 결정에 도움을 줄 수 있고, 거시적으로는 브랜드 간의 경쟁을 자극해 품질 향상을 이룩할 수 있기 때문이다.

한국의 경우 과거에는 비교광고가 소비자를 기만하거나 오해의 여지를 만들 수 있고, 경쟁사를 비방한다는 등의 이유로 금지했다. 그러나

2001년 9월 1일 이후 적용된 '비교표시·광고에 관한 심사지침'에 의하면 "…자기에게 유리한 대상 및 기준만을 근거로 다른 사업자의 상품과 비교하는 경우에도 소비자를 속이거나 또는 소비자로 하여금 잘못 알게 할 우려가 없는 비교표시광고는 원칙적으로 금지되지 않는다"고 명시하고 있다. 지금은 광고주들이 경쟁 브랜드를 구체적으로 명시한 비교광고를 실시하고 있다. 사실 광고인의 상당수가 정확한 정보 제공과 경쟁력 강화, 광고 수준의 향상 등을 이유로 비교광고의 필요성에 공감하고 있다. 그리하여 비교광고는 업계 2위 이하의 기업이나 후발 브랜드가 자신들을 리딩 브랜드와 비교해 손색이 없다고 주장해 사용하는 경우가 대부분이다.

비교광고로 화제가 된 예는 지난 100년간 이어온 펩시콜라와 코카콜라의 경쟁광고를 들 수 있다. 예로 어린아이가 등장해 자신의 키에 맞도록 누를 수 있게 위치한 코카콜라 2개를 뽑은 후, 그것을 밟아 자신이 정말 먹고 싶었지만 작은 키 때문에 누를 수 없었던 펩시를 뽑는 광고를 들 수 있다. 참신하고 기발한 아이디어로 성공한 광고는 창의성이 있어야 한다는 사실을 일깨워준 광고였다.

1990년대 말을 지나오면서 광고 환경도 많이 바뀌었다.

자동차 보험 등의 광고는 타사를 명확히 지적하지 않아도 자사의 우위를 노골적으로 드러내고 있다. 물론 비교 대상이 되기 쉬운 부분을 직접적으로 지적하는 것이 아니라 비교라는 수법을 통해 자사의 특징을 강조해 표현하는 것이다.

한편 이동통신사들의 광고에서는 광고 끝에 타사를 비꼬는 멘트나 이미지를 사용하는 편이다. 또 음료 부분에서 아미노업이 비교광고를 시작한 이유는 포카리스웨트가 당시 기능성 음료 시장을 석권하고 있었기 때문이다. 게다가 포카리스웨트의 푸른색이 아미노업의 붉은 색과 대비되어 이미지 쪽으로 비교가 수월했다. 그러나 두 제품은 기능성 음료라는 점에서 유사했지만 각기 다른 기능을 하는 음료 제품이었다.

한국의 비교광고방법은 적절하기 때문이라기보다 뭔가 재미있는 표현이 가능하지 않을까라는 발상에서 비롯되고 있다. 나름의 개성 있는 독특한 표현 기법일지 모르겠지만, 대표적인 두 가전제품 기업이 벌인 대형 냉장고의 용량 논쟁은 미국과 비교하면 상당히 이질적이다.

2012년 국내 최고의 두 전자회사가 출시한 냉장고의 용량을 비교한 내용으로 인터넷 동영상 사이트 유튜브(YouTube)에 게재한 광고가 부당 비교광고에 해당한다는 법원 결정이 나왔다. 광고 동영상 2건은 냉장고를 눕혀놓고 물을 붓는 등 두 제품 간의 용량 차이를 소비자가 쉽게 이해할 수 있도록 비교한 것으로 높은 관심을 불러 일으켰다. 재판부는 해당 광고를 표시광고법 3조 1항에 규정된 '부당하게 비교하는 광고'로 결론지었다. 비교 논란을 불식시키기 위해서는 광고에서 주장하는 내용이 객관성이 있거나 실증된 수치가 정확하고 올바르게 인용되어야 한다.

제2부

광고의 기획과 제안

기획의 입안

1. 광고를 구성하는 요소

같은 카테고리에 속한 제품들의 텔레비전광고를 비롯해 신문광고, 교통광고 등을 보면서 서로 비교해보면 흥미로운 점을 발견할 수 있다. 하나의 광고만을 보면 알 수 없었던 브랜드 이미지나 타깃 간의 미묘한 차이, 그리고 저마다 다른 광고주의 생각을 조금은 느낄 수 있기 때문이다.

한편 마케팅이나 광고계에 종사하는 사람들이라면 슈퍼볼 경기 광고의 천문학적 금액에 대해 들어본 적이 있을 것이다. 30초당 350만 달러, 한화로 약 40억 원 가까이 든다. 슈퍼볼 광고로 엄청난 브랜드 가치 증대나 매출 상승을 경험한 브랜드도 있겠지만, 반대로 수백만 달러를 불과 몇 초 만에 공중으로 날려버린 것이 아닌가 하는 후회가 밀려오는 기업도 적지 않을 것이다.

광고가 히트를 칠지, 혹은 외면을 당할지는 아무도 모른다. 그래서 무작정 대중의 인상에 남기는 광고물을 만드는 것만이 전부는 아니다. 광고주의 상황이나 제품의 특성, 시장의 면밀한 분석에 의해 계획된 스케줄에 따라 진행해야 하는 것이 광고라 할 수 있다.

소비자가 보는 것은 매체에 실린 광고물뿐이지만 그곳에 도달하기까지 복잡한 절차가 존재한다. 광고 제작에 필요한 조사와 목표를 위해서는 마케팅 커뮤니케이션이라는 틀에서 사고할 필요가 있다. 이러한 관점에서 광고 기획·제작과 관련된 키워드를 상황과 목표, 표현, 매체, 출고, 효과로 설명할 수 있을 것이다.

■ 표현

광고 기획은 제작된 광고물을 적절한 매체에 실어 목표를 달성하기 위한 일정이다. 갑자기 텔레비전광고가 재미있다거나 신문광고가 눈에 잘 띠며, 지하철의 역사나 전철 내부가 온통 광고로 채워져 있다는 인상을 받은 적이 있을 것이다. 기업의 목적은 광고의 내용을 인상 깊게 남겨주려는 것이 아니라, 소비자가 광고에 접촉함으로써 태도가 변화해 어떤 행동을 일으켜주기를 바라는 데에 있다. 그래서 표현은 전달하고자 하는 포인트를 타깃이 이해하기 쉽게 만들어야 한다.

광고는 광고주의 의도를 한정된 시간과 공간에 함축해 담고 있다. 따라서 무엇을 어떻게 전달할 것인지를 결정하여 구체적인 형태로 만들어야 한다. 이는 일종의 광고 콘셉트로 제품의 특성과 소비자에게 미치는 편익과 분위기, 모두를 고려해야 한다. 그러므로 광고 콘셉트를 효과적으로 전달하기 위해서는 어떤 표현을 어떻게 사용할 것인지에 대한 아이디어가 중요하다.

광고인들은 효과적인 광고 표현을 위해 등장할 탤런트나 캐릭터를 결정하여 유머와 재미를 줄 것인지, 논리적인 설명을 할 것인지를 결정하고 카피나 비주얼, 음악 등을 결정해야 한다. 표현에는 매체에 따른 제약이 많기 때문에 구체적인 기획안이 제시되어 있지 않았을 때는 방향을 잡을 수 없다. 매체와 표현은 밀접하게 연관되어 있다. 그래서 표현에 따른 관련 법규나 단체의 규제까지 숙지할 필요가 있다.

■ 상황

상황은 시장과 소비자의 정보, 자사 제품과 경쟁 상대의 파악 및 분석을 함축한다. 광고주가 직면하고 있는 현 상황을 냉정하게 직시함으로써 그에 적절한 광고를 진행해야 하기 때문이다. 광고주를 둘러싼 환경은 광고주가 만든 제품과 서비스의 특징, 기업의 역사나 문화, 고객층, 지금까지의 광고실적 등에 따라 다르게 나타날 수 있다. 그래서 광고 캠페인을 기획할 때 광고주의 문제점을 고려하지 않을 수 없다.

시장에 대한 조사는 광고 상품과 관련된 시장 전체가 포함되는데, 핵심 시장의 크기는 경제적 가치로 어느 정도이며, 자사의 점유율은 어느 정도인지 파악하는 것이다. 현재 시장이 성장단계인지 쇠퇴기인지 보다 면밀한 분석과 수요의 회복은 어떻게 도모하며, 제품에 계절성이나 지역성이 없는지 등도 살펴봐야 한다. 또 소비자가 상품 카테고리에 가진 불만과 만족의 이유, 한편 구매 결정을 내린 소비자에게 영향을 끼친 것이 무엇인지도 파악해야 한다.

한편 산업용품의 경우 구매의 주체가 어떤 태도를 가지고 있는지도 고려해야 한다.

제품의 정보란 서비스를 비롯해 성능, 특성, 가격, 색상, 형태, 이름 등이 어떤 의미를 지니고 있는지 등을 말한다. 기존 제품이라면 소비자나 이용자가 어떤 이미지를 가지고 있는지, 개선해야 할 점은 무엇인지, 그것이 소비자가 원하는 개선인지 아니면 기업 측의 요구인지도 살펴봐야 할 것이다.

경쟁사에 관한 정보란 경쟁 대상인 기업이나 조직이 어떤 제품을 통해 어떻게 마케팅과 광고를 실시하고 있는지에 관한 것이다. 상대가 얼마만큼 위협적이며 소비자가 자사와 경쟁사의 브랜드를 어떻게 구분하는지 살펴볼 필요가 있다. 경쟁사의 장점과 단점을 파악하여 자신만의 강점을 부각시키는 것이 중요하다.

광고의 출발은 정확하고 면밀한 상황 분석에서 시작된다는 점을 잊어서는 안 된다.

■ 목표

목표 설정은 마케팅 목표를 달성하기 위한 기초 활동이다. 이 과정에서 제품과 유통, 가격을 통해 광고와 판매방식을 조합, 마케팅의 목표를 산출하고, 그 목표를 수치로 설정한다.

목표를 수치와 같이 명확한 형태로 설정하면 표현이나 매체 기획의 기초가 될 뿐만 아니라 성과를 측정하기 위한 기준으로도 유용하다. 그러나 광고를 오로지 매출만을 목표로 설정하는 것에는 무리가 있다. 광고 이외에도 프로모션이나 유통방식, 가격에 따라서도 영향을 받기 때문이다(다만 통신 판매처럼 광고가 거래를 완결시키는 구조는 예외다). 하여 그와 함께 브랜드 인지율을 높인다든지 혹은 소비자로 하여금 제품의 구입욕을 촉진하는 등의 목표를 설정하는 것이 좋다. 그래서 광고를 보는 측의 심리적 변화가 커뮤니케이션의 목표가 되기도 한다.

광고하고자 하는 제품이 신제품이라면 가능한 많은 소비자에게 제품을 알리고 인지시키는 것이 첫 번째 목표다. 신제품이 아니더라도 소비자에게 오랫동안 좋은 제품으로 인식되고 판매되는 제품이라면 지속적으로 광고를 실시하는 것이 좋다. 그렇다고 신제품과 기존 제품에 동일한 광고 목표를 적용시켜서는 안 된다. 신제품에는 브랜드명, 브랜드 이미지뿐만 아니라 수요 자극 같은 요소도 포함되기 때문이다.

기존 제품 카테고리에 새로운 브랜드를 도입하는 경우라면 차별화를 위한 광고가 필요하다. 브랜드의 선호도를 높이는 데 집중하면 소비자가 설령 다른 브랜드를 소유했더라도 교체하고 싶은 마음을 들게 할 수 있다. 한편 기존 브랜드의 광고는 수요를 일정하게 유지시키면서 소비자의 만족감을 높여주기 위해 실시하는 경우가 많다. 계절성이 짙은 제품은 시즌에 들어가기 직전 자사 브랜드를 떠올리게 하는 것이 목표이다. 특정 제품에서 자사 브랜드를 가장 먼저 떠올리게 하기 위해 비슷한 콘셉트로 광고하는 기업도 있다. 물론 광고는 반드시 제품 구입 전에만 유효한 것이 아니다. 예를 들어 애프터 서비스를 어떻게 하겠다는 메시지의 광고는 소비자에게 상당한 만족감을 줄 수 있다.

국내나 해외에는 다양한 광고상이 있다. 수상작들 중에는 화제성과 오락성을 겸비한 멋진 광고가 있으며, 입상한 광고는 하나의 예술적인 작품으로 평가되기도 한다. 2012년 한국광고주협회에서 주최한 '제20회 소비자가 뽑은 좋은 광고상' 전파 부문에서 '박카스 풀려라 피로 캠페인'이 수상했다. 이유는 감성적 접근과 공감이었다. 최근의 광고 트렌드는 설득보다는 감성을 자극하여 공감을 유도하는 스토리가 특징이다. 음지에서 땀 흘려 일하는 사회인을 조명하는 공익적인 캠페인과 제품의 기능을 매 시리즈마다 적절히 어필하고 있다는 호평을 받았다.

반면 광고로는 강한 인상을 남겼지만 구매 증가로 이어지지 못한 경우도 있다. 또 반대로 광고로는 강한 인상을 남기지 못했지만, 그로부터 얻은 정보나 지식에 의해 제품의 선택에 영향을 미친 광고도 있다. 광고로부터 영향을 받았다면 대중이 광고라고 인식하지 못할 정도로 자연스럽게 받아들여진 경우라 할 수 있을 것이다.

■ 매체

매체 기획을 전략과 전술로 나눠보자.

먼저 각종 매체의 특성을 파악한 후 어떤 매체에 어느 정도의 비용을 투입할 것인지를 결정하는 것을 전략이라 할 수 있다. 이로써 비용의 규모에 따라 이용 가능한 매체가 설정된다. 전술은 매체보다는 전달 수단(vehicle)으로써 무엇에 얼마만큼 투입할 것인지의 결정이다. 이때 고려될 점은 대중과 광고 타깃이 합치되는가, 수단에 광고 효과를 높이는 부분이 있거나 브랜드와 분위기가 맞는지 등과 같은 것이다. 캠페인과정에서 각 수단에 어떠한 광고를 투입할 것인지와 같은 출고 스케줄이 여기에서 입안되면, 일정에 따라 매체를 통해 노출되며, 이 단계에서 비로소 소비자의 눈과 귀에 닿게 되는 것이다.

■ 효과

광고 효과는 설정한 목표가 어떤 표현과 매체를 통해 어느 정도 달성되었는지에 대한 결과이다. 캠페인 후에 측정한 결과자료는 다음 작업에 유용하게 활용될 수 있다. 효과 측정을 지속적으로 실시함으로써 비용을 투입한 결과 얼마만큼의 성과를 올렸는지 수치로 알 수 있다. 광고는 어쩌다 한 번쯤 하는 것이 아니라 기업이 존속하는 한 지속하게 된다. 따라서 어차피 계속해야 하는 활동이라면 정보의 축적을 이어가면서 이전보다 나은 효과를 발휘할 수 있도록 진행되어야 한다.

2. 소비자 유형과 효과적인 광고 커뮤니케이션

광고의 궁극적 목표는 자사 브랜드의 구입자나 사용자를 증대시키고자 하는 것이다. 그래서 타 브랜드의 사용자가 무언가 만족스럽지 못한 차이로 자사 브랜드로 교체할 가능성이 있을 때 광고는 더욱 유효하다.

한편 자사 브랜드에 견고한 고객층이 있다면 그 고객층을 중심으로 커뮤니케이션 활동을 하는 것도 매우 효율적이다.

미국 캠벨 수프사의 분석에 의하면 4%의 고객층은 다른 고객층보다 월등히 많이 구입하고, 가격 인하 시에 좀처럼 구매를 하지 않았다. 마케팅 측면에서 말하자면 이 고객들은 1달러 당 3.38달러의 수익을 초래하는 고객층이라 할 수 있다. 이러한 층을 발견하는 것은 유효한 전략을 수립하기 위한 중요한 요소라 말할 수 있다.

자사 브랜드를 선호하는 고객층에 대해서는 충성도의 증대나 유지를 위한 커뮤니케이션이 요구된다. 광고에 의한 사용량의 증대는 새로운 사용자보다 기존 사용자의 충성도를 강화하는 것에서 야기된다고 이야기한다. 무턱대고 새로운 사용자를 목표로 하기보다 기존 사용자의 태도를 강화하는 편이 훨씬 효과적일 수 있다. 이러한 커뮤니케이션 활동을 위해선 사용자가 자사 브랜드의 어떠한 점을 좋아하고 평가하고 있는지 확인이 필요하다.

한편 자사 브랜드에서 경합 브랜드로 넘어가는 소비자가 있는가 하면, 비사용자가 되어버릴 수 있다. 재구입률 저하가 생겼을 때는 권장 전략의 하나로 브랜드 사용 경험을 강화하는 프로모션을 취해야 한다. 인스턴트 커피 메이커가 브랜드 로고가 들어간 컵을 증정하는 것 같은 이벤트성 마케팅은 사용량을 증대시키고자 하는 노력의 일환이다.

다른 유형으로 소비자의 구입 간격을 단축하는 방법이나, 특정 카테고리의 이용자를 끌어들여 사용방법을 권장해 사용량 증대로 이어지게 하는 경우도 있다.

비사용자는 애초부터 카테고리를 몰랐거나 알았어도 특징을 몰랐기 때문에 사용하려 하지 않는다. 예를 들어 치아 사이의 오염을 제거하는 '플로스'라는 용구는 충치 예방에 유효한 수단이지만 사용방법과 장점을 모르기 때문에 대부분의 소비자는 사용하지 않고 있다. 사용방법을 적극적으로 알리고, 사용하기 쉬운 형태로 제품을 개발하는 방법을 찾을 필요가 있다.

제품을 사용하거나 구매하는 것보다 구매 장소에 가게 하기 위한 행동을 유발시킬 목적의 커뮤니케이션도 생각해볼 수 있다. 무료로 샘플을 나눠주거나 자료를 송부하는 등 행동의 촉진을 위한 광고 활동이 그 예라 할 수 있다. 은행이나 보험사의 커뮤니케이션은 소비자가 보다 자세한 비교 검토를 원하기 때문에 상세한 자료를 보내는 것에 역점을 두는 것이 좋다.

효과적인 광고 커뮤니케이션을 위해선 표적 소비자가 상품 카테고리에 니즈를 느끼고 있는지 분석하는 것이 필요하다. 카테고리에 니즈가 없다면 필요성을 환기시키는 커뮤니케이션을 실시하고 어떻게 하면 구매로 이어지게 할 것인지 파악해야 한다. 설령 소비자가 브랜드명을 알고 있어도 그것이 실제 제품의 이름과 패키지로 연상되지 않을 수 있음을 명심해야 한다.

이렇듯 광고가 결과적으로 소비자에게 어떤 행동 변화를 일으킬 것인가를 설정한 후에 가장 적합한 커뮤니케이션 전략을 차용해야 한다. 커뮤니케이션 목표는 심리적인 지표이며, 시장 조사를 통해 손쉽게 측정할 수 있기 때문에 효과적인 광고 활동을 위한 자료가 되어야 한다.

3. 광고 효과 측정법

브랜드 인지도를 높이는 것은 광고의 기본이며 중요한 역할 중 하나이다. 그럼 광고를 시청한 후 소비자가 브랜드 혹은 상품명 등을 인지하는 정도를 어떻게 파악할 수 있을까? 광고를 내보낸 후 소비자가 제품과 기업명을 얼마나 많이 기억하고 있는지를 측정하는 방법은 무엇이 있는지 확인해보자.

소비자의 기억을 측정하는 방법 중 가장 널리 사용되는 기법의 하나로 재인검사(recognition test)가 있다. 이는 광고와 관련된 정보를 확인하도록 하는 방법으로, 노출했던 자극을 다시 보여주면서 노출 여부를 확인하는 방법이다.

한편 다른 방법으로 회상검사(recall test)가 있다. 이 검사법은 소비자가 광고와 관련해 학습했던 정보를 스스로 꺼내도록 하는 것을 말한다.

여기서 단서 제공 여부에 따라 보조상기율, 그리고 비보조상기율을 구분하게 되는데, 브랜드 인지 측면의 실험에 있어서는 이 두 가지 방식 중 하나를 설정해야 한다. 소비자에게 제품 카테고리를 알려준 후 기억하고 있는 것을 순서에 상관없이 써내게 하는 방법을 비보조상기율(unaided recall)이라고 한다. 보조상기율(aided recall)은 소비자에게 단서를 제공하고 해당 광고와 관련된 정보를 찾는 것을 일컫는다. 통상 보조상기율은 비보조상기율만큼 높지 않다. 한 사람의 소비자가 기억할 수 있는 브랜드 수는 한정되어 있기 때문이다. 결국 소비 행위 시 가장 먼저 떠오른 브랜드가 구매로 이어지는 경우가 많다.

조사의 기법상 주의해야 할 것이 몇 가지 있다. 보조상기율은 브랜드의 장점을 측정하는 데 유용하지만, 조사원의 질문 여하에 따라 정확한 수치를 얻기 어렵다는 단점이 있다. 그래서 비보조상기율을 측정할 때는 브랜드 이름뿐만 아니라 사진과 같은 단서도 함께 제시하는 것이 좋다. 브랜드 이름만으로 단언해버릴 경우가 많기 때문이다.

한편 비보조상기율을 측정할 때는 '안다', '모른다'는 두 개의 선택뿐만 아니라 알고 있는 것 같다는 항목도 포함시키는 것이 효과적이다.

기업은 사전에 소비자가 브랜드에 대해 어떤 견해를 가지고 있는지 파악해둘 필요가 있다. 좋거나 좋지 않다거나, 사고 싶다거나 사고 싶지 않다와 같은 다양한 척도에서 측정이 가능하다. 브랜드에 대한 태도가 긍정적이라면 머지않아 구입할 가능성이 높고, 부정적이라면 달리 방법을 강구해야 한다. 과거 브랜드의 실적을 참고로 목표의 지표를 작성해볼 필요도 있다.

구입 의도는 소비자가 특정 브랜드를 구입하고 싶다고 생각하는 정도를 말한다. 태도의 척도이긴 하지만 소비자의 구입 의도를 독자적으로 측정해둠으로써 브랜드가 소비자에게 어떻게 인식되고 있는지 파악할 수 있다.

광고와 구매 행동

1. 소비자 행동

소비자가 상품을 어떤 유형으로 구매하게 되는지 소비자 행동을 사회학적으로 파악하는 소비자 행동 전략은 다그마 이론[01]에 의해 설명할 수 있다. 이 이론은 콜리(R. H. Colley)의 개념으로 광고의 목표와 캠페인의 결과를 예측하기 위해 개발되었다. 다그마 이론은 신제품이나 신기술, 새로운 행동 패턴을 인지하고 차용하기까지의 심리적 과정을 나타내는데, 사회학에서 마케팅으로 유입된 것으로 '인지 → 정서 → 행동'이라는 순서를 가정하고 있다. 표적화된 대중에게 정해진 시간에 달성해야 할 목표를 설정하면 된다. 수치로 나타난 목표에 의해 광고를 관리하는

---

01 다그마 이론(DAGMAR theory)은 목표에 의한 광고관리(Defining Advertising Goals for Measured Advertising Results)의 약칭이다. 콜리(R. H. Colley)가 1961년 발표한 논문의 머리글에서 나온 내용이다. 광고 목표를 커뮤니케이션에 두고, 미지율, 인지율, 이해도, 확신도, 행동률로 나타내면 광고 효과의 계량화가 가능하다는 이론이다.

개념으로 지금도 일선 현장에서는 이 개념을 참고하고 있다.

콜리의 개념에는 몇 가지 특징이 있다. 먼저 목표와 목적의 구분이다. 목적은 브랜드의 호감도 증대이다. 목표는 설정된 측정 가능한 수치를 말하는데, 콜리는 광고 목표를 측정 가능한 수치로 결정할 것과 광고의 목적·목표·수치 등을 문서로 만들어 관계자가 협의할 것을 주장하고 있다.

일각에서는 콜리의 이러한 주장에 비판적으로 본다. 목표의 설정은 커뮤니케이션 목표만으로 충분하다는 것이다. 그렇지만 콜리의 개념은 광고를 합리적인 방법으로 관리하는 것에 기여하고 있다. 지금도 기업은 광고에 앞서 콜리의 개념을 적극 활용하고 있다.

—

아이다(AIDA)는 주목(Attention), 흥미(Interest), 욕망(Desire), 행위(Action)라는 광고를 통해 일어나는 행동을 말한다. 욕망과 행위 사이에 다섯 번째 요소로 확신(Conviction)을 넣어 AIDCA라고도 하며, 기능적 광고의 공식으로 사용되고 있다. 이는 효율적인 세일즈방법의 모델로 1900년경 루이스(E. St. Elmo Lewis)에 의해 주장되었다.

아이드마(AIDMA)에는 욕망과 행위 사이에 기억(Memory)이 들어가 있다. 맥과이어(W. McGiure)의 정보처리 모델도 메시지 수용 이후 구매 행동이 일어나기까지의 확신을 기억에 유지시키는 단계라고 말한다. 지금까지는 광고와 커뮤니케이션의 효과를 별개로 취급했지만 효과 계층시대에는 하나의 과정으로 보고 있다. 그러나 기억이나 유지를 넣은 모형은 광고를 접촉한 이후에도 구매 행동이 일어나지 않은 상태를 고려하고 있다.

위의 상황에서 넓은 시각으로 보면 광고의 주의나 호의가 브랜드 구축의 최종 목적이 아닌 것만은 분명하다. 런던 비지니스 스쿨의 앤드류 어렌버그(Andrew Ehrenberg) 교수는 가격을 낮추는 것이 품질이나 유통 경로, 프로모션 전략을 수정하는 것보다 효과가 있다는 사실을 밝혀낸 바 있다. 그러나 가격인하로 어느 정도 구매를 유지할 수 있지만 그것만으로 부족하다. 광고의 주요한 역할 중 하나는 구매 후의 호의적 태도를 강화하는 것이다. 광고가 브랜드나 구매 의도를 갖는 것을 '강한 효과 모형'이라고 한다.

다그마 이론에서도 말하듯 계량화가 가능한 커뮤니케이션도 있다. 브랜드와 광고의 인지율, 제품 이해도, 구매율 같은 것이다. 일종의 소비자 심리 지표이며 시장 조사에 의한 측정이 가능하다.

커뮤니케이션 목표에 소비자 행동역학의 개념을 도입, 어떤 표적 소비자의 행동 변화를 기대할 것인지를 목표로 설정한다. 소비자가 어떠한 구매를 원하는지 가정하여 커뮤니케이션이 유효성을 찾는 것이다.

1920년대 미국의 경제학자 롤랜드 홀(Roland Holl)이 발표한 구매 결정 모델 아이드마(AIDMA)는 주의(Attention) → 관심(Interest) → 욕구(Desire) → 기억(Memory) → 행동(Action)의 과정을 가지고 있다. 하여 소비자가 특정 제품을 알고 나서 구매하기까지의 과정을 모델화한 것으로 대중 매체에 적용할 수 있게 되었다. 그러나 2004년 일본 최대의 광고대행사 덴쓰(電通)는 인터넷의 등장으로 소비자들의 구매 패턴이 주의(Attention) → 관심(Interest) → 검색(Search) → 행동(Action) → 공유(Share)와 같이 아이사스(AISAS) 모델로 변화했다고 주장한다.

이것은 모두 인터넷의 등장으로 인해 포털사이트의 이용이 대중화되면서 소비자가 구매 전 검색을 하는 행동을 지적한 것이다. 위에서 제시한 패턴을 보면 구매로 행동이 끝나는 것이 아니라 그 사이에 '공유'가 있다. 흥미가 생기면 인터넷으로 검색하고 구매 후의 감상을 올려 제3자와 정보를 공유하는 능동적인 행동에 초점을 맞춘 구매과정 모델이다. 다시 말해 관심 있는 제품을 인터넷으로 검색하고 구입 후에 블로그나 SNS, 가십 사이트 등을 통해 평가를 공유하는 인터넷만의 정보 접촉 행위를 말한다. 특히 검색과 정보 공유에서 있어서 웹2.0[02]을 유의해야 한다. 아이사스도 웹2.0이지만 전자상거래에 한정된 것이 아니라 모든 제품과 서비스에 적합하다.

마케팅의 목표는 사전에 대행사에 의해 제시된다. 담당자는 어떻게 소비자의 행동을 변화시킬 것인지 고심하게 되는데, 이 고민거리가 바로 소비자 행동 목표이다.

이는 어떤 커뮤니케이션을 실행하는 것이 적절한지 광고 매체의 노출과 측도를 계산하여 설정한다. 그러나 소비자의 행동 변화에는 광고 이외의 여러 요인이 있기 때문에 명확하게 세울 수 없다. 그래서 광고 활동을 책정하기 위해서는 먼저 소비자와 관련된 여러 정보가 필요하며 다양한 데이터의 집적과 경험이 요구된다.

---

02 데이터의 소유자나 독점자 없이 누구나 손쉽게 데이터를 생산하고 인터넷에서 공유할 수 있도록 한 사용자 참여 중심의 인터넷 환경. 인터넷상에서 정보를 모아 보여주기만 하는 웹 1.0에 비해 웹2.0은 사용자가 직접 데이터를 다룰 수 있도록 데이터를 제공하는 플랫폼이 정보를 더 쉽게 공유하고 서비스 받을 수 있도록 만들어져 있다. 블로그(Blog), 위키피디아(Wikipedia), 딜리셔스(del.icio.us) 등이 이에 속한다(네이버 지식사전).

소비자가 어떤 상품을 갖고 싶다 생각하고 구매에 이르기까지 필요로 하는 시간은 개인에 따라 다르다. 단 승용차나 컴퓨터와 같은 제품은 고가라도 두 번째 이후는 신규 구입 때보다 의사 결정이 간단해지는 경향이 있다. 최근에는 제품별로 의사 결정과정과 각 단계에 접촉한 판매원과 콘텐츠를 조사해 IMC 계획을 세우려는 노력이 시도되고 있다. 이것 역시 관여도가 낮은 경우에는 언제 어디서 어떠한 정보를 접하고 무엇을 생각했는지 정확하게 떠올리는 것이 쉽지 않다.

2008년 미국에서 실행한 아폴로 계획(Project Apollo)[03]은 미국의 소비자 조사 기업인 아비트론(Arbitron)[04]사와 닐슨(Nielsen)이 소비자에게 휴대용 측정기를 제공하여 실내외의 매체 접촉과 브랜드 태도, 구매 행동을 측정한 시도였다. 그리고 2006년 1월에 전국의 5,000여 세대에서 11,000여 명의 데이터 제공자를 확보했다. 아폴로 계획은 단일 소스, 전자 미디어 노출을 측정, 아비트론의 휴대용 시스템과 결합하여 측정하는 소비자의 구매 행동에 대한 닐슨의 홈스캔(Homescan) 기술을 기반으로 시장 조사 서비스가 될 수 있도록 설계되었다. 그러나 프록터 앤 갬블(The Procter & Gamble)을 비롯한 7개의 기업은 비용대비 효과가 의문시된다며 2008년 2월 닐슨과 아비트론사에 정지를 요청했다.

제품 구매는 대인적 영향의 하나로 가족에 의해 의사 결정이 이루어지는 경향이 많다. 구매 행동은 소비자와 사용자 외에 영향도 포함된

---

03 Nielsen—Press Release: "Arbitron and Nielsen Terminate 'Project Apollo' (http//www.nielsen.com. media.2008)

04 아비트론은 1940년대 후반에 ARB(American Research Bureau)라는 이름으로 설립된 소비자 조사 회사다. 원래 아비트론은 오디 미터(audimeter)와 유사하게 ARB에서 사용한 기계식 시청률 기록장치를 뜻한다.

다. 상황은 구매의사나 소비가 일어날 때의 심리이다. 점 내의 분위기와 당시의 기분, 동반자, 계절이나 시간대 등 다양한 요인이 작용한다. 개인차는 있겠지만 소비자의 자원은 시간과 경제력, 정보처리 정도이다. 동기는 욕구가 높아져 어떤 행동을 취하는 과정을 말한다. 관여도가 높은 소비자는 더 많은 노력을 기울여 만족도를 높이거나 위험이 감소되도록 동기 부여를 해야 한다.

광고를 개시할 때도 제품에 대한 지식과 관여에 맞춰 정보의 양이나 내용을 결정해야 한다. 태도가 견고하면 경합 브랜드로의 교체가 어렵다. 마케팅의 궁극적인 목적은 자사 브랜드로의 충성도 강화와 자사 브랜드로의 교체다. 전환되기 쉬운 소비자는 특정 브랜드에 확고한 태도를 가지고 있지 않다. 소비자의 구매 행동은 불편함이나 불만의 해소 같은 부정적 동기와 즐거움, 자기실현 같은 긍정에 의해 일어난다.

2. 소비자의 구매 행동 모델

1960년대까지의 소비자 행동 모델은 브랜드에 대한 확신적 태도를 구매로 이어지게 한다는 가정이 많았다.

한편 소비자 행동에서 '관여'라는 개념은 1965년에 크루그만(H. E. Krugman)이 발표한 「텔레비전 광고의 영향: 관여 없는 학습」이란 논문에서 처음 사용했다. 텔레비전광고의 접촉은 인쇄 매체보다는 저관여하에 일어나지만, 반복 접촉에 의해 인식된다는 주장이다. 그 이후 소비자의 구매 행동은 관여도의 차이로 설명되는 경우가 많아졌다. 크루그만은 관여를 자신과의 관련짓기라고 정의했다.

1980년대는 인지심리학의 영향으로 정보처리과정을 상세하게 설명하는 연구가 많아졌고 기억이나 감정의 역할에도 관심이 커졌다. 1990년대는 광고 효과를 구매의사 결정과정으로 확장하는 것에 관심을 가졌다. 그래서 광고에서 구매까지의 인지와 평가, 기억의 특징을 고려한 효과 모델이 나왔다.

1950년대부터 광고에 대한 소비자의 반응을 설명하고 예측한 연구들이 시작되었다. 1960년대 초반에는 광고에 대한 소비자 반응 모델인 계층적 효과가 나왔다. 소비자가 광고에 접촉한 시점부터 구매나 비 구매에 따른 심리적 반응과 인지, 태도, 행위라는 계층적 구조를 띠게 된다는 이론이다.

1960년대 말에서 1970년대 초반에는 광고에 의한 소비자의 반응이 관여도(involvement)에 따라 달라진다는 연구 결과도 있다. 특히 저관여의 반응체계로서 광고의 효과에 초점을 맞춘 연구가 주를 이루었다. 1970년대와 1980년대는 광고에 의한 소비자의 태도를 모형화하려는 움직임이 있었다. 라비지(R. J. Lavidge)와 스테이너(G. A. Steinger)는 인지적 반응, 정보적 반응, 행동적 반응이라는 세 차원으로 대응한다고 했다.

텔레비전의 광고를 보자마자 구매욕을 느끼고 즉시 구매 행동을 한 소비자가 얼마나 될까. 아마 그리 많지 않을 것이다. 오히려 브랜드의 어떤 점을 알리고 싶어 하는지 모르겠다거나, 제품에 대한 태도가 바뀌지는 않았다는 사람이 더 많을 것이다. 조사에 따르면 텔레비전광고 이후에도 브랜드에 대한 소비자의 변화는 미약하며 브랜드 회상률도 높지 않았다. 그러나 그렇다고 해서 텔레비전의 광고 효과가 전혀 없는 것은 아니다.

크루그만은 '저관여 학습 개념'[05]을 제안했다. "텔레비전에서 광고하는 제품은 저관여형 제품이 많고, 텔레비전 자체가 저관여 매체이기 때문에 광고는 관여 없는 학습이다"라는 논리다. 저관여(low involvement)는 소비자가 어떤 대상에 대해 관심도가 낮고 중시하지 않는 상태를 말한다. 소비자는 항상 수동적이며 광고 메시지가 아닌 주변의 단서를 통해 정보를 처리하게 되는데, 광고를 통해 설득이나 행동으로 유발되는 과정이 저관여 학습 이론이다. 저관여 상태에서 광고는 소비자들이 의식적인 정보처리 노력을 덜 기울이며, 지각의 방어도 하지 않는다. 그러나 시청자가 텔레비전광고처럼 몇 번이고 반복적인 메시지에 노출되면 여러 형태로 정보를 처리하게 된다. 직접적인 관여와 흥미가 없더라도 반복적인 학습에 의해 단기 기억에 저장된 정보의 일부가 장기 기억으로 옮겨가는 것이다. 그리고 반복하여 언급된 브랜드의 인식이 조금씩 변화해 중요성을 감지하게 된다. 그렇다고 확신이나 태도 변화에 이를 정도는 아니다. 변화하는 것이 있다면 브랜드에 대한 지각 정도이다.

이러한 미세한 변화는 브랜드를 새롭게 받아들이게 하며, 구입 시점에서 해당 브랜드를 접했을 때 구매의 원동력이 된다. 구매 시점은 변화의 축적이 재구성되는 시발점으로, 저관여광고의 반복적 노출로 인해 지

---

05 크루그만이 제시하는 저관여 학습 이론의 배경은 매스커뮤니케이션의 효과 이론과 밀접한 관련이 있다. "광고도 매스커뮤니케이션인데 어떻게 사람들의 구매 행동에 직접적인 영향을 미치는 것일까" 라고 의문을 제시하기 시작했다. 논문을 발표한 1965년 당시는 매스커뮤니케이션이 사람들의 태도나 행동에 제한된 효과밖에 미치지 못한다고 결론지은 크래퍼(Klapper)의 한정 효과 모델 시기였다.

각의 변화를 일으켜 구매 행동을 일으키는 것이다. 이것은 광고가 태도에 영향을 끼쳐 구매 행동을 통제한다는 가정을 뒤집는 것이다.

소비자는 저관여 상태에서 광고에 대한 정보를 충실하게 처리하지 않는다. 대중을 설득하려고 나온 어떤 광고에도 주의를 기울이지 않으며, 설령 관심을 가졌다 해도 정보처리에 심혈을 기울이지 않는다. 그렇다고 광고가 구매에 영향을 미치지 않는 것은 아니다. 기억에 의한 지각 구조의 변화로 태도의 변용 없이도 구매 행동에 영향을 미치는 것이다.

예컨대 레이는 다그마 이론 이후 15년 동안 조사한 결과 학습 이후 행동이 일어나고 이어서 감정의 변화가 유발된다는 사실을 알았다. 갈증이 나서 충동적으로 음료수를 사 마시고 비로소 맛이 좋다는 사실을 알게 되어 그 브랜드가 좋아지는 현상이 여기에 해당한다. 이러한 경향은 레이를 비롯한 학자들에 의해 세 가지 유형의 계층 모델로 제시되었다.

전형적인 절차인 '인지 → 정서 → 행동'으로 이어지는 것뿐만이 아니라, 구매 행동 다음에 변화가 발생하고, 행동 이후에 인지적인 변화와 정서의 변화가 오는 것이다.[06]

레이는 관여도가 높은 상황에서 '인지 → 정서 → 행동'이란 순서로 인한 광고 효과를 학습형이라고 지칭했다. '학습형'은 소비자가 정보를 이성적으로 충실하게 처리하는 것을 가정하여 고관여 상태에 있음을

---

06 앞서 소개한 전형적인 절차인 '인지 → 정서 → 행동'을 '고관여' 또는 '학습' 위계, 뒤이어 소개한 '인지 → 행동 → 정서'를 '저관여' 위계라고 말한다(김완석, 『광고심리학』, 학지사, 2000, 212쪽 참조).

의미한다. 행동은 태도 변화에 의해 일어나고 소비자는 반드시 인지를 근거로 한다.

한편 깊은 정보처리를 수반하지 않는 인지적 반응에서 행동이 일어나고, 이후 태도를 확실히 하는 것을 '저관여형'으로 보았다. 사실 저관여형은 태도 변화에 있어 그다지 중요하지 않다.

하지만 제품의 지식이나 정보가 충분하지 않더라도 충동적으로 구매할 수 있는 모델을 '인지 부조화형'이라 말한다. 브랜드 간의 차이를 충분히 숙지하지 않은 상태에서 구매하고, 광고를 보고 사길 잘했다고 납득하는 '행동 → 정서 → 인지'의 반응인 것이다. 구매 행동에서 제품의 지식을 얻으며 마지막 단계에서 태도 변화를 갖는 저관여형 효과의 보완적인 역할을 한다. 저관여하의 광고 효과는 사전에 브랜드에 대한 이해와 확신이 서지 않았더라도 광고를 떠올리는 현상을 말한다.

세 종류의 효과 계층은 반응의 순서라기보다 관여도에 따라 변화하기 쉬운 차이를 나타내고 있다. 인지 부조화형은 광고 이외의 자극에 의해 행동하는 것을 가정하는데, 학습형과 저관여형을 대상으로 한 실험에 따르면 각 계층의 첫 단계에서 광고의 반복 접촉에 의한 영향을 가장 많이 받는다고 한다.

—

페티와 카시오포(Petty & Cacioppo)는 광고 같은 설득적 커뮤니케이션 효과의 다수 모델을 통합한 정밀화 전망 모델(Elaboration Likelihood Model, ELM)을 내놓았다. 상품의 속성이 아닌 광고의 시각적 요소가 저관여하의 소비자에게 효과가 있는 것으로 파악하는 것이다.

관여도가 높은 태도형성과정은 중심경로이며, 저관여에서는 주변경로라고 한다. 광고에 주의하여 메시지를 이해하려는 능력이 높을수록 중심경로에 의한 처리가 가능하지만, 반대로 어느 한쪽이 결여되면 주변경로에 의해 이뤄진다. 이처럼 소비자의 정보처리 동기와 능력에 따라 메시지의 정밀화가 달라지는 것이다.

페티(Petty)는 쟁점의 주의 깊은 사고를 '세심'이라고 정의했는데, 한마디로 깊이 생각하는 것이다. 피쉬바인(M. Fishbein)은 특정 대상에 대한 긍정과 부정, 호의와 비호의, 동의와 거부 등의 정의도 중심경로에 해당된다고 했다. 이럴 경우 브랜드의 태도는 마치 난해한 기호처럼 속성과 신념이 수치로 표현된다.

주변경로로 태도가 형성되는 것은 등장한 탤런트나 음악 같은 지극히 개인적인 기호가 브랜드로 전이되거나, 이해가 되지 않았어도 친절한 설명이 평가의 단서가 되었기 때문이다. 그러나 형성된 태도는 지속성이 없기 때문에 행동 예측의 단서로서 그다지 미덥지 않다. 중심경로에서는 제대로 정보처리가 이뤄지지만, 브랜드에 따라 메시지가 왜곡될 가능성도 있다. 비교광고에서 경합 브랜드의 사용자로부터 반발이 일어난 것은 정보처리가 순조롭게 이행되지 않았기 때문이다.

그리고 구매의사가 관여와 동기에 따라 달라지는 몇 가지 이유가 있다. 먼저 제품이 한 곳이나 동시에 다른 곳에서도 구매될 때다. 이럴 때는 타깃 내에서 가장 우세한 동기를 순서로 집단을 선택하면 된다. 브랜드 인지는 관여가 높든 낮든 간에 태도 형성의 전제로서 필요하다.

정보형 동기는 현재의 문제를 해소하거나 앞으로도 피하고 싶은 부정적 해소가 구매의 동기가 되는 것이다. 소비자는 리스크를 줄이기 위해 이미지보다는 질이나 성능, 사용방법 같은 구체적인 정보를 원한다.

한편 소비자의 관여가 많다는 것은 구매의 확신적인 태도를 갖기 위해서다. 저관여하에서는 한두 개의 베네피트(benefit)에 의해서도 태도 반응이 가능하다.

변환형 동기란 타인에게 칭찬받고 싶은 것처럼 지금보다 나은 상태로의 변환을 위한 동기 부여다. 이럴 때는 관여에 상관없이 진실성이 있는 감정 표현이 중요하다.

그러나 고관여·변환형 동기는 조금 다르다. 예를 들어 주변의 평가나 자신의 감정에 도취되어 차를 구입할 때는 안전성이나 가격 등의 구체적 정보를 제공하는 편이 구매의 확신을 갖게 하기 쉽다. 자동차광고가 방송 매체와 인쇄 매체를 병행하는 이유이다.

저관여·변환형 동기에 의해 판매되는 음료수나 제과류는 광고의 호의적 태도가 브랜드로 전이된 것이며, 주변적 경로에 의해 형성되어지는 경우다. 구체적인 정보가 없어도 베네피트가 광고로 제시됨으로써 브랜드에 대한 호의적인 태도가 형성될 수 있음을 보여준다.

USP(Unique Selling Proposition)는 제품의 고유판매제안으로 보다 강력한 표현 기법이다. 미국의 유명한 크리에이터인 로서 리브스는 USP의 아버지라 불리며, 소속된 광고대행사는 뉴욕의 테드 베이츠(Ted Bates)였다. USP의 사례로 1950년대에서 60년대에 걸쳐 실시된 엠엔엠(M&Ms) 초코볼의 "입에서 녹고 손에서는 안 녹는" 광고를 들 수 있다. 외형이 컬러풀하게 코팅된 초콜릿으로, 손에 쥐어도 손이 더러워지지 않지만 일단 입에 넣으면 맛있게 녹는 초콜릿이다. USP는 제품의 편익과 특성을 철저하게 분석하여 캠페인의 아이디어를 찾았다.

제품의 수가 한정되어 있고 소비자가 상품에 적극적인 흥미를 가지는 시대라면 브랜드에 주목해 아이디어를 이끌어내는 기법이 효과적이다. 미국식 광고의 발상을 엿볼 수 있다. 한국에서도 고도 성장기까지 이러한 방법을 소개하는 서적 등이 많이 간행되었다. 모범의 하나로 생각했기 때문이다.

그러나 점차 브랜드의 숫자가 늘어나면서 이미지를 중시하게 되었다. 화려한 색깔의 초콜릿볼 브랜드가 여러 개 출현하면서, 고유 판매 제안도 특별하지 않게 되었다. 비슷한 초콜릿 속에서 엠엔엠이 어떻게 다르다고 나타낼 수 있을까. 광고가 제품 중심에서 점차 멀어지는 식으로 진화하는 것은 비단 우리만의 경향은 아닐 것이다.

제품 자체를 무시하고 이미지만으로 광고에서 만드는 것은 일시적으로 소비자의 관심을 끌 수 있겠지만 장기적인 콘셉트로 사용하기에는 무리다. 요즘의 광고는 제품과 소비자와의 공통분모를 찾아 표현하는 방식이 대부분이다. 소비자에 대한 관심과 배려 때문이다. 소비자가 특정 브랜드를 공유한 경험을 중시한 마케팅이나 광고도 주목받고 있다.

또한 메이커만을 담거나, 이미지광고를 넘어 소비자의 관점에서 만든 광고로 표현의 초점이 변화하고 있다. 아이디어의 기본은 제품에 있다. 끊임없이 제품을 분석해야 하겠지만 동시에 걸맞은 시점도 변화고 있다. 표현에 있어서 항상 시대 상황과 소비자의 행동에 관심을 가져야 할 이유가 여기에 있다.

광고에는 전달 또는 설득이라는 광고주의 의도와 목적이 있다. 전달은 궁극적으로 받아들이는 측의 사고와 태도의 변화가 목적이다. 따라서 일방적인 요구를 논리적으로 납득시키는 것이 설득의 커뮤니케이션이다.

매체 접촉은 광고가 게재된 텔레비전이나 라디오를 보고 듣는 것이며, 광고를 보고 있을 때의 심리적 반응을 정보처리라 한다. 제품이나 메시지가 소비자의 관심을 끈다면 모르겠지만 그렇지 않다면 얕은 처리밖에 못한다. 정보처리가 잘 이뤄지면 세일즈 포인트 등이 잘 전달되어 브랜드에 대한 이해와 구매 태도가 긍정적이 된다. 주의는 광고에 최소한의 관심을 기울여도 전달되어 보내는 측의 요구를 수용하는 것이다. 또한 때때로 광고를 볼 때 즐겁거나 짜증이 나지만 출연자나 스토리에 공감하기도 한다. 마음속으로 긍정하지만 겉으로는 부정할 수도 있다. 광고를 보며 긍정 또는 부정적인 평가를 내리는 것을 태도라고 한다. 브랜드의 태도는 제품에 대한 전체적 평가나 호감을 말한다. 개인의 행동을 예측하는 단서로서 매우 중요하다. 광고를 보고 있을 때의 기분이 브랜드의 이미지나 태도에 영향을 미칠 수 있으며, 이러한 태도를 정서적 반응이라고 한다. 그렇지만 태도만으로 구매 행동을 예측할 수 있다고 단정하기 어렵다. 또한 색이나 모양을 직감으로 식별하는 형태 분석과 성분이나 기능을 이해하는 의미 분석, 종합적 평가에 의한 정보 통합도 있다.

커뮤니케이션의 목적은 광고를 소비자의 기억에 남기는 것이다. 광고도 커뮤니케이션이라 말할 수 있지만 브랜드를 기억 속에 남기는 것이 중요하기 때문에 엄밀하게 말해 광고와는 다르다. 브랜드의 기억방법은 일정하지 않고 광고 이외의 경험에 따라서도 달라진다. 광고가 기업 활동의 중심인 경우에는 커뮤니케이션 효과를 목표로 설정해야 한다.

한편 소비자가 언제라도 인터넷을 통해 검색할 수 있는 시대 속에서 호기심과 카테고리 니즈가 광고의 기능이 된다. 카테고리 니즈는 대화에 휴대전화가 필요한 것처럼 어떤 욕구를 충족시키기 위해 특정 제품을 권하는 것이다. 신제품의 출시나 갑작스레 닥칠지 모를 질병, 사고에 대비한 보험과 같다.

그리고 무의식중에 제품명이나 상징을 기억해내는 것이 브랜드 인지다. 맥주라면 카스라고 떠올리는 것과 실물을 보고서야 식별 가능한 재인식도 있다. 소비자의 구매 행동은 불현듯 갑자기 생기는 것이 아니라 언제 어디서 누구라는 특정 문맥에 의해 일어난다. 브랜드에 따라 구매의 선택이 달라질 수 있다.

브랜드의 이해는 제품의 소유나 사용으로 얻어질 혜택을 전달하는 것이다. 특정 브랜드를 사용하는 브랜드 유저 이미지(brand user image)처럼 말로 표현하기 어려운 상징도 있다. 브랜드의 인식이나 이해는 정보가 머릿속에 들어와 확신이나 수정된다는 점에서 인지적 효과라고 불린다.

구매 의도는 행동에 가깝기 때문에 행동 반응이라 불리며 행동에 의해 동기가 이루어지는 상태를 말한다. 언젠가는 사고 싶다는 욕망과 다음 주에 있을 파티를 위해 꽃을 구입할 것이라는 의도와 행동에는 차이가 있다. 대인적 영향은 실제 행동을 일으키는 데 영향을 준다.

구매 촉진은 광고를 통해 방법과 시기를 알려 구매하기 쉬운 상태를 만들거나, 가격은 높지만 내구성이 있다고 알려 부정적 인식을 제거하는 것이다. 브랜드 포지션은 소비자와 베네피트의 연결로 브랜드가 어느 카테고리에 속하며 누구에게 무엇을 줄 수 있을 것인지와 같은 위치선정을 말한다.

1970년대의 광고는 소비자가 쇼핑을 하기 전에 이미 특정 브랜드의 구매 의도를 지녔다고 가정했다. 그러나 슈퍼 같은 골목상권이 늘어나면서 백화점에 가서 구매를 결정하는 행위가 증가하였다. 또한 경제발전과 맞물려 소비자의 제품 지식이 풍부해지면서 구매 관여도가 저하하고 있는 것도 문제다. 실제로 구매 행동이 일어나는 점두에서는 특별 할인 등의 정보가 많기 때문에 기억된 정보를 떠올리지 못하면 효과를 발휘하기 어렵다. 따라서 구매광고는 제품의 입고 전이나 후에 구입해도 상관없다는 집합 속에 넣는 것이 효과적이다. 평가나 선택이 광고로 학습되기 때문이다.

일단 구매된 제품은 금방 소비되지만, 몇 년간 지속적으로 사용되는 경우도 있다. 그 과정에서 광고를 통해 형성된 기대와 어긋나거나, 원했던 이상의 만족감을 얻을 수 있다. 구매 전에 판단이 가능했던 제품보다 사용하지 않으면 알 수 없는 제품이나 사용해도 잘 몰랐기 때문에 익숙하게 사용한 제품에서 광고의 영향이 컸다. 애초에는 구매한 제품에 자신이 없었는데, 광고를 보고 역시 사길 잘했다고 만족할 수도 있다.

광고주는 보다 많은 매출을 원하기 때문에 제품을 인지하거나 사용한 적이 있는 소비자의 만족감을 위해 지속적으로 광고를 하게 된다. 아이사스(AISAS) 모델의 구매 행동과정에서 소비자가 직접 검색(search)하고, 공유(share)하는 능동성을 중시하는 이유이다.

의사 결정이란 단순히 좋거나 나쁘다는 판단으로 제품을 선택하는 것이다. 그 외에도 언제 어디에서 얼마나 살 것인가라는 결정도 있다. 제품을 구매하여 사용한 후에 버리거나 재활용하는 행동도 있다. 구매

의사 결정을 문제해결 행동이라고 부르는 이유가 소비자는 자신의 올바른 판단으로 제품이나 서비스를 구매한다고 여기기 때문이다. 그 과정에서 저렴하고 성능 좋은 컴퓨터의 선택처럼 합리적인 결정이 있는가 하면, 의류 같은 타인의 이목을 의식해 고르는 감정적 선택도 있다. 문제 해결이란 단어에는 부정적인 의미도 있지만, 구매나 소비를 통해 보다 좋은 상태를 기대하게 만드는 측면도 있다.

모델이란 사실을 구성하는 요소를 언어나 그림, 또는 수치로 나타낸 것이다. 소비자의 구매의사과정을 표현한 것으로 정보처리와 마찬가지다. 자극에는 광고뿐만 아니라 진열된 상품이나 프로모션, 구전 효과, 객관적인 기사 등도 포함된다. 보유는 커뮤니케이션 효과로 기억된다. 기억이 정보처리에 영향을 미치는 것은 브랜드를 떠올림으로써 특정 정보에 귀를 기울이거나 편향된 해석을 할 가능성 때문이다.

구매 욕구가 높아져 행동으로 일어나는 과정을 소비자 중심에서 생각하면 광고를 보고 구입했다는 것보다 구매할 필요가 생겼기 때문에 떠올렸다는 쪽이 훨씬 자연스럽다. 기억된 것은 내부 정보며, 기억 속에 담겨진 정보가 떠올려진 것이다. 정보 탐색은 우연 또는 자연스럽게 실시할 수 있다. 반품이나 구입 같은 중요한 결정은 외부 및 내부의 평가에 귀를 기울이는데 이것을 포괄적 문제해결이라고 한다.

제품에 관련된 지식이나 경험이 풍부한 소비자는 그다지 외부 정보에 의존하지 않는다. 자연스럽게 내부 정보를 떠올리며, 복잡한 평가도 하지 않고 평소 맘에 담았던 것을 구매한다. 일종의 일상적 문제 해결이다. 그러나 신제품처럼 어느 정도의 평가가 필요한 것은 한정적 문제 해결이다. 일상적 문제 해결은 노력을 동반하지 않지만 광고주의 입장에서 구매로의 관여도가 떨어지고 보다 싼 제품으로 옮겨가기 쉬운 문제가 있다.

정보는 구매의사에 상당한 영향을 미치는 요인이다. 소비자의 제품에 대한 지식에는 개인과 환경의 차이가 있다. 공통되는 것이 있는가 하면 세대나 지역에 따른 분류도 가능하다. 사회 계층은 직업, 소득, 재산, 학력 등에 따라 규정된다.

소비자 행동 연구에는 정보 수집과 분석에 많은 시간과 노력이 소요되므로 어쩔 수 없이 소홀히 취급되어왔다. 그러나 요즘의 인터넷상에는 사용자의 경험과 평가를 실은 사이트가 수도 없이 많다. 언제라도 원하는 정보를 입수할 수 있기 때문에 검색 키워드를 통해 객관적으로 검증해볼 필요까지 생겼다.

03

기획에서 출고까지의 프로세스

1. 광고 기획과 예산의 책정

예산의 설정은 예산에 따른 광고의 규모와 종류 등이 결정되기 때문에 매우 중요하다. 그러나 그 어떤 것도 적합성에 있어 명쾌한 방법이 없는 실정이다. 따라서 어떤 규모와 방법을 차용해도 장단점이 있기 때문에 자신들의 경험이나 식견에 입각해 복수로 채택해 설정할 수밖에 없다.

예산은 제작과 매체 구입, 조사비로 나눌 수 있다. 광고에 한정하지 않고 캠페인 전체의 커뮤니케이션 예산으로 본다면 세일즈 프로모션이나 PR도 함께 산출할 필요가 있다.

광고제작비는 텔레비전광고와 신문, 잡지, 옥외광고에서 발생하며, 매체비는 매체의 구입에 소요되는 비용이다. 예산 중에서도 비율이 가장 높은 것이 매체비이다. 조사비는 광고의 효과 측정과 크리에이티브 평가를 위해 사용된다.

이와 같은 개념을 이용, 광고의 전제가 되는 마케팅과 커뮤니케이션 전략에 의거해 어떤 매체를 이용하여 어느 지역에 광고할 것인지를 계획하여 예산의 대략적인 범위를 결정한다.

매체 예산은 전체 예산에 설정된 기준을 따른다. 제작비와 조사비를 먼저 할당하지만 매체비의 범위를 재점검해볼 필요도 있다.

일반적인 예산 설정의 방법은 매출이나 수익을 기준으로 산정한다. 때에 따라서 경험과 경합 기업을 염두에 두고 투자 가능한 금액을 산출하기도 한다. 그러나 예산의 설정을 과거의 실적이나 예측, 계산값으로 본 매출이나 수익을 기준으로 하는 방법은 옳지 못하다. 계속적으로 변화하고 있는 시장에서 기대가 예측을 크게 벗어난 경우도 적지 않기 때문에 전통적인 방식에 의존하는 것은 바람직하지 않다. 물론 시장에 선보인 지 얼마 되지 않은 상품에는 상관없다.

한편 광고 목표 달성을 위해 시뮬레이션을 통한 산출 비용과 효과의 추계값을 이용하는 방법도 있다. 이것은 경험이 판단 지표가 되기 때문에 경험이 많지 않은 기업에는 적합하지 않다. 다만 종합광고대행사가 가진 모델을 활용하는 것을 고려해 볼 수 있을 것이다.

경합 기업을 염두에 두고 시장을 선점하기 위해서는 비슷하거나 더 많은 예산을 투입해 노출이나 투하량을 설정하는 방법도 있다. 그러나 자사와 경합사의 브랜드 파워가 같다고 할 수 없기 때문에 같은 기준으로 설정해도 될지 의문이다. 현재 투하 가능한 금액을 광고비 상한으로 책정하는 방법도 있지만, 기업의 실적이 나쁘면 광고 예산이 줄어들 수 있다.

커뮤니케이션 측면에서 마케팅 목표를 달성하기 위한 작업은 판매 촉진, 인적 판매, 퍼블리시티 등 이른바 프로모션이라고 불리는 활동이 있다. 마케팅 커뮤니케이션은 결국 프로모션을 지칭한다.

매스미디어를 사용하는 광고는 메시지의 설득성을 높이기 위해 시각 내지 감성적 표현을 많이 하게 되는데 대부분이 보내는 측의 일방적인 정보이다. 이에 반해 인적 활동은 받아들이는 쪽의 입장에서 쌍방향 커뮤니케이션을 하지만, 직접 접촉 가능한 타깃을 예상하기 어렵고 비용도 많이 든다. 광고만으로 판매를 완결하긴 어렵지만 보완은 가능하다. 하지만 지나친 판매 촉진 활동은 브랜드 가치를 떨어트릴 우려가 있다.

텔레비전의 뉴스나 신문, 잡지의 기사로 제공되는 퍼블리시티는 받아들이는 측에서는 공적인 객관성을 거쳤다는 판단 때문인지 신뢰성이 높다. 광고물이라면 그것이 무엇이든 자신의 선택이지만, 퍼블리시티는 그렇지 않다.

이와 같이 각종 프로모션의 장점과 단점을 이해한 후에 실시하는 것이 좋다.

더불어 광고를 입안할 때 프로모션 활동과 어떻게 연계시켜 나아갈 것인지 생각할 필요가 있다. 요즘은 제품을 비롯해 가격, 유통 등과 관련된 모든 활동을 마케팅 커뮤니케이션을 파악하고 있다. 소비자에게 제품을 어떻게 전달할 것인지 프로모션뿐만 아니라 판매 가격의 설정, 유통방식에서 이미 소비자와의 커뮤니케이션이 시작되고 있는 것이다. 광고를 포함해 어떤 프로모션을 전개할 것인지 생각하면서 제품 개발을 하는 경우도 드물지 않다.

완성된 제품을 어떻게 팔 것인지와 같은 단순한 마케팅 커뮤니케이션으로는 오늘날 소비자 마음을 얻기에는 무리다. 마케팅 전략이 통합되어 있기 때문에 함께 커뮤니케이션 전략을 진행해야 한다.

광고를 기획할 때 빼놓을 수 없는 요소가 목표, 타깃, 포지셔닝, 이 세 가지이다. 광고에 즈음해 무엇을 목표로 누구에게 실행하며 자사 브랜드를 어떻게 표현할 것인지 고려해야 한다.

광고에서 전략이 필요한 이유는 효과를 높이기 위해서이다. 지나치게 제품의 특징에 치중하거나 눈에 띄고자 하는 광고는 적절치 못하다. 오늘날의 광고는 불꽃 튀는 경쟁과 소비자의 다양화, 미디어 환경의 급변에 따라 한층 목표치의 도달이 어려워졌다. 차라리 메시지에 집중해 소비자의 입장을 담는 것이 효과적일 수 있다.

또한 기본적인 방침이 세워져 있어야 효과적인 광고를 실행할 수 있다. 이는 광고의 표현과 매체 계획을 세우기 위한 기초이기 때문이다. 특히 대행사와 제작사 사이에 전략적 합의가 있으면 의사 결정을 원활하게 할 수 있다. 따라서 목표를 설정하고 타깃 세그먼트(target segment)를 만들어 브랜드의 포지셔닝을 결정해야 한다. 관련된 팀의 역할을 적절히 잘 이해하고 있으면 운영을 효율적으로 이끌 수 있으며 정확한 평가도 가능하다.

한편 이 과정에 있어 타깃 설정이 중요하다. 타깃을 보다 명확히 함으로써 광고의 효과와 효율성을 높일 수 있기 때문이다. 타깃을 명확히 하는 것은 일종의 기준을 설정하는 것이기 때문에 다양한 단계에서 어떤 선택을 해야 하는지 명확해지는 것이다. 결국 광고에 타깃의 취향에 맞는 기법을 투하함으로써 효과가 상승하고 효율도 높아지는 것이다.

또한 크리에이티브를 통해 타깃의 심리를 파악, 접촉할 매체를 선택함으로써도 효과와 효율성을 높일 수 있다.

타깃 설정에는 성별, 연령, 직업 등의 속성인 데모그래픽이란 개념이 사용된다. 또 지역의 속성인 지오그래픽도 빼놓을 수 없다. 그러나 같은 나이대의 비슷한 지위의 사람들이 모두 같은 생각을 지녔다고 말할 수는 없다. 타깃을 어떤 부류로 가정할 것인지에 따라 크리에이티브의 아이디어도 달라진다. 때에 따라 가치관이나 기호에 따른 사이코그래픽도 고려된다. 그리고 단순 이용자인지, 아니면 막연한 기대치를 가졌는지 제품과의 관계에 따른 행동도 프로모션에 있어 중요하다.

타깃을 좁히면 전략도 명확해지고 효과도 높일 수 있지만, 타깃의 크기가 줄어들기 쉽다. 그러므로 좁힌 타깃을 전략 타깃과 코어 타깃으로 두고, 주변층을 서브 타깃이나 볼륨 타깃으로 설정해 일정한 크기를 유지하는 방법을 생각할 수 있다.

만약 광고를 맡은 팀에서 전략에 대한 합의가 도출되었다면 진행과정에서 혼란을 일으킬 위험을 줄일 수 있고, 원활한 광고 활동이 가능하다. 한편 크리에이터가 광고의 표현을 작성할 때 전략적 합의를 무시하고 자신의 주관을 고집하면 시안의 선택과정에서 혼란이 발생한다. 구미에서는 대행사끼리 경쟁시킬 때, 표현이 아닌 전략으로 평가하는 경우가 많다. 표현 이상으로 전략이 얼마나 중요한지 지적하는 것이다.

전략이 결정되어 있지 않으면 캠페인 후의 평가가 어렵다. 목표가 측정 가능한 수치로 설정되어 있지 않으면 광고의 결과를 명확하게 평가할 수 없기 때문이다. 그래서 광고 활동을 평가의 중심으로 삼는 기업은 사전에 목표를 확실하게 해두는 것이 좋다.

한국에는 아직 이러한 방식에 익숙하지 못한 것이 현실이다. 대행사 직원끼리 경험이나 정보를 공유하는 사례가 많지 않기 때문이다. 한편 서로의 전문성을 잘 알기 때문에 굳이 전략을 확인할 필요가 없다는 암묵적인 양해가 존재한다. 그러나 광고의 전략은 반드시 문서화하여 함께 공유하며 추진할 필요가 있다.

2. 광고주와 대행사의 역할

광고 기획은 마케팅 전략을 확인하는 것에서부터 시작한다. 그러므로 오리엔테이션 또는 브리핑에서 제시된 내용을 재확인하고 마케팅 과제를 구체화시키는 일이 매우 중요하다. 제시된 전략이 불충분하면 대행사에서 추가 정보를 수집해야 한다. 이는 시장의 동향과 소비자의 구매 태도에 관련된 조사와 분석이다. 의뢰사나 대행사가 가진 데이터가 불충분하면 리서치를 의뢰해볼 필요도 있다.

광고대행사는 광고물의 제작과 매체 구입의 대행이 주된 역할이다. 다시 말해 대행사란 광고주의 마케팅 영역을 돕는 서비스를 제공하는 것이다. 그리고 또한 소비자 입장을 지원한다고 볼 수 있다. 광고주는 자사의 사업을 중심으로 여러 정보를 수집하지만 대행사는 가능한 객관적인 시각에서 자료를 수집하여 일을 진행하기 때문이다.

한편 실제 업무를 진행하는 것은 대행사지만 매번 광고주의 승낙을 받아야 한다. 대행사는 전략에 따른 과제를 광고나 프로모션에서 어떻게 해결할 것인지 제시하고 승낙을 받은 후 매체 등을 통해 내보내게 되는 것이다. 이때 대행사는 광고 제작을 위한 과정으로 광고주와의 커뮤니케이션을 위해 프레젠테이션 형식을 취한다. 출고할 내용을 어떻게 제시할 것인가에 따라 방법이 다른데, 종합적인 제안을 하거나 크리에이티브만을 발주하는 등 다양한 방식을 검토해볼 수 있다. 종합적인 제안은 마케팅팀과 함께 크리에이티브, 프로모션, 미디어 부문의 전체적인 플랜 검토를 거쳐 입안하게 된다. 입안된 안을 광고주에게 제시하는 것이 프레젠테이션이다. 광고주는 플랜의 내용을 검토하여 결정하고 대행사가 실행하는 것이다.

기획이 정리되면 프레젠테이션으로 광고주에게 제시해야 한다. 크게 몇 가지 방법을 살펴보자. 준비한 원고를 시각적으로 돋보일 수 있도록 프레젠테이션 프로그램을 통해 꾸며 실행하거나, 핵심 포인트만 적어 직접 설명하는 것이다. 그중에서 원고를 어색함이 들지 않도록 외우는 것이 좋은 인상을 준다. 그리고 너무 많은 내용을 넣는 것은 금물이다. 가장 흥미롭고 관심을 가질 만한 내용 몇 가지만 뽑아 구체적으로 전달하는 것이 효과적이다.

경합이 있는 경우에는 자사의 크리에이티브가 뛰어난가를 설득하는 것이 중요하다. 그래픽 제안은 DTP(Desktop Publishing)로 가능한 돋보이게 디자인해야 한다. 텔레비전광고의 제안은 비디오 콘티라는 실제의 표현을 이미지화한 것을 준비해야 한다. 프레젠테이션을 할 때는 크리에이티브 부문의 스태프도 참가시켜 개요를 설명하고 의도를 명확하게 전달하는 것이 좋다.

매력적인 제안으로 이끌기 위해서는 다양한 아이디어가 동원된다.

우선은 제안한 내용을 충분히 이해시켜야 한다. 기획서나 자료는 요점을 정리해 제작하는데, 제안 전체의 의도를 포인트로 설득력을 높여야 한다. 크리에이티브나 프로모션팀의 제안은 프레젠테이션 프로그램을 이용해 모든 장면을 슬라이드화하여 애니메이션, 동영상, 하이퍼링크 효과로 이미지화하는 것이 좋다.

중요한 제안은 사전 리허설을 통해 표현의 방법이나 중점이 되는 부분을 반드시 재확인해야 한다. 또한 광고주의 질문을 가정해 성향을 고려한 방향과 기법까지 점검해야 한다. 대행사의 독선적인 제안으로는 만족스런 결과를 얻을 수 없다. 제안받는 측이 부담스럽지 않고 납득되는 정도를 높여야 한다.

제안한 기획안이 광고주의 승인을 받았다면 제작에 착수하게 된다. 텔레비전광고는 광고주의 요구가 적절하게 담긴 최종적인 콘티를 마련한 뒤 촬영에 들어간다. 촬영에는 많은 비용이 들기 때문에 사전에 치밀한 계획이 필요하다. 종료 후에는 편집과 음악을 덧붙이는 등의 편집작업에 들어간다. 각 과정은 광고주의 확인을 받지만 간혹 최고 경영자의 지시를 받기도 한다. 그래픽은 사진과 일러스트 등으로 완성해 광고주의 확인을 받아야 한다.

이 과정에서 크리에이티브는 전략과 아이디어를 책임진다. 제작 실무는 일선의 제작사가 담당한다. 크리에이터는 광고를 책임지지만 대행사의 소속인지 제작사 직원인지에 따라 업무가 다르다.

대행사의 크리에이터가 만드는 것은 전략과 아이디어다. 주어진 테마에 맞는 소비자의 특성과 배경을 고려해 어떤 광고를 만들면 효과적일지를 판단하는 것이다. 따라서 소정의 목적을 달성하기 위해 독특한 기법을 찾게 되는 것이다.

대행사는 광고주의 수정이나 추가 요구를 반영하면서 제작을 진행해 나간다. 크리에이티브를 비롯한 프로모션, 매체 구입을 동시에 진행하며, 수시로 광고주에게 진행 상황을 알려준다. 광고 동영상의 촬영과 편집에 광고주가 직접 참석하여 확인하는 경우는 드물다. 광고물이 완성되어 각 매체로 출고되면 프로모션이 실시된다. 출고가 완료되면 방송 확인서나 신문, 잡지의 게재에 따른 진행을 광고주에게 보고해야 한다.

오리엔테이션에서는 대행사에 요구할 내용을 적극적으로 제시해야 한다.

■ 광고주와의 프레젠테이션에 대하여

여기서 광고주와의 프레젠테이션에 대한 이야기를 몇 마디 더하고자 한다.

프레젠테이션은 대행사가 광고주의 의뢰에 대한 회답인 동시에 자사의 능력을 어필하는 기회이기도 하다. 경합 시에는 전문성과 개성이 성패에 큰 영향을 미치는 요인이 될 수 있다. 결국 광고대행사가 프레젠테이션 기회를 얻는다는 것은 머지않아 수주를 획득하게 될 것이라는 기대뿐만 아니라 장래에 있어서도 대단히 중요한 것이 된다.

복수의 대행사가 제안하는 경합 프레젠테이션에서는 더욱 민감하다. 잡느냐 놓치느냐에 따라 서로의 입장이 달라지기 때문이다. 따라서 사전에 광고주에 대한 보다 많은 정보를 수집해야 한다.

프레젠테이션은 광고주가 제품과 서비스에 대해 광고를 실시할 때,

전체나 일부의 요청에 의해 진행된다. 광고주는 복수의 대행사로부터 기획안을 제출받아 엄밀한 평가를 거친 후 광고를 맡기게 되는데, 평가의 기준은 최소한의 예산으로 최상의 효과를 올릴 수 있느냐의 여부일 것이다.

프레젠테이션의 내용은 목적과 소구지역 및 대상, 세일즈 포인트, 광고의 아이디어, 매체의 선택, 예산의 산정과 배분, 출고 계획 등이 된다.

—

프레젠테이션은 오리엔테이션에서 제기된 문제의 해답을 제시하는 시간이기 때문에 제안의 이해와 설득이 중요하다. 동시에 자사의 능력을 어필하여 신뢰감을 얻는 시간이다. 따라서 광고주에게 매력적으로 어필할 수 있는 방법을 강구해야 한다.

제안할 전략의 방향이나 플랜을 어떻게 설정하느냐도 하나의 방법이 될 수 있을 것이다. 처음 도전하는 입장이라면 광고주가 미처 파악하지 못한 부분을 과감하게 도입하는 것이 점수에 크게 반영될 것이고, 이전에 상당한 평가가 이뤄진 경우라면 지금까지의 노선을 이어가는 편이 효과적이다.

한편 프레젠테이션 시 광고안에 대한 내용을 충실히 준비해감은 물론이거니와 자사의 장점을 어필하는 것도 빼놓을 수 없는 요소일 것이다. 만약 경합사에 약점이 있다면 허점을 찌르는 것도 생각해볼 수 있다. 이럴 경우 광고주의 요구와 동떨어진 인상을 줄 수도 있기 때문에 조심해야 한다. 제안의 품격이 뒤떨어져 보이지 않도록 각별한 주의가 요구된다.

이 외에 프레젠테이션 시 주의할 점은 분위기에 휩쓸려 특정인의 의견에 집착하지 않아야 한다는 점이다. 한편 광고주가 제안을 어떻게 평가하고 결정하는지는 그 광고주의 스타일에 따라 다르다는 점을 명심하고, 프레젠테이션의 철저한 준비를 통해 잘못된 점이 생기지 않도록 주의해야 하며, 실행 시에는 주관에 빠지지 않도록 해야 한다.

객관적 평가를 위해 참석자가 직접 제안 내용을 채점할 수 있다. 이것은 합의제 이상의 투명성이 보장된다. 그렇지만 격심한 의견차가 있는 시안의 경우 난상토론 끝에 개성 없는 무난한 안이 상위에 오를 가능성도 배제할 수 없다. 크리에이티브 중심의 프레젠테이션이라면 사내 앙케트로 결정할 수 있다. 이런 방법은 여성 대상의 제품이지만 팀에 여성의 숫자가 적거나 타깃과 스태프에 갭이 있을 때에 유효하다. 이것 역시 애초 의도와는 달리 반응이 좋은 안으로 치우칠 수 있다. 간혹 사업 부분의 책임자나 임원에게 의사 결정을 위임하는 경우도 있다. 과감한 결정이 가능하지만 자의적인 판단이나 주관적인 결정을 피하기 어렵다.

광고 조사

04

앞서 많은 부분에서도 이야기했듯 광고 실행에 앞서 시행되어야 할 일들은 매우 많다. 게다가 이러한 일련의 과정들은 각 파트가 담당한 일에 대해 면밀하고 치밀한 작업이 요구된다. 더불어 '광고 조사'는 광고 기획과 실행에 있어 매우 중요한 제반 작업이라 할 수 있다. 이는 광고 실행에 앞서 치밀한 계획과 효과 증대를 위한 필수적인 작업이기 때문이다.

1. 1차 조사와 2차 조사

그럼 광고 조사를 크게 분류한 개념인 1 · 2차 조사에 관해 알아보자.

광고 조사의 대상은 광고대행사 혹은 광고주 기업이 자체적으로 실시하는 조사 외에 이미 다른 기업이나 조직에서 실시한 연구 결과나 그간 축적된 마케팅 데이터도 포함된다. 물론 조사의 시기나 방법에는 차이가 있다.

1차 조사는 각 정보의 니즈에 맞춘 조사로 특정 과제를 해결하기 위해 실시한다. 가상으로 신제품의 아이디어나 콘셉트를 만들어 조사의 사전 테스트를 위해 실시되며 탐색이 목적으로 문제점이 드러나지 않은 상태에서 실시한다. 흔히 이용하는 것이 그룹이나 개인의 심층면접이다. 조사 대상자를 관찰함으로써 정보를 얻는 것으로 어떤 역할도 요구하지 않는데, 비디오나 카메라 등으로 기록하거나, 특정 장소에서 관찰하는 경우도 있다.

한편 서베이(survey)는 조사표를 이용한 샘플 조사로 일명 실사라고 일컫는다. 조사표를 이용해 표본을 수치로 파악할 수 있도록 실시하는 것이다. 조사표의 배포와 회수방법에 따라 면접, 전화, 우편 조사로 나뉘는데, 원인이 되는 변수와 결과의 변수를 명확히 하고, 결과의 변수에 영향을 미치는 것을 제거하여 명확히 하는 것을 실험이라고 한다.

광고 조사에서 실험을 사용하는 이유는 동일한 표현의 커머셜에 음악만을 변경하거나, 인쇄 매체에서 레이아웃을 변경함으로써 주목률이나 상기율의 차이를 측정할 수 있기 때문이다. 실험은 실험실 또는 점포나 직장, 일상의 생활공간에서도 가능하다.

2차 조사는 과제의 해결을 위해 만든 것이 아니다. 이미 외부의 기관에 의해 실시되어 공개된 조사 데이터나 보고서, 간행된 저서나 논문, 자사 내에 축적된 정보 등을 가리킨다.

내부 자료는 언제든지 광고에 활용할 수 있으며, 지금까지 실행해온 마케팅 활동의 예산을 비롯한 스케줄, 프로그램, 성과, 과거의 효과 측정 결과 등을 포함하고 있다. 이때 마케팅 관련 기록이나 수주, 출하 등과 고객의 정보나 데이터는 외부에서는 알 수 없는 소중한 것들이다. 더불어 사외 데이터인 국가나 지방자치단체가 보유한 통계자료와 특정 업계나 단체가 제공한 잡지나 연감 외에도 전문 조사기관에서 발행하는 자료도 있다.

제기된 문제의 해답을 찾는 경우에 1차 조사에 드는 시간과 비용을 감안하면, 이미 나와 있는 2차 데이터를 최대한 활용해 부족한 부분을 수집하는 것이 효과적이다. 무턱대고 조사를 실시해도 이미 실행되었거나, 비슷한 문제의 해답일 수 있다. 그래서 광고 담당자는 항상 2차 자료에 유의하여 활용하는 것이 바람직하다.

사내에서 캠페인 별로 실시되는 각종 조사도 점차 유익한 자료가 될 수 있다. 매회 같은 방법으로 데이터를 축적해가면 장기적으로 자사의 소중한 자산이 된다.

2. 시청자 조사와 콘셉트 조사

광고 기획의 입안에 있어서 반드시 실시하는 것이 시청자 조사이다. 제품을 구입하거나 이용하려는 소비자가 어떤 층인지 확인하기 위한 사전 조사로, 타깃층을 데모그래픽 세그먼테이션(demographic segmentation)과 사이코그래픽 세그먼테이션(psychographic segmentation)으로 파악하여 제품과 미디어의 접촉 현황을 살펴보는 것이다. 시청자 조사가 필요한 이유는 불특정 다수가 수용자이기 때문에, 각계각층의 수용 실태와 만족도를 파악하는 데 어려움이 있기 때문이다. 그래서 상업성에 입각하여 시청자의 생태를 소비자 관점에서 조사해보는 것이다.

이때 데모그래픽 세그먼테이션은 성별과 연령, 직업, 소득, 교육 정도, 가족 구성 등을 제시한 것이고, 사이코그래픽 세그먼테이션은 소비자의 태도나 생활방식 같은 소비자 행동의 심리학적 기준을 세분화한 것이다. 모집대상 집단이 어떻게 분류되며 어디에 속하는지 결정하는 통계학으로 동기 부여, 감각, 지각, 사회 계층, 문화 등으로 나타낸다. 특히 소비자의 생활방식과 제품과 관련된 사항, 또는 특정 제품의 세분화 등을 고려하게 되는데 사이코그래픽 세그먼테이션의 특징을 유형화하여 생활방식으로 파악한 것도 있다.

시장 세분화의 하나로 소비자를 구매빈도가 높은 순서로 헤비 유저(heavy user)와 미디엄 유저(medium user), 라이트 유저(light user), 논 유저(non user)로 나눈다. 자주 이용하는 계층은 누구이고, 타깃층이 접촉하는 수단은 무엇이며, 믿음직한 미디어는 무엇인지 파악하는 것이다.

시청자 조사 시에는 경합사의 마케팅 활동도 조사한다. 제품과 서비스의 특징, 마케팅의 활동, 경쟁상의 지위, 광고비의 규모, 사용하는 매체와 표현 기법 등을 살펴보는 것이다. 결과적으로 상대와 정면으로 경쟁할 것인지 아니면 단점을 잡는 전략을 취할 것인지 결정하는 것이다.

덧붙여 시청자 조사란 포지셔닝 리서치를 하는 데 필요한 제품과 시장을 파악하는 것이라 할 수 있다. 광고하고자 하는 제품이나 타사 제품이 소비자의 마음속에 어떻게 포지셔닝되어 있고, 불만은 무엇이며, 요구되는 편익과 성장률이 어느 단계에 있는지 조사하는 것이다. 이를 나타낸 것을 포지셔닝 맵(positioning map)이라고 말한다. 제품에 대한 지각·인지도를 2차원이나 3차원 그래프로 표시한 것이다. 광고하고자 하는 제품이 만약 신제품이라면 맵상에 의미 있는 브랜드로 위치시켜야 하며, 기존 제품인 경우라면 소비자의 생각을 변화시킬 수 있는 위치로 이동시켜야 할 것이다.

표현에 관련된 것으로는 콘셉트 조사가 있다. 제품이나 서비스, 표현의 콘셉트를 몇 가지로 가정하여 타깃층의 반응을 측정해 활용하는 것이다. 동일한 제품이라도 제시된 차이에 따라 흥미나 관심, 구매의도 등이 달라질 수 있기 때문에 콘셉트 설정에 유용하다. 콘셉트는 대부분 짧고 간결한 문장으로 표현되어 있다.

한편 광고문구 혹은 광고 전체를 일컫기도 하는 광고 카피는 카피 테스트(copy test)를 통해 카피 효과의 전체나 일부를 확인한다. 이 카피 테스트의 방법에는 몇 가지가 있다.

먼저 순위법은 조사하고자 하는 카피를 몇 개 준비하여 좋아하는 순서로 순위를 매기는 방법이다. 다음으로 한 쌍 비교법은 두 장의 카피를 보여주고 어느 쪽이 적합한지 선택하게 하는 것이며, 평정법(評定法)은 조사할 카피를 보여주고 몇 가지의 척도를 통해 평가한다.

아이 카메라법은 상대방이 카피를 보았을 때 동공의 확대나 수축을 카메라에 기록하여 메시지의 힘을 판정하는 것이며, 조회법(照會法)은 광고에 쿠폰을 붙여 보내고 다시 되돌아오는 반송량으로 평가하는 방법이다. 스프리트 런법은 동일 광고 매체에 똑같은 두 개의 광고를 분할 게재하고 자료 요청의 다소로 어느 광고가 더 효과적인지 판정하는 것이다.

3. 시청률의 조사

시청률 조사는 시청자가 특정 시간대에 어떤 방송 프로그램을 보는 지를 측정하는 조사를 말한다. 누가, 언제, 어떤 프로그램을 얼마나 시청하는지 측정하는 것이다.

방송 매체로는 텔레비전과 라디오가 있는데, 얼마만큼 시청자가 존재하는지를 데이터로 나타낸 것이 시청률 내지 청취율이다. 여기서 시청률 조사 단위는 개인과 세대 시청률로 나눠진다. 시청·청취율을 통해 우리는 특정 프로그램의 매회 시청률과 청취율, 주된 전달 계층을 알 수 있다. 그 결과 어떤 스폿이면 효과적인 전달이 가능한지 판단하여 잘 도달할 수 있도록 출고 스케줄을 짤 수 있다.

시청률을 조사하는 방법에는 가장 일반적인 일기식 조사와 설문지 조사, 전화 조사, 기계식 조사가 있다.

일기식 조사는 선정된 표본인 시청자가 직접 일정 기간 매체의 이용 상황을 기록하는 것이다. 개인별이나 가구별 시청률과 사회학적 자료까지 얻을 수 있다. 인쇄된 작은 책자를 시청자나 청취자에게 배포해 스스로 미디어 노출 기록을 작성하는 것으로 다른 조사에 비해 저렴하다. 하지만 기억력에 의존한다는 점에서 한계가 있다. 또한 경험적으로 가족 구성원의 기록을 한 사람이 대표로 작성해 신뢰도가 떨어지는 편이라 할 수 있다. 작성자의 무성의한 대답과 우연한 오류의 발생 가능성도 있다. 채널 번호를 잘못 기억하거나 프로그램과 채널을 착각하는 것이다. 데이터의 수집 및 처리에 상대적으로 많은 시간이 소요되는 것도 단점이다.

일기식 조사보다 조금 진전된 것이 전화 조사로 응답자에게 직접 전화를 걸어 현재 또는 하루나 일주일간 시청한 특정 프로그램의 시청 여부를 묻는 것이다. 방법으로 회상 조사, 동시 조사, ISR 동시 조사가 있다. 이 방법은 신문의 열독률을 조사할 때 많이 이용된다.

이 방법은 신속할 뿐 아니라 단시간에 집중적인 조사를 할 수 있고, 지역에 제한을 받지 않으며 비용이 저렴하다는 이점이 있다. 또한 비교적 주관적인 편견이 적다. 그러나 전화에 가입하지 않은 사람은 제외되거나 응답 거부에 따른 오차가 발생할 수 있고, 지속적인 데이터의 축적이나 정보 수집이 제한적이다.

여기서 전화 회상법은 전화를 걸기 24시간 전의 모든 라디오나 텔레비전의 프로그램 청취에 대한 회상을 요구하는 전화 인터뷰다. 하루 또는 일주일간 본 것을 기억하여 응답하는 방식이기 때문에 응답자가 얼마나 잘 기억하느냐에 따라 신뢰도가 달라진다. 전화 동시 조사는 전화를 받고 있는 순간에 시청하거나 청취하는 프로그램을 알아보는 방법이다. 표본 가구를 정해 프로그램이 방영되고 있을 때 전화를 걸어 텔레비전을 켜놨는지 여부와 어느 채널을 보고 있는지를 확인하는 것이다. 이 방식은 미터나 일기, 전화 회상과는 달리 융통성 있게 조사를 실시할 수 있다.

인터뷰 조사는 방문 조사와 전화 면접 조사로 세분할 수 있지만, 크게 차이가 나진 않는다. 시청자가 청취 기록을 스스로 작성하는 일기식 조사와 비교하면 신뢰할 수 있는 데이터 수집이 가능하다는 장점이 있다. 스스로 작성하는 데 따른 대표 집필이나 중요한 질문 항목을 공란으로 남기거나, 작성자의 우연한 오류에서 비롯될 수 있는 문제를 일정

부분 극복할 수 있다. 그럼에도 불구하고 사람의 기억에 의존해야 하는 점이나 면접자의 비협조, 많은 조사비용이 문제로 지적된다.

따라서 현재는 미터를 이용한 조사가 가장 유용한 방법으로 평가되고 있다. 미디어 이용 행태를 사람의 기억에 의존하는 것이 아니라 기계가 자동적으로 기록해준다는 점에서 위의 방법들이 갖는 한계를 일정 부분 보완하고 있다.

따라서 이러한 기계식 방법은 오디 미터(audi meter), 세트 미터, 하우스홀드 미터 또는 TV 미터라고 불리는 기계를 이용해 시청률을 측정하는 방식이다. 텔레비전이나 라디오에 미터기를 장착하여 켜고 끄는 것을 자동적으로 기록한다. 청취 상황을 테이프나 필름에 기록하는 기계적 장치를 수상기나 수신기에 부착하기 때문에 비용이 많이 드는 단점이 있다. 그러나 일 년 내내 초 단위의 시청 상황이 기록되어 다양한 분석이 가능해 유용한 자료를 얻을 수 있다.

처음 등장한 미터는 오디 미터로 시청 행위를 자동으로 기록하고 자료를 전화선을 통해 전송해준다. 전송된 자료는 컴퓨터에 의해 시청률을 산출하는 데 이용된다.

미국의 닐슨사는 1987년까지 오디 미터를 이용하여 1,400패널 세대가 어느 시간에 어떤 방송국이 얼마 동안 시청하고 있는지 초 단위로 측정하였다. 이 오디 미터는 개인 시청률이 기록되지 않는 것이 단점으로 지적되었는데 이를 보완한 것이 피플 미터(people meter)[01]이다. 텔레비

---

01 1982년 영국의 시청률 조사기관인 AGB(Audit of Great Britain)가 개발하여 2년 후 업무에 활용한 데서 출발하여 지금은 48개국이 넘는 국가에서 채택하고 있다.

전에 부착된 전자장치를 이용해 누가 언제 어떤 방송을 시청했는지 자동으로 기록, 송신하게 되어 있어 시청 패턴은 물론 인구 통계학적 자료를 얻을 수 있다. 하지만 여러 장점에도 불구하고 피플 미터를 이용한 방법 역시 한계는 있다. 설치가 복잡하고 비용이 많이 들며, 응답자의 절대적인 협조가 요구된다는 점이다.

보다 개선된 측정방식으로 나온 패시브 미터(passive meter)는 피플 미터 방식이 가지고 있던 단점들—시청자가 매번 핸드 세트를 통해 시청 정보를 입력해야 하는 번거로움과 비협조—에 따른 오차를 줄이기 위해 초음파나 열 탐지기 센서가 장착된 방식이다. 시청자가 언제 텔레비전을 보거나 끄는지를 매번 자신에게 부여된 고유번호로 누르지 않아도 된다. 개인이 시청할 때 기계가 물리적 특성을 감지하여 자동적으로 누구인지를 판단할 수 있기 때문이다.

4. 광고노출량과 광고비용

시청률 조사에 있어서 불특정 다수의 수용 실태와 만족도를 모두 파악한다는 것은 현실적으로 어렵다. 다만 상업성에 입각한 시청자의 태도를 소비자 관점에서 파악해볼 수 있다. 그래서 매스커뮤니케이션 측면에서 시청자와 방송의 영향을 살펴보는 것이다.

시청률 조사를 위해선 먼저 수용자의 규모 및 성격을 추산하여 자료를 수집해야 한다. 한편 시청률은 각 방송국 혹은 네트워크의 수용자를 텔레비전 가구 수로 나눈 것, 시청자 점유율은 텔레비전 가구 수를 기준으로 특정 채널 혹은 네트워크 시청 가구의 백분율이다.

노출량(Impression)은 메시지가 한 명에게 한 번 노출되는 것을 말한다. 한 명의 광고 수용자가 2시간 동안 시청하면서 광고에 3번 노출되었다면 3번의 노출이 발생한 것이 된다.

이때 광고에 노출된 시청자가 몇 명이든 간에 1,000번의 노출이 발생하는데 사용된 비용을 CPM(Cost Per Mile)이라고 한다. 1,000명 당 광고비용을 나타내는 CPM은 어느 방송국의 광고가 더 효율적인지 알기 위한 방법으로, 광고주가 1,000가구 혹은 1,000명에게 광고하는 데 드는 비용을 산출한 것이다.

하지만 인터넷이나 모바일 등 새로운 매체의 광고 기법이 나오면서 과거에 사용한 적이 없던 CPI(Cost Per Impression)를 CPM 대신에 사용하고 있다. 나아가 CPC(Cost Per Click)라는 새로운 광고 단가 기준도 등장했다. 그러나 CPM이나 CPI는 거의 같은 개념으로 광고 매체에 따라 각기 다르게 사용되고 있을 뿐이다. 과거에는 텔레비전광고가 몇 명에게 노출됐는지 정확하게 책정할 수 없었기 때문에 통계를 바탕으로 축적해놓은 CPM을 텔레비전, 라디오, 잡지, 신문 등의 광고 단가 기준으로 사용했던 것이다.

반면에 인터넷은 언제 누구에게 몇 번 노출됐는지 실시간 정확하게 알 수 있으며, 추측이 아닌 실제 노출 횟수에 따른 광고비 산출이 가능하다. 그렇다고 노출 횟수가 1000단위로 맞아 떨어지는 것은 아니다. 인터넷 매체들이 CPI를 광고비 산출 근거로 사용하고 있지만 모든 미디어가 사용하는 것도 아니다. 스팸메일처럼 불특정 다수가 대상이거나 배너광고를 렌트하는 경우에는 CPM을 기준으로 삼고 있다.

비시청률 조사는 시청자의 기호를 분석해 특징을 추출하는 것이다. 프로그램 테스트는 프로그램 제작 시 각 단계별로 테스트를 실시하여 캐스팅 및 대본을 수정하고 있다. 음악 전화 조사는 청취자에게 전화로 음악을 제공하는데 사전에 싫어하는 곡을 제외시키기 위해서다. 연예인 인지도는 특정 연예인에 대한 친밀도나 호감에 관한 평가다.

점차 매체의 종류가 다양해지면서 신문이나 잡지 내에서도 다수의 수단이 생겼다. 매체의 평가 기준은 결국 고객의 양과 질인데 이런 고전적인 분류는 1961년 미국광고조사재단(ARF)이 발표한 6단계의 소비자 개념에서 비롯되었다. 비히클의 보급과 접촉, 광고의 접촉, 지각, 커뮤니케이션, 반응이란 6단계다. 각 단계마다 세대와 개인의 비율을 측정함으로써 다른 매체사와의 비교가 가능하다. 인쇄 매체를 비롯해 방송과 인터넷의 반응과 수익의 예상치도 구할 수 있다.

신문과 잡지의 판매부수는 매체사의 발표 외에도 판매와 배포 부수를 인증하는 공식 기구인 '한국ABC협회'에 의한 공식 부수가 있다. 독자수가 불분명하다면 부수에 회독률을 곱해 총 독자수를 추정할 수 있다. 그러나 광고 타깃에 도달이 쉬운 매체 클래스와 비히클의 선택은 개인 또는 세대가 대상인 비히클 접촉 데이터, 즉 열독률과 시청률의 사용이 바람직하다. 텔레비전은 그나마 광고 접촉이 쉽다고 여겨지지만, 다른 매체까지 그렇다고 말할 수 없다. 그래서 비히클 접촉률에 광고 주목률을 곱한 데이터 방식도 있다.

4대 매체와 교통 매체의 접촉과 이용에 관해서는 비디오 리서치의 ACR(Audience and Consumer Report) 데이터가 있다. 매체 접촉 데이터 외에도 개인의 속성인 연령, 성별, 생활방식 등과 제품 사용 현황이 포함되어 있다. MCR(Media Contact Report)은 한 주 동안 시간대별 매체 이용을 조사한 것이다. 인터넷은 웹사이트로의 접촉 상황을 시청률이나 유니크 유저 지표로 측정한다. 교통 매체의 접촉 데이터는 비디오 리서치가 있다.

만약 광고 타깃을 제품 사용량이나 브랜드로 특정했다면 시청자 데이터는 연령 등의 인구 통계적 속성 정보밖에 없을 수 있다. 이럴 경우 쌍방의 데이터에 공통되는 데모그래픽을 넣고 매체 클래스와 비히클을 선택해야 한다. 예를 들어 자사 제품에 호의적 태도를 가지고 있는 타사 사용자 중에 30대 주부가 많다면, 30대 주부가 자주 접하는 매체를 선택하면 된다.

열독률과 시청률은 어떤 집단이 특정 광고에 1회 접촉하는 숫자의 비율이다. 한 달이나 2주 동안 관찰된 데이터의 평균치이기 때문에 평균 열독자라고 한다. 같은 광고에 2회 이상 접촉하거나 다른 것과 동시에 접촉한 소비자는 중복독자라고 부른다.

누적독자는 2회 중 최소 한 번은 접촉하거나, 다른 두 종류 중 하나에 접촉한 독자의 숫자 또는 비율이다. 누적독자는 회수에 상관없이 한 명의 독자를 한 회만 넣기 때문에 누적 도달률이라고 한다. 노출 빈도를 높이는 데는 중복율 높은 광고를 선택하고, 리치를 높이려는 경우는 중복이 적은 것을 선택해야 한다. 같은 독자에 접촉 회수만 중복하면 연장 독자가 구해진다.

GRPs(Gross Rating Points)는 일정 기간 동안 매체 운용을 통해 얻어진 시청률을 모두 합친 수치다. 특정 표적 집단에 대한 매체 운용의 가중치를 산출하기 위한 수단으로 사용된다. 동일한 개인이나 가구가 반복적으로 노출된다 할지라도 그것과는 상관없이 몇 번이건 노출된 상황 모두를 포함하여 얻어지는 수치이다. 시청률 곱하기 횟수로 산출되며 만약 어떤 프로그램의 시청률이 20%이고 두 번 방송되면 $20 \times 2 = 40^{(GRPs)}$가 된다.

GRPs를 리치로 나누면 평균 노출빈도가 구해지며 출고 계획의 임팩트를 나타내는 지표로 사용할 수 있다. 텔레비전에서 신제품의 광고나 브랜드 인지율을 일정 수준 유지하기 위해서는 3,000GRPs 정도가 필요하다. 그러나 3,000GRPs는 리치 30%와, 평균 노출빈도 100회이고, 리치 60%는 평균 노출빈도 50회라는 다양한 조합을 얻을 수 있다. 그러나 출고의 회수별로 총 접촉한 수와 비율을 나타낸 노출빈도의 분포는 알 수 없다는 것이 문제로 지적된다. 효과를 얻는 데에 적합한 광고 접촉 내에서 소비자의 통계만으로는 매체 계획을 세우는 데 불충분하다.

그리고 CPRP(Cost Per Rating Point)는 1%의 시청률을 얻기 위해 투입된 광고비의 규모를 말한다. 어떤 프로그램의 시청률이 20%이고 투입된 광고비가 1,000,000원이라면 CPRP = 50,000원이 된다.

05

콘셉트의 설정

1. 콘셉트와 포지셔닝

광고 현장에서 빈번하게 듣는 단어가 콘셉트다. 길게 설명하지 않아도 의도를 알 수 있도록 짧게 정리한 문장을 말한다. 콘셉트를 정함으로써 팀 전체가 전략 의도를 공유할 수 있어 작업이 원활해진다.

신제품 개발에서 콘셉트의 정리는 기능이나 상품명, 패키지 등을 결정하는 지침이 된다. 또한 광고를 통하여 무엇을 말하고 싶은지 간결하게 표현한 것으로 플랜의 핵심이라 할 수 있다. 이때 표현에 따른 전략이라면 광고 콘셉트라고 부르는 것이 적절하다. 프로모션을 포함한 커뮤니케이션 전략이라면 커뮤니케이션 콘셉트가 된다.

멋진 콘셉트는 그것만으로 제품의 이미지가 연상되고 구차한 설명을 하거나 듣지 않아도 된다. 만약 제품에 대해 구구절절 설명해야 한다면 매력적인 콘셉트가 아니다. 그런 경우는 새롭게 정리하거나 백지 상태에서 다시 생각해볼 필요가 있다. 따라서 오리엔테이션을 받고 광고주가 전달하고자 하는 포인트를 일목요연하게 정리한 광고 콘셉트를 결정해야 좋은 콘셉트라 할 수 있다.

제품을 사용하는 것은 소비자지만, 소비자가 광고주와 같은 관점으로 제품을 보고, 사용하고 있다고 단정할 수 없다. 표현의 초점을 어디에 두면 흥미를 유발시킬 수 있을까를 생각해서 가능한 핵심을 좁히는 작업이 필요한 것이다.

무엇을 말해야 하는지를 결정한 후에 구체적으로 어떻게 표현할 것인지 방법을 찾는 것이 표현 콘셉트이다. 몇 가지 예로 고급 승용차의 쾌적한 승차감이나, 세련된 디자인의 컴퓨터, 저칼로리지만 맛있는 맥주를 콘셉트로 생각해보자. 먼저 어떻게 표현하면 좋을지 생각해야 한다.

승용차를 타고 있는 사람의 편안한 모습을 보여줄 것인지, 쾌적한 차 안에서 보내는 시간이 짧게 느껴지는 것을 표현할 것인지 결정해야 할 것이다. 컴퓨터는 기능이나 성능을 소구하지 않고 디자인만을 강조한 비주얼 중심으로 갈 것인지, 세련된 사무실 내에 놓여진 컴퓨터를 보여줄 것인지가 중요할 것이다. 저칼로리 맥주는 맛이 없다는 고정관념을 타파하는 것에 중점을 둘 것인지, 다양한 레시피로 만든 맛있는 요리와 저칼로리 맥주를 조합해 제시할 것인지를 결정해야 한다.

같은 제품이나 콘셉트라도 표현은 광고제작자의 아이디어에 따라, 크리에이티브팀의 팀원이 모두의 아이디어에 따라 다르다. 이용할 매체에 따라서도 다르겠지만 광고문구와 비주얼이 되는 사진, 일러스트, 동영상 등 시각적인 부분과 배경음악, 효과, 등장인물이나 탤런트, 캐릭터 등에 의해서도 결정된다.

기획한 광고는 타인이 봤을 때 쉽게 이해할 수 있도록 원고의 형태로 만든다. 원고는 다음 단계인 프레젠테이션 때도 이용된다. 이 원고를 인쇄 매체에서는 콤프리헨시(comprehensive)라고 불리는데, 광고작품으로서의 모든 요소를 갖춘 레이아웃 또는 스케치(sketch)인 이 원고를 보통 짧게 "콤프"라고 한다.

또 그림은 연필이나 수채, 파스텔로 그리고 카피는 헤드라인만 작성한 레이아웃 정도를 잡은 것은 룰드 콤프리헨시브(ruled comprehensive)라고 한다. 한편 사진이나 일러스트레이션은 실제 사용할 것과 유사한 것을 넣고, 헤드라인과 문장을 본 원고처럼 활자나 사식으로 찍어 완성 원고에 가까운 러프 스케치(rough sketch)를 타이프 콤프리헨시브(type comprehensive)라고 부른다. 텔레비전광고라면 그림 콘티나 스토리 보드, 라디오광고라면 대본과 같은 형식이라 볼 수 있다.

광고주를 대상으로 하는 프레젠테이션에서 광고대행사는 보통 2~3개의 안을 원고 형식으로 제시하는 경우가 많다. 따라서 각 시안에 담긴 기획의 배경과 특성을 요령 있게 설명해야 한다.

간혹 커뮤니케이션 계획에 있어서 타깃에게 시행하는 제품의 정보 전달은 광고만으로 충분하다고 착각한다. 실제로 소비자는 광고뿐만이 아니라 다양한 프로모션에 의해 정보를 얻고 있다.

소비자는 신문이나 방송뿐만이 아니라 인터넷의 각종 사이트, 메일 매거진 등 다양한 형태로 정보를 얻는다. 점두에서의 문의 등을 통해 제품이나 브랜드의 경험을 쌓고 있다. 이런 행위를 통해 제품이나 브랜드에 대한 나름의 이미지로 평가가 이뤄지고 구입 의향을 갖게 되는 것이다.

컨택트 포인트(contact point)는 고객과 이해 당사자는 물론, 제품이나 브랜드에 접촉하는 모든 접점을 가리킨다. 접점을 종합적으로 컨트롤함으로써 관계 강화를 도모하는 것이 컨택트 포인트 전략이다. 컨택트 포인트의 배경에는 브랜드에 대한 관심의 고조에 있다. 아무리 매스미디어 커뮤니케이션으로 브랜드 이미지를 띄워도, 다른 컨택트 포인트에서 배척하는 행위가 있다면 브랜드 파워를 손실할 수 있다. 그러므로 가정되는 모든 접점에서 브랜드의 통일성을 기하고 질을 높이는 것이 필요하다.

매스미디어광고의 도달 능력 저하도 컨택트 포인트를 전략적으로 구축함으로서 해결할 수 있다. 고객의 시점에서 중시해야 할 접점을 찾아 부족한 부분을 강화하면 가능하다. 따라서 타깃에 맞춘 접점의 관리와 메시지의 개발에 집중해야 한다.

포지셔닝은 브랜드의 위치 선정을 어떻게 할 것인가를 말하는 것으로, 특정 브랜드가 소비자에게 기업이 의도한 일정의 수준, 이미지로 받아들여질 수 있도록 위치를 구축하는 것이다. 항공회사인 유나이티드 에어라인(UA)은 '프랜들리(friendly)'라는 포지셔닝을 사용하는데, 고객과의 친밀감을 목표로 설정했음을 알 수 있다.

이 예처럼 광고 전략에서 브랜드를 어떻게 표현하며, 무엇을 말할 것인지는 매우 중요하다. 결론적으로 브랜드 이미지를 결정하는 것으로 위치 선정의 전략적 측면에서 이해할 필요가 있다.

예를 들어 초콜릿 바인 스니커즈는 공복을 느낄 때 먹는 과자란 점을 명확히 표현하면서 소비자들에게 인식되고 있다. 이들 상품의 포지셔닝은 단순한 제품 이미지가 아니라 사용자의 이미지까지 포함해 담고 있는 것이다.

'포지셔닝'이란 개념이 처음 등장한 것은 하버드 비지니스 리뷰의 기고문과 두 권의 저서를 집필한 잭 트라우트(Jack Trout)와 앨 리스(Al Ries)에 의해서이다. 포지셔닝이란 개념을 최초로 대중화시켰으며, 마케팅계의 영향력 있는 인물로 알려져 있다. 『포지셔닝』에서 "마케팅이란 상품의 경쟁이 아니며, 지각의 경쟁이다"고 지적하며 집중의 법칙을 설명하고 있다. "마케팅에 있어서 가장 강력한 콘셉트는 예상 고객의 마음속에 단 하나의 단어를 심는 것이다." 한편 포지셔닝의 예로 볼보는 안전성, 메르세데스는 기술, 펩시콜라는 젊은이라고 예를 들고 있다. 하지만 모든 포지셔닝이 성공하는 것은 아니다.

애커와 마이어스에 의하면 포지셔닝 전략에는 몇 가지 방법이 있는데 먼저 제품 특징과 소비자 속성에 관해서이다. 제품에는 객관적으로 설명할 수 있는 특징들이 있다. 예를 들어 컴퓨터라는 제품의 특징을 CPU 성능으로 표현하는 것이다. 한편 객관적으로는 설명할 수 없는 특징인 향기나 갈증을 해소 같은 막연한 느낌의 것도 있다.

가격과 품질의 차별화에 따른 포지셔닝도 있다. 인터넷 전화 같은 '저렴한' 국제전화나, 원산지를 표시하는 것도 흔히 사용하는 포지셔닝이다. 식전에 복용하는 위장약처럼 사용 시점을 명시하거나, 쉐이빙 크림처럼 용도를 명확하게 해주는 전략도 있다. 화장품 브랜드의 제품은 어떤 사람이 사용하면 효과적인지에 대한 품질·기능적인 측면이 중요하다. 그래서 광고에 이미지를 많이 차용한다.

쨍하고 해 뜰 날, 지킬 것은 지킨다, 진짜 사나이 같은 짧은 카피로 50여 년을 국민과 함께해온 역사를 감성적 접근을 통해 공감을 이끌어 낸 박카스는 국민이라는 사용자 이미지를 광고로 표현해 성공을 거두었다. 비슷한 예로 미국의 밀러 맥주가 '밀러타임'이란 슬로건으로 노동자 계층의 맥주인 점을 명쾌하게 드러내어 성공한 사례도 있다.

제품의 종류에 따라 그것이 어떤 브랜드인지 표현하기 위해 일반적인 분류와는 다른 포지셔닝을 취하는 경우가 있다. 도브(Dove)는 비누와 스킨케어 브랜드로서 촉촉함을 가져다주는 제품이라는 포지셔닝을 사용하고 있다. 포카리스웨트는 이온 공급이라는 포지셔닝에서 수분 보충 음료라는 포지셔닝으로 변경하고 있다. 문화적인 것으로는 미국 담배인 말보로가 카우보이라는 문화적 심벌을 적절하게 사용해 성공을 거두었다. 문화적 의미와 관련지어 포지셔닝을 실시하는 것은 상기율을 높이는 데 매우 유효하다.

광고계의 고전적 사례로 알려진 미국의 렌터카업체 에이비스(AVIS)의 광고는 "우리는 넘버 투입니다. 그래서 최선을 다합니다."라는 카피로 잘 알려져 있다. 비교광고를 통해 가격이나 성능을 경합사와 비교해 우위성을 드러낸 포지셔닝 기법이다.

그렇다면 포지셔닝의 성공적인 설정은 어떻게 할 수 있을까.

먼저 경합 브랜드의 분석이 필요하다. 경합 브랜드가 무엇이며 어떻게 소비자에게 받아들여지고 있는지를 조사하는 것이다. 경합 브랜드와 비교해 맞설 만한 몇 개의 대체안의 위치 선정을 해본다. 고객이나 소비자가 지금의 브랜드로부터 니즈를 채우고 있는지 확인하여 어떤 포지셔닝이라면 좋은 효과를 볼 수 있을지 살펴보자. 그리고 몇 개의 후보 중에서 최적의 포지셔닝을 선정하는 것이다.

먼저 소비자의 생활방식을 조사하여 어떤 종류의 마인드 스타일이 있는지 분석해야 한다. 사다리방법을 이용해 소비가치로 어떤 것이 우세한지 조사해볼 수 있다. 그리고 각 브랜드가 어떤 개성과 품격을 드러내고 있는지 살펴보자. 포지셔닝의 결정은 과학과 예술의 만남이다. 과학적인 분석과 직감에 의한 포지셔닝이 없었다면 아마도 포지셔닝은 불가능했을 것이다.

포지셔닝에 있어서 브랜드의 평판도 중요하다. 세계적인 A식품회사는 제품의 특성을 광고의 성과지표로 삼고 있다. 음료수의 광고 효과를 측정할 때, 종류마다 미리 평가를 내려 측정해두는 것이다. 마시기 좋다거나 그렇지 않다는 것처럼 브랜드에 해결해야 할 문제가 생겼을 때 사전에 대응할 수 있도록 최적의 목표를 선정해두는 것이다.

타깃의 설정은 시장의 규정과 세분화, 타깃 선정의 순서에 따라 결정한다. 마케팅은 어떤 시장에서 경쟁할 것인가를 결정하는 것이다. 만약 취급할 제품이 캔 커피라고 하자. 먼저 캔 커피 시장에서 마케팅의 범위를 결정해야 한다. 당연히 기업이나 대행사는 몇 개 시장에 대한 조사자료를 갖고 있을 것이다. 간혹 시장 전체에서 위치 선정하는 경우도 있다. 인스턴트 커피에 레귤러 커피를 더한 커피 카테고리에서 규정하는 것도 가능하다.

어떤 시장을 선택할지는 자사의 재원(財源)이나 특성을 감안해 결정하게 된다. 동서식품처럼 이미 캔 커피 시장에 상당한 점유율을 보이고 있는 기업은 전체를 시장으로 보는 편이 유리하다. 하지만 새롭게 진출하는 메이커는 한층 작은 음료 시장에서 경쟁하는 것이 도움이 된다.

경쟁 시장이 결정되면 다음으로 세분화를 결정해야 한다.

세그먼트(segment)는 비슷한 특징을 공유하고 있는 소비자 그룹인 잠재고객을 일컫는다. 모든 그룹에는 나름의 특징이 존재하며 소비자 역시 각기 다른 개성이 있다. 즉 세그먼트 별로 같은 제품이라도 해석하는 방식, 가격, 구매 장소나 접촉하는 매체가 다르다.

소비재 시장에서는 고객이나 잠재고객이 다른 방식으로 그룹화되거나 세그먼테이션이 될 수 있다. 그러므로 소비자의 나이나 성별, 생활방식이나 소득으로 분류해야 하는 것이다. 시장이 하나가 아니기 때문에 시장을 분할해 적절한 소비자층에 맞는 마케팅을 실시하는 것이 효과적이다.

세그먼테이션에는 여러 가지 변수가 있다.[01] 먼저 지리적인 변수로 지역의 규모나 인구, 기후를 비롯해 소비자의 연령, 성별, 세대 규모, 생활방식, 소득, 직업, 교육, 종교, 국적에 따른 변수가 있을 수 있다. 사이코그래픽 변수는 사회 계층과 생활방식, 개성에 따라 나뉘고, 구매 상황, 사용자, 요구하는 특징, 사용률, 제품의 태도에 따른 행동변수가 있다.

세그먼테이션은 또한 제품의 카테고리에 따라 수많은 변수가 존재한다. 예를 들어 위장약은 증상이나 빈도는 물론 정제·분말·캡슐과 같은 형식, 손쉽게 구매할 수 있는 시판약과 그렇지 않은 처방약으로 나뉠 수 있다. 사용량에 따른 분할도 가능하다. 세그먼테이션을 실시할

---

01 필립 코틀러(Phlip Kotler) · 게리 암스트롱(Gary Armstron), 『마케팅 입문(Marketing: an Introduction)』 참조.

때는 이러한 변수를 복수로 조합해 세분화하는 것이 일반화되어 있다. 중요한 것은 세그먼트가 어떤 시점에서 봤을 때는 같지만 각기 다른 마케팅 커뮤니케이션과 메시지를 필요로 하고 있다는 점이다.

커뮤니케이션에서 누구를 향해 전달할 것인지 결정하는 것을 타깃팅, 즉 표적 시장이라고 한다. 시장의 분할이 결정된 후에 어떤 세그먼트에게 메시지를 전달할 것인지 선택해야 한다. 표적 시장의 크기와 경합 상황, 수익도 점검해볼 필요가 있다. 그리고 타깃으로 설정한 세그먼트가 경합 마케터의 표적이 되고 있는지 확인이 필요하다.

신규 고객층은 이미 여러 메이커로부터 타깃으로 분류되어 실제 마케팅의 대상이 되고 있다. 그런 표적에 메시지를 전달하면 아무런 효과가 없다. 단맛을 선호하는 캔 커피의 고객 중에서 싫어하는 층으로 타깃을 좁혀 경합을 피하는 전략을 생각해볼 수 있다. 그러나 시행성, 자세히 말해 자사 제품을 시험 삼아 구입해줄 가능성으로 제품이 유통되고 있지 않거나 외딴 지역의 소비자는 타깃으로 삼기 어렵다.

시장의 크기도 확인해야 한다. 원하는 시장의 세그먼트가 목표에 도달할 만큼 충분한 크기를 가지고 있는지 검토해볼 필요가 있다. 여름철에 무좀약을 커뮤니케이션하고자 한다면 이환율이 어느 정도인지 사전에 데이터를 통해 점검해봐야 한다.

한편 수용성의 측면에서 자사 브랜드에 반응해줄 충분한 표적 세그먼트에 있는지가 중요하다. 제너럴모터스(GM)가 창업 초창기에 다양한 소득 계층에 맞춘 모델의 자동차를 출시하여 값 싸고 질 좋은 한 개의 모델만을 고집하던 포드자동차(Ford Motor)를 제압한 사례는 고전에 속한다.

뉴욕시립대학 바루크분교 교수인 스티븐 P. 슈나즈(Steven P. Schnaars)는 표적 분할의 전략에 대해 지적하고 있다. '최적의 세그먼트를 선택하여 다양한 세그먼트에게 파는 다품종화 전략'이다. 다시 말해 저비용, 저가격으로 하나의 제품을 모든 세그먼트에게 파는 것을 말한다. 틈새 시장을 노린 작은 세그먼트에 포커스를 맞춰 지금껏 생각하지 못했던 세그먼트를 찾는 것이다.

사실 마케팅 전략으로의 시장 분할이 광고계에서는 유익한 것만은 아니다. 때에 따라서 광고 전략상 세그먼테이션과 타깃팅을 동시에 구상할 수 있다.

화장품 광고는 40대 이상의 여성을 대상으로 개발된 제품이라도 중년여성만 사용하는 것이라고 표현하지 않기 때문이다. 광고 모델도 타깃층보다 훨씬 젊은 여성을 기용하는 경우가 많다. 대부분의 사람들은 자신을 실제보다 높게 평가한다. 결국 표적 계층은 광고가 사실적으로 표현되는 것을 선호하지 않기 때문에 선망을 자극하는 이미지를 사용하는 것이다. 구입 계층의 경제 여건이 현저히 낮은 경우라면 보다 높은 계층이 구매하도록 브랜드를 포지셔닝할 수 있다.

결과적으로 소비자에게 상품이나 브랜드가 어떻게 받아들여지고 있는지가 중요하다. 포지셔닝은 시장에서의 위치 선정이며, 경쟁하는 제품이나 서비스의 차이를 명확하게 해준다. 포지셔닝이 필요한 이유는 경쟁사보다 비교우위를 선점하고 타깃의 점유율을 높일 수 있기 때문이다. 하지만 명확하지 않은 포지션의 제품은 개성이 없고 타깃에게 소구력도 부족할 수 있다.

포지셔닝을 확실하게 하기 위해 많이 사용하는 것이 종·횡 두 개의 축을 그려 표현한 포지셔닝 맵이다. 전통과 혁신, 성인과 젊은층 등 성격이 다른 두 개의 축을 가정해놓고 시장의 상품을 배치해보는 것이다. 축의 설정은 제품의 기능적인 장점이나 이미지, 그 외의 다양한 것을 생각해볼 수 있다. 맵에 따라 자사와 경쟁 제품의 위치를 알 수 있으며 시장의 중심이 어디에 있고 어떤 움직임이 있는지 파악할 수 있다. 하여 가능한 많이 설정하여 시장 상황을 적절하게 표현할 수 있는 맵을 복수로 작성해보는 것이 좋다. 공백이 되는 공간은 경합이 없다는 뜻으로 타사와 명확한 차별화가 가능하다는 의미이다. 혹시라도 설정한 축이 가치나 매력이 있는지 확인해볼 필요가 있다.

광고 전략을 입안할 경우 소비자의 제품이나 브랜드에 대한 심리를 이해해야만 효과적인 커뮤니케이션 전략을 구축할 수 있을 것이다. 이렇듯 소비자 입장에서 플래닝을 접근하는 것을 어카운트 플래닝이라고 한다. 이것이 처음 도입된 시기는 1970년대 초 영국으로, 광고를 소비자의 관점에서 이끌기 위한 전략이었다.

특히 성숙도가 높은 시장을 겨냥할 때 브랜드가 지닌 기업의 이미지와 철학 등을 소비자에게 단순 유통이 아닌 브랜딩을 통해 전달하게 되는데 이 역할을 담당하는 어카운트 플래너는 소비자 입장에서의 커뮤니케이션의 골격을 만드는 일을 담당한다.

광고주는 자사의 제품을 타깃 오디언스에게 소구하기 위해 광고대행사를 선정하고, 전략을 담당하는 어카운트 플래너는 광고주의 판매자료, 마케팅 리서치, 제품정보 등을 회의를 통해 입수해야 한다. 그리고 소비자를 깊이 분석하여 때때로 그들의 입장을 대변하며 광고주에 일방적 요구를 적절히 걸러내야 한다. 타깃을 충실히 이해하면 할수록 광고 활동을 더욱 효과적으로 전개할 수 있기 때문이다.

통상적으로 어카운트 플래너는 횡적 기능(Staff Function)이고, 어카운트 플래닝은 종적 기능(Ling Function)을 지닌다. 광고가 소비자와 관계를 맺고 궁극적으로 효율성의 책임을 지는 것이다. 그래서 어카운트 플래닝은 광고대행사의 핵심팀에 속해 있다. 따라서 AE에 있어서 어카운트 매니지먼트와 어카운트 플래닝의 관계는 매우 중요하다.

어카운트 플래닝과 관련, 인사이트(insight)라는 용어는 통찰이란 뜻이 담겨 있는 어원에 비추어 소비자가 미처 의식하지 못한 상품이나 브랜드에 대한 심리를 일컫는다. 우수한 상품은 가치에 걸맞은 가격으로 구입할 것이라는 인식은 기업이나 소비자도 잘 알고 있다. 그렇지만 발상만으론 극심한 경쟁을 극복하지 못한다.

표면적인 이해로는 파악할 수 없는 제품의 구입 의도와 특정 브랜드를 좋아하는 심리를 발견해내는 것이 소비자 인사이트 개념이다. 언뜻 본 것만으로 사고 싶다는 욕구가 생기는 이유를 안다면 지금까지는 없었던 아이디어의 개발로 이어질 수 있을 것이다.

소비자 인사이트를 발견하는 데는 기법이 중요하다. 단순히 좋아하는 이유를 질문하는 조사는 순간적으로 가볍게 답해버리기 때문에 의식하지 못했던 것까지 끄집어내기 어렵다. 무의식 속에 담긴 진실이나 말로는 표현할 수 없는 감정을 이끌어낼 지혜가 필요하다.

소비자 인사이트 발견을 위한 기법으로는 일반적으로 정성 조사 기법이 많이 사용된다. 심리를 자극할 목적으로 사진자료를 이용한 콜라그래피(colliagraph)나, 타깃의 생활에 밀착해 행동 하나하나를 분석하는 에스너그래픽 등이 있다. 여기서 얻어진 결과를 분석하며 팀을 이끄는 것이 어카운트 플래너이다.

2. 광고 표현의 역사와 차별화

광고의 표현이란 목표에 달성하기 위해 만들어진 메시지 포인트를 받아들이는 측이 이해하기 쉽도록 기획하여 제작하는 것이다. 그러나 광고주가 전달하고자 하는 것과 소비자가 알고 싶어 하는 것이 반드시 일치하는 것은 아니다.

표현은 받아들이는 측의 감성에 호소하는 형태로 끊임없이 다듬어지고 수정된 것이다. 그렇지만 아무리 논리적인 방식으로 제작해도 시장에서 받아들여지지 않을 때가 많다. 실제 제작에 들어갈 때는 광고의 목표를 염두에 두게 되는데 이때 받아들이는 측의 입장을 잊어서는 안 된다.

표현 제작의 첫 단계는 광고주가 대행사에게 하는 오리엔테이션이다. 대행사는 오리엔테이션을 통해 얻어진 다양한 아이디어를 다시 광고주에게 프레젠테이션을 하여 최종적인 승인하에 광고물을 제작하게 된다. 제작은 크리에이티브 디렉터, 카피라이터, 아트 디렉터 등이 포함된 크리에이티브팀에 의해 진행된다. 그러나 표현은 사회 발전과 함께 한층 다층적인 것이 되었다. 그래서 제품의 분석력과 더불어 시대에 잘 어울리는 감각이 요구되는 것이다.

국내의 A은행 광고는 록그룹 크라잉넛의 〈룩셈부르크송〉을 개사해 전 세계 주요 도시들을 호명하는 가사에 맞춰 유명 여배우와 항공기 승무원, 여행객들이 공항과 항공기 등에서 날갯짓을 하듯 군무(群舞)를 추는 모습을 담았다. 그간의 은행 광고에서 메시지를 전달하는 매개로 춤을 선택한 것은 선례에 없었다. 오히려 신뢰의 이미지를 강조한 점잖고 보수적인 형태였던 것이다. 사실 이 광고에 대한 주목도나 시청자에게 남기는 인상에서 '춤'은 시각적으로 끌어당기는 효과가 크다. 새로운 시도를 통해 기존 은행 광고의 틀을 깬 이러한 시도는 시청자로 하여금 '친근함'을 유도하기 위함이었다.

광고주는 광고를 통해 전달하고 싶은 내용이 상당히 많겠지만, 그것을 애써 모두 담은 광고는 매우 혼잡스럽고 소비자의 흥미를 끌지 못한다. 광고물은 광고주가 전달하고자 하는 바를 한정된 시간에 밀도감 있게 응축시켜 표현해야 한다는 점을 잊지 말아야 한다.

—

광고의 표현을 시대에 따라 살펴보자.

1950년 6·25전쟁 이후는 사회적으로 몹시 힘든 시기였다. 그나마 전시에는 구호품이라도 손에 쥘 수 있었지만, 전기제품 등은 여전히 동경의 대상이었다. 그래서 제품의 존재나 기능 자체로도 충분히 뉴스의 가치를 지닐 수 있었다. 따라서 당시의 광고는 오로지 물건의 기능이나 특징을 어떻게 알릴 것인지에 머문 정도였다.

경제의 고도성장 시기였던 1970년대는 매일 새로운 제품이 연이어 출현해 기술이나 기능의 우수성에 모두들 감탄했다. 보다 더 나은 물건이 더 나은 만족감을 주는 시대였다. 불과 10여 년 전만 해도 한국산, 일본산, 중국산 텔레비전을 놓고 브랜드를 모두 가리더라도 화면만 보면 그것들을 식별할 수 있었다. 기술이 좌우하는 시대였기 때문이다. 그래서 한국 사회는 이러한 기술에 열광하며 선진 기술을 따라잡기 위해 모든 노력을 기울였다. 우리만 그런 것이 아니라 모든 나라가 그랬다. 그러나 이제는 기술이 너무 고도화되고 평준화돼 더 이상 기술이 차이를 만들어내지 못하게 되었다. 이제는 브랜드를 가리면 어느 누구도 어느 나라 제품인지 알 수 없게 되었다.

광고도 당시는 매스미디어를 통한 상품 고지가 주류였다. 그러다 서서히 변화가 일어난 것은 1980년대부터이다. 이즈음 언뜻 보면 제품과 직접적 관계가 적은 일종의 유머광고와 광고 음악이 곁들어진 광고가 대량 등장했다.

시장에는 항상 새로운 제품과 브랜드가 넘쳐났지만 모두 비슷한 기능과 성능으로 어떤 것을 구매해도 별반 차이가 없었다. 그래서 광고로 인한 차별화에 주력했다. 비슷한 제품이라면 이미지로 차이를 둘 수밖에 없었기 때문에 유명 연예인을 등장시킨 화려한 광고를 많이 선보였다.

1990년대 중반은 이미지광고가 많았던 시기였지만 후반으로 넘어가면서 상황은 많이 변했다. 눈부시게 발전한 기술과 디자인으로 제품마다 격차가 생겼지만 경기 침체로 소비자의 가격 체감도가 높아진 것이다. 소비자는 더 이상 이미지광고만으로 제품을 구입하지 않았다. 일각에서는 직접 제품을 사용한 소비자의 경험을 담은 광고도 나왔다. 가격이나 제품과 관련해서 소비자의 궁금증을 해소시켜주는 내용을 중심으로 만든 광고였다.

광고주는 가급적 전달하고자 하는 포인트를 좁혀 타깃이 이해하기 쉬운 표현으로 광고물로 재창조해 타깃이 접촉할 가능성이 높은 매체에 싣고자 한다. 광고물을 어떻게 해석하는지는 타깃에게 맡기면 된다. 매체에 실린 광고물이 소비자에게 도달함으로써 광고주와 받아들이는 측의 커뮤니케이션 가능성이 시작되는 것이다. 광고가 광고주와 소비자와의 접점이라고도 일컬어지는 이유이다.

애초부터 광고물은 명확한 목표 달성을 위해 만들어진 것이다. 목표에 기여할 표현은 상상력에 의존한 논리적인 색채를 띠고 있다.

그간 한국에 존재하지 않았던 리스크 세분식 자동차보험을 예로 들어보자. 현재 보험에 가입하고 있는 운전자의 50%에게 지금보다 보험료가 훨씬 저렴한 것이 있음을 한 달 내에 알리고 싶다는 목표를 가정해본다면, 지금껏 나온 모든 자동차보험 내역과 광고에 대한 소비자의 불만을 파악한 뒤 자사 상품의 특징을 감성적으로 표현할 방법을 찾으면 된다.

광고 표현을 영어로 '크리에이티브'라고 일컫듯 높은 예술성이 깔린 창의성을 소비자의 감성에 맞춰 효율적으로 전달할 필요성이 있다. 지금은 하나의 제품 카테고리에 다수의 브랜드가 존재하는 것이 새삼스럽지 않은 시대다. 다시 말해 어느 제품도 성능의 평준화로 인해 차별화를 도모하는 것이 어렵게 된 것이다.

보험 광고도 마찬가지다. 각 사가 유사한 보험을 판매하고 있다면 자사의 특징만을 호소하는 것은 의미가 없다. 더구나 타사 상품과의 유사한 측면을 그냥 지나치면 과대광고의 우려마저 있다. 기업은 다른 측면으로 경쟁에 임해야 한다. 광고에 의한 이미지 제고와 브랜드 포지셔닝의 설정이 그것이다.

다른 예를 살펴보자. 일상적으로 많이 접하는 캔 커피는 상당한 수의 브랜드가 혼재하고, 편의점이나 자동판매기를 통해 판매되고 있다. 그런데 각 사가 판매하는 제품은 맛과 향이라는 특성에서 그다지 큰 차이가 없다. 그렇지만 점두에 모든 브랜드가 나열되어 있다면 어떤 캔 커피를 선택할 것인지 고민하는 사람도 분명 있을 것이다.

실제 캔 커피의 텔레비전광고를 보면, 맛이나 향이 좋다는 커피 본래의 특성을 강조한 광고가 대부분이다. 또 나름의 특징을 인기 있는 연예인과 연결시킨 이미지나 드라마처럼 매회 스토리를 넣은 광고가 많다는 것도 이미 잘 알려진 바이다. 이러한 방법 이외에 강렬한 인상을 심어준 제품은 잘 떠오르지 않는다. 다만 홍보의 차원에서 자사 브랜드의 명칭을 붙인 문학상을 만든 기업이 있다.

현재 한국에는 우수한 광고물에 주어지는 각종 광고상이 여럿 있다. 한국광고주협회에서 주최하는 '소비자가 뽑은 좋은 광고상', 한국광고학회의 '올해의 광고상' 등이다. 수상한 광고의 대부분은 시각적으로 볼거리를 제공해 깊은 인상을 준다는 공통점이 있다.

좋은 광고는 소비자의 시선을 끌 수 있는 재미있는 표현을 담고 있다. 그래서 때때로 차별화와 이상적인 광고를 만들겠다는 의욕이 앞설 수 있다. 그러나 광고의 표현은 논리와 감성이 조화를 이룬 합리적인 방식으로 완성되어야 한다.

브랜드 마케팅

1. 브랜드의 가치와 실행

현대는 급격한 세계화로 하루에도 수많은 제품들이 새롭게 출현하고 있다. 그런 가운데 작금의 시대는 치열한 경쟁에서 살아남기 위한 전제로 특별한 가치를 부여할 수 있는 브랜드를 만드는 것이 중요하다. 소비자는 비슷한 조건이라면 브랜드 가치가 높은 제품을 선택하기 때문이다.

"브랜드(brand)"란 단어는 '낙인찍다(burn)'라는 의미의 고대 스칸디나비아어나 게르만어에서 유래된 것으로 보이는데, 애초에는 가축이나 와인에 어떤 표시를 함으로써 소유 식별을 위한 것으로부터 시작되었다고 한다. 결국 오늘날 고객의 마음속에 깊은 인상을 남기기 위한 속성을 통칭하는 것과 같은 맥락이라고 할 수 있다.

소비자가 어떤 제품을 구매할 때 스스로 결정을 내린다고 여기지만, 실제로는 잠재의식 속에 내재된 광고나 마케팅, 홍보 같은 다양한 요인에 의해 이뤄진다. 그러므로 브랜딩을 통해 긍정적 평판을 강화해야 하고, 고객의 충성도를 높이며, 고객에게 품질이나 서비스의 가치가 월등하다는 인식을 갖게 해야 한다. 결국 브랜딩은 제품 전체를 가리키는 단어로 제품의 가치를 높이는 마케팅 전략의 중요한 키워드가 되고 있다.

미국광고대행사협회의 광고비 대비 생산성을 입증하는 몇 개의 광고 효과 분석자료에 의하면 흥미로운 결과가 있다. 불황기에 광고비를 증가시킨 기업이 경기가 회복되면서 전체 시장의 절반 이상을 차지한 반면, 삭감한 기업은 20%만을 유지했다는 것이다.

브랜드 관리는 마케팅의 한 축으로 기술과 정보 네트워크의 발전에 따라 한층 중요성이 커졌으며 광고가 일정한 역할을 하고 있다. 브랜드가 소비자로부터 좋은 평가를 받고, 강한 브랜드로서 정착되기 위한 효과적인 수단이 광고이다.

이렇듯 광고를 통한 브랜딩의 중요성이 커지면서 마케팅이나 커뮤니케이션 전략에도 변화가 생겼다. 콘택트 포인트 전략을 중시하고 고객과의 접점을 늘리려는 움직임이 나타나는 것이다. 이는 매스미디어광고에서 브랜드 커뮤니케이션이 중시되고, 웹에서의 브랜딩 대처가 진행되는 것과 무관하지 않다. 프로모션 전략에서도 직접적인 판매욕구의 자극뿐만 아니라 타깃과의 유대감을 필요로 하는 움직임이 있는 것처럼 브랜딩이 초래하는 파급 효과는 다양한 영역에 이르고 있다.

이러한 브랜딩 노력에 의해 만들어진 가치는 결국 브랜드가 지닌 무형의 자산이며, 한편으로는 상표에 부과된 추정 가치라 할 수 있다. 이를 '브랜드 가치'라 한다. 이 개념은 브랜드의 인지도만으로 현재나 미래에 얻을 수 있는 수익을 금액으로 환산한 것을 말하는데, 기업에게 있어 장기간에 걸쳐 매출과 수익을 보장해준다. 따라서 브랜드 관리는 마케팅 담당자에게 있어 중요한 과제이다.

브랜드 가치는 기업의 재무제표와 경제연구소 등의 보고서를 근거로 미래 수익을 추산해 산출된다. 해당 상표명으로 팔리고 있는 제품의 매출액과 영업 이익을 고려해 산정한 것이다. 특허권 등 지적재산권과는 별개로 평가하며 향후 기업의 현금 흐름을 어느 정도 증가시켜줄 수 있는지 종합해 산출하고 있다.[01]

1990년대부터 2000년대에 걸쳐 마케팅에서 화제가 된 대표적인 토픽의 하나가 브랜드이다. 미국에서는 1980년대 말부터 브랜드 자산이 논의되기 시작했고, 1990년대에 들어 브랜드 매니지먼트가 일반화되어 미국뿐만 아니라 유럽과 아시아의 마케팅 관계자에게도 중요한 과제가 되었다.

1980년대 말에 미국에서 브랜드가 주목을 받기 시작한 계기가 있다. 당시 미국 경제를 엄습한 장기 불황으로 강한 브랜드가 아니고는 살아남을 수 없다는 위기감이 있었다. 경기 불황기에는 대부분의 시장이 위축되고 상위 브랜드만 남게 된다.

또한 당시는 브랜드 취득을 목적으로 기업의 인수합병(M&A)이 왕성하게 이루어지고 있었다. 예를 들어 자동차산업의 경쟁이 심해지면서 향

---

01 참고로 브랜드 전략 및 재정 컨설턴트 회사인 밀워드 브라운(Millward Brown Optimor)에 따르면 2011년에 이어 2012년에도 프랑스 명품 브랜드 '루이비통'의 브랜드 가치는 259억 2,000만 달러, 한화 약 30조 2,000억 원으로 명품 브랜드 가치 순위 1위에 올랐다.

후 10년 내에 세계 자동차업체 절반 정도가 대규모 구조조정과정에서 통합될 것이라는 견해가 지배적이었다. 벤츠와 크라이슬러가 합병해 1998년 다임러 크라이슬러(Daimler Chrysler)사를 출범시킨 것이 하나의 예다. 신속한 통합에 따른 비용 우위의 확보와 시장 대응력 제고로 세계 자동차 시장을 선점하려는 노력으로 평가되었다.

스위스의 식품기업인 네슬레(Nestle)는 영국의 초콜릿 회사 론트리(Rowntree)사의 킷캣(Kit Kat)을 생산, 판매하게 되었는데 탄산음료 회사인 페리에(Perrier)까지 인수했다. 최근에는 홍콩의 중약(中藥)업체 허치슨차이나 메디테크(Chi-Med)와 합작회사를 설립했다. 2000년의 역사를 가진 중약과 세계 최고의 식품업체의 결합을 통해 전통의학과 식품의 접목을 시도했다. 기업의 인수에는 실제보다 5배에서 10배를 넘는 금액이 지불되었다. 인수를 통해 사전에 무형 자산인 브랜드에 금전적 가치가 상승되는 것을 인지한 때문이다.

한국의 M&A 시장은 국제통화기금(IMF) 외환위기로 인해 시작되었다고 할 수 있다. 베인&컴퍼니는 한국 M&A 시장이 태동한 1997년부터 2010년 상반기까지 14년간 국내에서 발생한 모든 거래를 규모, 매각동기, 경영권 인수 여부, 매수자 형태 별로 분석하여 데이터베이스화했다. 자료에 의하면 지난 14년간 국내에서 총 약 2,600억 달러(약 315조 원)의 M&A 거래가 성사되었는데 그중 41%가 IMF와 관련되어 있었다. 1999년에는 전체 거래의 63%를 차지했고, 2001~2006년엔 절반 이상, 2008년에는 44%를 차지했다. IMF 사태가 얼마나 깊고 오랫동안 한국의 M&A 시장을 지배했는지 알 수 있다.

그 과정에서 한국의 기업은 새로운 전략 과제에 직면하게 되었다.

자신의 분야에서 최고만이 살아남을 수밖에 없다는 것을 깨닫게 된 것이다. 결국 톱 브랜드 한 개만이 수익을 낼 수 있는 경쟁구조로 변화가 생겼다. 지금까지 유지해온 자사의 기업 브랜드가 더 이상 통용되지 않게 된 상황에서 또한 규제 완화가 이뤄졌고, 고수하던 시장체계도 변화했다.

한편 외국자본 기업이 금융이나 소매업 등이 다수의 시장으로 유입되었다. 대부분이 강력한 글로벌 브랜드를 거느리고 말이다. 인터넷을 이용한 온라인 마케팅, 전자상거래의 등장은 자신들의 브랜드 가치를 한층 높여주었다. 이러한 상황에서 전통적인 브랜드를 어떻게 성숙한 브랜드로 만들 것이며 시장을 선점할 수 있을지에 대한 고민이 생겨났다. 특히 인터넷을 통해 브랜드 가치를 높이는 방안에 골몰했다. 나아가 브랜드 가치의 측정에까지 관심을 갖게 되었다. 이즈음 기업과 개별 브랜드와의 관계를 어떻게 매니지먼트하면 효과적인지 활발한 논의가 이뤄지기 시작했다.

브랜드는 제품이 지닌 가치의 기호임과 동시에 소비자의 심리 속에 구축된 정보이다. 브랜드는 제품명 외에도 광고와 점포 디자인, 서비스 등 다양한 형태로 표현된다.

예를 들어 패스트푸드로 익숙한 맥도날드를 들 수 있다. 매장 입구에는 맥도날드를 상징하는 마크, 로널드 맥도날드 인형이 보인다. 점원은 밝은 미소를 띠며 인사말을 건넨다. 실내는 맛있는 햄버거 등의 음식 냄새로 가득하고, 의자마다 고객들이 앉아 활기찬 분위기를 느끼게 한다. 메뉴판에는 익숙한 햄버거 류 외에도 여러 신제품이 제시되어 있다. 눈앞에 펼쳐진 이러한 환경은 자연스럽게 맥도날드의 텔레비전광고를 떠오르게 한다. 그로써 고객은 무의식적으로 맥도날드다움을 느끼게 된다.

한편 브랜드 가치는 개인이 지닌 연상이 중요한 역할을 한다. 느낌이 강한 브랜드일수록 시장에서 좋은 효과를 발휘한다. 그렇다고 여러 연상을 떠올리게 하는 것만으로는 부족하다. 여러 연상들이 견고하게 연결되어 하나의 이미지가 되도록 해야 한다.

디즈니 브랜드는 미키마우스를 비롯한 판타지적인 이미지로 영화계에서 유일한 브랜드 파워를 가지고 있다. 사실 월트 디즈니는 창립자의 이름을 따서 만든 브랜드 네임이다. 월트 디즈니사는 '건전한 즐거움의 제공'이라는 창립자 월트 디즈니의 브랜드 슬로건에 따라 만화영화, 캐릭터 사업, 놀이공원 사업 등 가족과 어린이를 대상으로 사업의 이미지를 지속적이고 일관성 있게 펼침으로써 브랜드 이미지를 확고히 해나가고 있다. 브랜드 이미지 구축과 관련한 노력은 다른 것에서도 발견할 수 있다. 바로 로고이다. 월트 디즈니사의 로고는 이미 세계적으로 많은 사람들의 기억 속에 자리 잡고 있다. 이 로고는 창립자 월트 디즈니의 서명을 워터마크화한 것으로 꾸준한 노력과 사용을 통해 대중들에게 더욱 친근감을 주고 있다. 브랜드는 무엇이 되었든 어떠한 이미지를 전달할 것인지 치밀한 전략과 노력에 의해 만들어진다는 것을 잊지 말자.

다른 하나의 예로 한 커피 전문점을 들어보자. 이곳은 생활 속에서 차를 마시고 문화를 소비하는 공간이다. 국내 브랜드인 A사는 2009년 매장이 16개 있을 때 CF광고를 시작했는데 당시 많은 논란이 뒤따랐다.

커피 전문점을 가지고 마케팅이나 광고 비용을 지출하는 것보다 매장 하나를 더 개설하는 것이 효과적이기 때문이다. 국내 모든 브랜드가 그 흐름을 따라가고 있었다. 그럼에도 불구하고 파격적인 마케팅과 브랜딩에 전력했다.

처음에는 고객이 들어오다가 익숙지 않은 간판 때문에 다른 브랜드로 발길을 돌렸다. 그래서 디자인의 차별화로 시도하고 기존의 업체 점포들보다 편안한 디자인을 추구했다. 하지만 그것만으로는 부족했다. 브랜드 가치를 높이는 것이 급선무였고, 방법 중 가장 효과적인 것이 스타 마케팅이었다. 결국 잠재력 있는 제품의 인지와 트라이얼을 높이기 위해서 타깃의 행동 패턴에 맞춘 커뮤니케이션 전략이 효과가 있었다.

프랑스 HEC 경영스쿨의 마케팅 전략 교수인 장 노엘 케퍼러(Jean Noel Kapferer)는 피라미드 모델을 이용해 설명하고 있다. 모든 브랜드에는 핵심이 있는데 그것이 브랜드의 유전자이며 아이덴티티를 형성하는 근간이라는 것이다.

브랜드의 개성은 제품 깊숙이 숨겨져 있으며 변화가 필요할 때마다 조금씩 자연스럽게 노출된다. 여성이 자신의 개성을 패션으로 표현하는 것은 유행에 따른 선택에 의해서다. 이와 마찬가지로 브랜드다움을 광고로 표현할 때 메시지는 어떻게 선택을 할 것인지 의사 결정과정에서 드러난다. 브랜드광고는 시시각각 변하며, 그 과정에는 이미 소비자의 태도가 반영되어 있는 것이다.

브랜드 가치를 학문적으로 정립한 학자는 데이비드 아커(David Allen Aaker) 미국 버클리 캘리포니아주립대 하스 경영대학원 교수다. 그는 기업이 브랜드를 통해 추가로 창출할 수 있는 브랜드 가치를 '브랜드 에퀴티(Brand Equity)'라는 단어로 표현했다. 국내에서는 '브랜드 자산'으로 통용되고 있지만, 자산과 부채를 모두 합친 개념이란 뜻에서 '브랜드 자본'이란 표현이 더 적절하다.

브랜드 에퀴티(Brand Equity)는 브랜드 로열티, 브랜드 인지, 품질, 브랜드 연상이란 4차원으로 구성되어 있다. 광고는 4차원의 형상화에 직접적인 기여를 한다.

브랜드 로열티는 사용 경험과 관련이 있다. 광고는 사용을 권장하는 기회를 만들며, 사용 경험도 광고에서 영향 받은 감성에 의존한다. 또한 브랜드 인지에서도 일정한 역할을 하고 있다. 호의적인 감정은 없더라도 인지를 하는 것만으로 브랜드의 사용으로 연결되는 경우가 있기 때문이다. 지각(perception) 품질은 소비자가 느끼는 제품의 품질을 말하는데, 질감이 좋은 광고를 실시함으로써 제품의 지각을 상승시킬 수 있는 효과를 가져올 수 있다. 브랜드 에퀴티의 네 번째 차원, 즉 브랜드 연상에 있어서도 광고는 고객의 심리적 편익을 도모하는 역할을 한다. 시장은 여러 개의 브랜드가 동시에 경쟁하기 때문에 광고를 통해 소비자에게 깊은 인상을 심어줄 필요가 있다. 그래서 기업은 브랜드 자산에 직접적인 영향을 주는 광고에 많은 시간과 노력을 기울이는 것이다.

브랜드 자본을 확장하고 강화하는 브랜드 전략(Brand Strategy)에는 인지도를 높이는 방법과 선호도를 높이는 방법, 2가지가 있다. 인지도가 낮은 브랜드는 아무리 선호도를 높이려고 해도 소용이 없다. 우선은 인지도를 높이는 것이 급선무다. 이때 굳이 긍정적인 이미지로만 마케팅할 필요가 없다. 부정적인 이미지도 인지도가 되기 때문이다.

부정적인 이미지로 높은 인지도를 달성한 대표적인 기업은 세계 최대 현금수송 전문업체인 브링스(BRINKS)다. 할리우드 액션 영화에서 강도들이 현금수송 차량을 습격하는 장면이 나왔을 때 대부분의 트럭에 브링스의 로고가 적혀 있다. 실제로 1950년대 이후 미국에서 발생한 대부분의 사건은 브링스가 대상이었다. 한편 영화제작자는 리얼리티를 위해 대상으로 삼고 싶어 했고, 기업도 영화 촬영에 적극 협조했다. 항상 강도들에게 당하는 업체라는 각인보다 '현금 수송은 브링스'라는 효과가 더 크다고 판단했기 때문이다. 이렇게 인지도 향상 전략에 성공을 거둔 이후 지금은 공익활동을 통해 기업의 이미지 향상에 주력하고 있다.

2. 브랜드 이미지의 중요성

소비자는 제품을 통하여 경험을 얻고 싶어 한다. 제품이 경험을 통제한다고 믿기 때문이다. 텔레비전은 방송 프로그램을 보고 웃고 우는 경험을 하기 위한 수단이고, 전화기는 그리운 사람의 목소리를 듣기 위한 수단이며, 자동차는 먼 곳을 가서 새로운 사람과 더 큰 세상을 만나기 위한 수단이고, 집은 따뜻하고 안전하고 편안해지기 위한 수단이다. 명품은 그것을 소유하는 기쁨과 자부심을 경험하게 하는 수단이다. 따라서 브랜드광고의 과제는 지금까지의 브랜드 이미지를 어떻게 향상시킬 것인가 하는 점이다. 광고가 브랜드 가치를 한 단계 높여야 하는 이유는 여기에 있다.

브랜드광고의 관리는 3가지 정도로 나눠볼 수 있다. 먼저 이념과 개념을 어떻게 책정할 것인지, 바로 가치 창조에 관한 것이다. 다음은 브랜드광고를 마케팅 속에서 어떻게 일관된 커뮤니케이션으로 진행할 것인지의 검토이다. 마지막은 책정된 브랜드를 어떤 광고 전략을 통해 실행해나갈 것인지에 관한 것으로 "브랜드 커뮤니케이션 실행 관리"라고 부르기도 한다.

브랜드 가치 창조는 코어 아이덴티티(core identity)[02]의 기능과 정서적 의미를 광고를 통해 표현하는 기초적 개념이다. 따라서 브랜드의 코어 아이덴티티가 무엇이며 누구를 위한 것이고, 어떤 가치를 표현할 것인지 미리 책정해둘 필요가 있다. 아래 몇 가지 예를 들어보자.

1950년대 미국 문화의 상징이기도 했던 포드사의 '썬더버드'란 차가 있다. 한동안 단종되었다가 1999년에 2001년 모델로 부활했는데 기본 이념은 전통적 낙관주의, 자신감, 편안한 여유, 미국적인 즐거움이었다. 오리지널 썬더버드가 애초부터 가지고 있던 브랜드 콘셉트를 재해석한 것이다. 이렇듯 브랜드에 생명력을 불어넣기 위해서는 어떻게든 브랜드 콘셉트를 정의할 필요가 있다.

또 다른 예로 1990년대에 세계 최고의 하드웨어 업체였던 IBM사의 몰락과 부활을 들 수 있다. 이 예는 오늘날 기업이 처한 격심한 변동을 가장 실감나게 보여주는데, 다운사이징의 파도가 휩쓸고 간 1992년에는 엄청난 적자를 기록했다. 그러자 구원투수로 영입된 루이스 V. 거스너의 등장이 IBM사의 부활을 가져온다.

---

02 시간이 지나도 변하지 않는 핵심적인 아이덴티티를 이르는 말. 브랜드 에퀴티의 핵심으로 소비자와
    브랜드 간의 가장 강력한 연계고리가 되어준다.

IBM사가 1998년부터 시작한 'e-business 캠페인'은 IBM 브랜드를 새롭게 리포지셔닝하는 것이 목적이었다. 이를 통해 단순한 컴퓨터 회사가 아니라 인터넷을 활용한 새로운 비지니스 환경을 만드는 기업임을 드러내었다. 거대한 조직이 인터넷으로 방향 전환할 것이라고 선언한 것이다. 캠페인이 시작될 초기에는 'e-business 캠페인'의 효과에 우려의 목소리가 컸다. 그러나 캠페인에 숨겨진 또 다른 목적은 기업 자체가 이미 e-business에 대응하는 기업으로 거듭나고 있었다는 사실이다. 기업의 브랜드광고는 이념이 선행되어야 하기 때문에 안과 밖에 영향을 끼치게 된다. 한때 고객이었던 업계 전문가를 직원으로 발탁해 컨설팅을 실시하는 체제를 만들기도 했다. 결과적으로 고객의 인식이 많이 바뀌었지만, 먼저 기업 스스로 조직과 체질을 바꿔나갔던 것이다.

마지막 예로 재규어는 한 번 본 것만으로 구별 가능한 스타일링을 지니며, 지속적으로 신차를 출시하여 많은 차종을 가지고 있다. 그럼에도 불구하고 기본 궤도에 벗어나지 않도록 개발과 판매, 광고의 각 부문이 연동해 브랜드를 강화시키기 위한 노력을 기울이고 있다.

—

브랜드광고를 관리하기 위해서는 먼저 타깃에 관련된 매우 구체적인 자료를 만들어야 한다. 단순히 성별이나 연령으로 기술된 세그먼트로는 불충분하다. 어떠한 요구나 생활방식을 지녔는지 자세하게 기술되어야 하는 것이다.

청소년 대상의 건강음료 '아이키커'는 타깃이 가지고 있는 요구를 잘 브랜딩한 결과로 볼 수 있다. 이 제품은 오렌지, 사과 등의 과일 맛이 나고, 성장 발육에 도움을 주는 비타민 성분이 함유된 음료이다. 특히 성장기의 아동, 청소년들이 키가 크는 것에 동경을 품는 심리를 타깃으로 하여 이미지화하고 있다. 음료를 성장에 필요한 영양을 충족시키는 브랜드로 만든 것이다.

브랜드광고를 효율적으로 전개하기 위해서는 먼저 부서의 합의가 도출되어야 한다. 관리자를 통해 부서 간의 역할 조정이 필요하다. 특히 브랜드를 거시적으로 운영해나가기 위해서는 최고 경영자의 의지가 중요하다.

한국의 대기업들은 오래전부터 브랜드가 최대의 자산이라고 인식하고 주의 깊게 관리하고 있다. 브랜드는 소비자에 대한 감춰진 이념임과 동시에 종사자들의 자부심이기도 하다. 결국 브랜드 관리를 담당하는 책임자의 역할은 매우 중요하다. 이러한 경향은 광고에도 반영되고 있다. 요즘 대부분의 상품광고는 기업의 이미지를 잘 담고 있는지 검토한 후에 나온다는 점은 그만큼 브랜드의 중요성을 인식하고 있는 기업의 모습을 단적으로 보여준다.

한편 브랜드 관리 책임자의 역할은 시티뱅크 브랜드 오피서의 예를 통해 이야기할 수 있을 것이다. 이들은 특정 금융상품에 어울리는 브랜드명을 붙이며, 어떻게 시티뱅크다움을 구축할 것인지의 역할을 한다. 관리자가 지닌 권한을 배경으로 사내 브랜드에 관한 전반적인 책임을 지고 있는 것이다.

그렇다면 브랜드를 광고만으로 관리할 수 없는 것일까. 광고가 브랜드 관리에 일정 부분 책임이 있겠지만 실제로는 주어진 역할을 하는 데도 벅차다. 광고에 있어 시급한 것은 제품의 인지율과 이미지의 개선이다. 한편 통상적인 작업과 브랜드 구축은 경우에 따라 전혀 다른 방향으로 가는 경우도 허다하다. 이러한 이유로 브랜드를 중시한 나머지 광고의 효과가 없어지기도 한다. 이런 문제는 항상 일어날 수 있기 때문에 광고와 브랜드 관리자가 서로 협의하여 해결할 필요가 있다.

광고는 브랜드 가치를 높이기 위한 기획에서 비롯된다. 따라서 브랜드에 관한 기본 정보를 기초로 플랜을 작성해야 한다. 예를 들어 코카콜라의 코어 아이덴티티는 '상쾌함'이다. 이러한 코어 아이덴티티의 연장선상에서 스포츠의 가치를 소중하게 여겨 올림픽 때마다 경기를 중심으로 캠페인을 펼친다. 브랜드 아이덴티티를 광고가 실천하고 있는 것이다.

광고는 브랜드의 이념을 사내뿐만 아니라 외부에 전달하여야 한다. 그러므로 기업은 브랜드의 이념을 광고대행사에 전달하고, 그들의 제안을 적극적으로 받아들일 필요가 있다. 필립모리스사의 담배 브랜드인 말보로는, "진정한 담배 맛의 고향, 말보로 컨트리로 오라"라는 문구와 함께 무한한 자유와 극적인 분위기를 연출하여 강력한 브랜드로 자리매김했다. 말보로의 카우보이를 제안한 광고대행사인 레오 버넷(Leo Burnett)사는 말보로의 브랜드 가치를 지금까지 지속하여 이어오게 하는 데 공헌하고 있다.

광고 전략상 중요한 과제는 브랜드 커뮤니케이션을 지속하는 문제이다. 광고의 표현이나 플랜에는 브랜드의 코어 아이덴티티가 일관되게 담겨 있어야 한다. 예를 들어 야쿠르트의 광고에는 유산균과 건강함의 이미지가 담겨 있어야 하고, 브랜드의 심벌을 컨트롤한 재규어에는 항상 리빙캣으로 불리는 상징이 등장해야 한다.

스토리 역시 같은 구조를 지녀야 한다. 네스카페 브랜드의 광고에서 문화예술인을 등장시켜 활력이 넘치는 모습이나 느긋하게 쉬는 모습을 담듯 표현은 달라도 일관된 스토리를 지녀야 한다.

이외에도 음악, 색감, 매체 선택에도 자사 브랜드의 이미지를 고려하지 않으면 안 된다.

3. 리브랜딩 마케팅의 효용

브랜드는 목표를 가지고 진화하는 유기체다. 브랜드의 목적은 한마디로 고객 지향이다. 리브랜딩(rebranding)이 필요한 이유는 브랜드를 수용하는 고객이 시시각각 변화하기 때문이다. 소비자는 늘 새로운 것을 원한다. 그래서 뒤처지지 않으려면 변신해야 한다. 이때 효과적인 마케팅 기법 중 하나가 바로 리브랜딩이다.

리브랜딩은 소비자 기호나 환경변화 등을 고려해 제품의 이미지를 새롭게 창출하고, 소비자에게 인식시키는 활동을 일컫는다. 이때 브랜드의 마케팅 전략과 광고 콘셉트 재설정 및 이름을 바꾸는 과정 등이 포함된다.

최근에는 오랫동안 국민들의 사랑을 받았던 제품들이 리브랜딩에 적극 나서고 있다. 소비자의 눈길을 끌지 못하는 오래된 제품은 시대에 뒤떨어진 제품일 뿐이라는 명목 아래 제품이 지닌 기존 이미지를 바꾸는 것이다.

박카스는 리브랜딩을 통해 상황 변화에 효과적으로 대처했다. 박카스는 2011년 의약외품으로 지정되면서 약국뿐만 아니라 편의점에서도 판매할 수 있게 되었다. 따라서 그때까지 강조해왔던 "진짜 피로회복제는 약국에 있습니다"라는 광고문구를 더 이상 사용할 수 없게 되었다. 이때 택한 광고 전략은 약으로서의 효능을 강조하기보다는 수험생이나 직장인 등 우리 주변에 흔히 볼 수 있는 사람들이 피로에 시달리는 상황을 보여주며 박카스는 곧 피로회복이라는 등식을 자연스럽게 강조하는 것이었다.

브랜드 이름은 곧 자산이다. 소비자들이 가장 먼저 이름을 통해 제품을 기억하기 때문이다. 하지만 때로는 과감하게 이름까지 바꾸는 경우도 있다. 마케팅 분야에서는 미국 화물운송업체 페덱스의 리브랜딩을 대표적인 성공 사례로 꼽을 수 있다.

이 회사는 원래 이름이 '페더럴 익스프레스(federal express)'였지만, 1994년 이름을 '페덱스(FedEx)'로 줄여 '신속함'을 강조했다. E와 X 사이에 화살표가 생기게 해 신속함을 시각적으로 표현했던 것이다. 세계적인 마케팅 전문가 필립 코틀러는 저서 『B2B 브랜드 마케팅』에서 "페덱스하다'라는 표현이 택배를 성공적으로 보낸다는 뜻으로 쓰이게 될 만큼 성공적으로 안착했다"고 평가했다.

리브랜딩 전략은 그 브랜드가 소비자에게 오랫동안 약속해온 핵심 가치에서 출발한다. 리브랜딩을 꾀하면서 브랜드 핵심 가치를 계승하지 않은 채 무조건 새로움만 추구한다면, 이미 고객과 잘 소통하고 있던 장점마저 놓치게 되어 브랜드의 쇄신이 근본적으로 어려워진다. 소비자의 욕구와 트렌드 변화를 꿰뚫어보고 새로운 고객 가치를 창출하면 진부하게 느껴지던 브랜드에 신선함을 부여할 수 있다. 변화의 격랑 속에서 소비자를 보다 잘 이해하기 위해 기업 전체가 민첩하게 대응해야 한다.

프로모션의 기획

07

1. 프로모션과 광고

프로모션은 대행사의 기획력이 중요시되는 영역이다. 판매 촉진을 비롯해 프로모션에 필요한 모든 실행의 담당을 대행사에서 하기 때문이다. 또한 매체를 통한 광고 이외의 커뮤니케이션 전체를 책임지기도 한다. 그 가운데는 프리미엄 캠페인과 이벤트처럼 기본이 갖춰진 것도 있지만 원점에서 새롭게 진행하거나 경험 있는 외부 네트워크를 활용해야 하는 경우도 있다.

프로모션은 커뮤니케이션의 전략 가운데 특별히 기획력을 어필해야 하기 때문에 신선한 아이디어와 실행력이 요구된다. 그러므로 담당자는 전략 플래닝과 외부 기획사를 효율적으로 잘 이끌어야 한다. 대규모 이벤트를 비롯, 거리의 샘플 증정 행사나 점두의 프로모션까지 규모와 상관 없이 말이다.

프로모션의 하나인 경품 캠페인과 이벤트는 구매 의욕을 자극하고 제품의 관심을 불러일으키기 위한 활동으로, 거리의 샘플 증정 행사는 제품의 특성을 무료로 체험시킴으로 구입을 유도하는 방법이다. 화장품 등의 샘플은 가급적 번화가에서 나눠준다. 이때 작은 것에도 기업의 색깔을 담는 노력이 필요하다. 비싸지 않아도 회사의 개성과 콘셉트를 반영한 것이라면 좋은 기억을 각인시키는 매개체가 될 수 있기 때문이다.

스포츠 이벤트는 널리 알려진 경기의 스폰서로 지원하는 것이다. 가능한 대규모 대회에 협찬을 하거나 타깃층의 참가가 예상되는 행사를 후원하는 등 여러 가지 방법이 있을 수 있다. 그 밖에도 각종 전람회나 공연의 협찬처럼 문화를 통해 광고주와 소비자의 접점을 찾기도 한다.

한편 대행사들은 인터넷을 비롯한 다양한 매스미디어의 융합을 시도하고 있다. 인터넷광고 시장이 이미 라디오와 잡지를 앞선 요즘, 이전에는 매스미디어와 인터넷을 별개의 매체로 보았지만 현재는 양자를 융합하여 대응하기 시작했다. 이러한 변화로 인해 인터넷 광고대행사의 크리에이티브 역시 당초에는 외부에 제작을 의뢰했지만 지금은 전문 스태프를 둠으로써 매스미디어와 원활하게 진행할 수 있는 체제를 갖추고 있다.

사실 인터넷광고를 전문으로 하는 대행사는 매스미디어에 연연하지 않고 보다 전문화된 비지니스를 확대하려는 의도를 갖고 있다. 격심한 경쟁에 처한 매스미디어보다는 새로운 시장을 개척하는 편이 훨씬 효과적이라고 판단했기 때문이다. 일각에서는 인터넷 전문대행사에 자본참여 등의 제휴를 맺기도 한다. 앞으로는 본격적으로 인터넷 중심의 서비스가 더욱 확대될 것으로 보인다.

홍보도 중요한 분야이다. 광고주의 커뮤니케이션 영역을 다룬다는 의미에서 결코 가벼운 업무가 아닌 것이다. 광고주의 요구에 따라 전달되어야 하는 갖가지 정보를 효율적으로 내보내야 하기 때문이다. 기업이 대행사에 요구하는 홍보에는 신제품을 다층적으로 전달하려는 의도가 깔려 있다. 그래서 기자회견도 가능하면 화려하게 진행하여 매스컴에 적극 노출되어야 한다. 따라서 영업과 SP도 매스컴의 소재가 될 수 있음을 의식하여 활동해야 한다.

기업 홍보를 담당하는 팀은 우선 주어진 테마를 매스컴의 소재로 만들어야 한다. 기사와 방송 프로그램을 취급하는 제작 측과 접촉하여 어떻게든 노출할 기회를 얻어야 하는 것이다. 때에 따라 매체와의 거래 관계를 활용하거나 홍보대행사에 맡기는 방법도 있다.

그러나 무엇보다도 광고의 핵심은 매체에 따른 전략이다. 매체를 선택하여 시간과 횟수를 결정하고 효율적인 전달 방안을 검토해야 한다. 20대 직장 여성을 대상으로 하는 제품을 평일 오후 시간에 텔레비전광고로 내보낸다는 것은 무의미하다. 매체 전략은 효율성에 입각해서 입안되어야 하는 것이다. 효율은 CPM을 지표로 삼는다.

또한 광고의 시기와 지역, 매체의 사용방법도 전략적인 측면에서 다뤄야 한다. 시점도 중요하다. 커뮤니케이션 전략에 근거하여 광고량 조정도 해야 한다. 전반부에 집중하거나 서서히 고조시키다가 정점에서 한꺼번에 쏟아 붓거나, 2회로 나누는 등의 치밀한 전략이 필요하다는 것이다. 지역도 제품의 성격과 유통방식에 맞춰 설정하고 목적과 특성에 맞춰 적합한 매체인지 판단해야 한다.

이러한 광고를 소비자에게 전달하는 매개는 미디어, 즉 매체이다. 텔레비전과 신문 등의 매스미디어와 옥외 계열의 OOH[01]와 SP[02], 그리고 인터넷 세 가지를 대표적인 매체로 들 수 있을 것이다.

광고를 내보낼 때는 각 매체가 지닌 장점을 최대한 활용해야 한다. 매스미디어광고는 짧은 시간에 널리 알릴 수 있는 장점뿐 아니라, 수량에 비해 전달되는 속도와 효율, 인지도 측면에서 효과적이다.

특히 4대 매체는 대량 전달을 가능하게 하는 시청자와 독자를 지녔다는 점도 장점이라 할 수 있다. 단시간의 압축된 전달로 인지도는 물론 캠페인 초기에 가속도가 붙을 수 있다.

매스미디어를 이용하는 다른 이점은 권위 있는 매체에 광고를 게재함으로써 메이저 제품이라는 느낌을 들게 해준다는 점이다. 이것은 다른 어떤 매체도 흉내낼 수 없지만 일각에서는 비용 대비 효율성에 대한 의문을 제기하기도 한다. 그렇지만 매스미디어가 광고의 중요한 위치에 있다는 것은 부인할 수 없는 사실이다.

인터넷은 지역에 관계 없이 광고가 가능하다는 점에서 매스미디어와 유사한 특성이 있지만 효율성 측면에서 텔레비전에 미치지 못한다. 인터넷을 기반으로 하는 인터랙티브, 즉 쌍방향이라는 특성에 고려한 연동형 광고는 다른 매체에는 찾아볼 수 없기에 앞으로 더욱 존재감을 늘려갈 것이다.

---

01 OOH에는 교통광고와 옥외광고가 있다. 매스미디어에 비교해 제한은 있지만 불특정 다수의 시선을 끌 수 있다는 이점이 있다.

02 제품의 판촉을 위해 벌이는 이벤트나 프로모션 행사를 통칭하는 것으로, OOH보다는 접촉기회가 한정되지만 대상과 지역을 좁힐 수 있고, 소비자와 직접 대면함으로 즉각적인 반응을 얻을 수 있다.

2. 효과적인 프로모션의 방법

　요즘의 광고대행사는 효율적인 운영을 위해 가능한 아웃소싱(outsourcing)을 많이 한다. 경영과 최적화된 서비스를 위한 선택으로, 인건비를 비롯한 비용의 부담을 줄일 수 있다.

　한편 아웃소싱을 통해 각 시안에 맞는 최적의 스태프를 배치할 수도 있다. 가령 어떤 제품의 광고를 제작해야 할 때는 그 분야에 능력이 집중된 최고를 선택해야만 한다. 이럴 경우에는 실적을 참고하여 제작사를 선정하면 좀 더 높은 수준의 결과물을 얻을 수 있을 것이다.

　아웃소싱 시 대행사에 필요한 것은 코디네이트에 관련된 전략 입안 능력이다. 외부 제작사를 선정하는 것은 누구라도 할 수 있지만 광고주에게 어떤 전략을 제안하느냐에 따라 차별화가 드러난다.

　대행사마다 조금씩 성격이 다르지만 아웃소싱이 필요한 영역은 주로 텔레비전이나 그래픽광고 분야이다. 그 밖에 웹사이트나 서버 관리 같은 인터넷 관련 분야에도 아웃소싱할 수 있다. 마케팅에서는 리서치와 데이터 분석, 전략 입안에 관련되거나 전문성이 요구되는 컨설팅에서도 가능하다. SP 부문은 프로모션, 캠페인, 이벤트 등의 기획과 포스터나 POP[03], 각종 소품과 프로그램의 인쇄와 제작에, 홍보는 매체와의 접촉과 관련된 소재와 기자회견 등 이벤트 성격이 짙은 업무에 있을 수 있다.

03　'Point of Purchase'의 줄임말로 제품 매장에 설치한 광고를 말한다. 마트나 백화점에 손으로 쓴 것 같은 글씨체가 있는데 이것도 POP광고에 일종이다.

프로모션은 커뮤니케이션의 목표를 달성하기 위한 광고나 PR 이외의 방법을 목적에 따라 선택해야 한다. 그중에서도 단연 눈에 띄는 것은 경품을 제공하는 프리미엄 캠페인이다.

제품 구입을 조건으로 하는 클로즈드 캠페인(closed campaign)은 구매심리의 자극을 목적으로 한다. 누구라도 응모 가능한 오픈 캠페인은 상품이나 캠페인의 인지도, 퍼블리시티 효과를 높이기 위해 실시된다.

한편 구입 의욕을 자극하는 방법으로는 쿠폰 등을 이용한 가격 프로모션이 있다. 일종의 고객 고정화를 노린 FSP(Frequent Shoppers Program)는 항공사의 마일리지와 포인트 카드 같은 것을 말한다.

매장에서 구입 의욕을 자극하는 것을 점두 프로모션이라 한다. POP류의 연출이나, 일종의 전시 효과인 데먼스트레이션 효과(demonstration effect)처럼 기본적인 것부터 매장 전체의 제안까지 포함된다. 점두 프로모션에서 흔히 행해지는 것이 샘플링이라는 제품 촉진 행사다. 샘플링은 길거리나 미디어를 통해 실시되지만, 높은 단가의 제품은 모니터 기법도 사용된다. 또한 매장에서 제품의 종류를 늘리거나 경합 상품보다 우위에 서기 위한 프로모션, 혹은 리얼한 체험으로 타깃과의 유대감을 높이는 이벤트도 가능하다. 대규모 전람회나 컨벤션 행사, 견본 시장인 프라이빗 쇼 참여 등 매우 다양하다.

프로모션은 전체 전략과 조화를 이뤄야겠지만 리스크도 최소화할 필요가 있다. 또한 대상을 무한대로 넓힐 수 있기 때문에 취사 선택하여 최적의 편성을 해야 한다. 기준은 커뮤니케이션 전략과의 적합성으로 제품과 서비스의 조화에 무리가 없어야 한다. 그리고 광고나 PR을 적절히 이용하여 효과를 상승시킬 방법도 필요하다.

먼저 프로모션에서 리스크를 최소화하기 위해서는 매력적인 플랜도 필요하지만 불확실한 요소를 철저히 배제할 필요가 있다. 한편 비용 대비 효과도 중요한 조건임에 틀림없다. 이러한 조건에 의해 최적의 프로모션, 커뮤니케이션 플랜의 전체상을 그릴 수 있어야 한다.

프로모션은 이벤트의 주최나 수단에 따라 효과도 달라진다. 물론 주최는 당연히 자사이며, 모두 영업과 PR 등 자사의 커뮤니케이션 강화가 목적이 될 것이다. 종류로는 프라이빗 쇼나 거래처의 사기를 높여주기 위한 이벤트, PR 등이 있다. 관련 업계나 매체사가 주관하는 전시회, 견본행사도 계획에 포함할 수 있기 때문에 동일한 목적이 가능하다. 한편 정부나 지자체가 주최하는 전람회는 기업 PR의 참여를 도모할 수 있다.

스포츠나 음악, 예술 등의 협찬은 이벤트가 지닌 콘텐츠 파워와 맞물려 고객과의 유대감을 증진시킬 수 있다. 최근에는 하나의 사업 영역으로 파악하려는 경향도 있다.

—

프로모션 플래닝은 미디어 플랜처럼 마케팅을 확인하는 것에서 시작해야 한다. 시장과 경쟁사를 파악하고, 목표, 타깃, 지역, 스케줄, 예산을 확인한 후에 구체화시켜 과제 해결의 핵심이 되는 타깃을 설정한다. 그리고 스케줄과 제품, 유통 채널을 조합하여 적절한 예산의 배분할 필요가 있다.

지금까지가 전략 프레임의 입안이었다면 점차 구체적인 안을 만들어야 한다. 전체 커뮤니케이션 전략의 콘셉트에 입각해 프로모션의 테마를 설정하여 아이디어를 현재화시키는 것이다. 프로모션에는 시스템이나 트릭도 중요하기 때문에 병행하여 진행시켜야 한다. 스케줄에 따라 광고 크리에이티브나 미디어와의 연계도 필요하다.

프로모션의 과제를 해결하기 위한 최적의 기법을 결정하기 위해서는 먼저 시장 상황을 파악할 필요가 있다. 제품과 상품 카테고리가 어느 단계에 와 있는지 확인해야 할 것이다. 제품이 시장에 막 출현한 도입기라면, 트라이얼의 촉진이나 유통이 포인트이며, 성장기인 경우는 매출의 확대나 정보의 전달을 늘려야 한다. 성숙기에 와 있다면 구매의 동기를 유발시킬 대책과 새로운 베네피트가 필요하다.

경합사와의 관계를 기준으로 설정하는 방법도 있다. 점유율이 최고인 제품은 시장을 확대하는 것이 우선이다. 이럴 때는 점유율을 현상 유지에 머무르지 않게 하고 확장시킬 전방위적인 대책이 필요하다. 차선의 점유율을 노린다면 자사의 장점에 집중하는 챌린저 전략이 좋다. 그 밖에 유통을 재점검하여 별도 대책을 수립할 수 있다. 결과적으로 제품의 인지도를 넓히거나 브랜드의 촉진에 집약해야 한다.

프로모션은 미디어를 이용한 광고와는 달리 사용자와 접촉을 통해 이행된다. 그래서 POP이나 각종 툴, 프리미엄 캠페인은 제공 시점에 따른 대책이 필요하다. 만약 제작물이면 납품까지의 스케줄, 제작비용이나 권리관계까지 포함된다. 타이업의 경우에는 사전에 조건을 확인해 놓지 않으면 나중에 견해 차이가 발생할 수 있다.

이벤트나 점두 프로모션의 경우 스태프의 관리에도 유의할 필요가 있다. 교육을 통해 스태프와 매뉴얼을 공유하고, 만일의 사태에 대응해야 한다. 사인이나 POP광고 등을 복수의 장소에서 실시할 때는 가능한 밀집한 지역에 설치하는 것이 좋다. 장소의 점검은 사전에 실시하여 행사에 지장이 없도록 하고, 경품표시법 등의 규제에 따른 확인도 필요하다.

—

프로모션은 대상에 따라 풀(pull)과 푸시(push)로 나눠지는데, 소비자가 대상인 것은 풀 전략을, 유통사를 대상으로 실시하는 것이 푸시 전략을 세운다.

풀 전략이란 브랜드를 통해 소비자를 유인하는 것으로, 인지도와 선호도를 높이기 위해 사용한다. 푸시 전략은 점두에 배치한 제품을 소비자에게 권하는 것이다. 그리고 자신의 점포에 소비자를 끌어오기 위해 다양한 프로모션을 실시한다. 전단 광고나 할인 외에도 자사 신용카드의 사용에 따른 경품은 가격 이외의 면에서 타점과의 차별화는 꾀할 때 유효하다.

단 프로모션 활동 수행 시 무조건 가격 인하식 판매는 단기적인 효과를 끌어올리는 데는 효과적이지만 점차 가격 이미지를 떨어트려 통상 가격으로의 판매를 곤란하게 할 수도 있다. 따라서 광고와 판매방법을 적절하게 구사해 매출 증가를 꾀하여야 한다. 이렇게 저가격을 차용하는 방식은 EDLP(everyday low price)이며, 주로 대규모 할인점에서 많이 사용하고 있다.

1996년 5월에 '경품표시법'이 개정되어 경품류 최고액이 인상된 이후에 경품이나 현상과 연계한 광고가 증가했다. 이벤트는 제품의 판매나 기업의 PR로 간주되지만, 가격이 저렴하다는 기분과는 달리 브랜드를 체험하는 장으로 자리매김하고 있다.

사회지향적 활동에 더해 PR을 진행하는 것은 마케팅에 있어 긍정적인 효과를 볼 수 있다. 먼저 퍼블리시티(publicity)를 활용하는 방법은 광고보다 신뢰 형성에 효과가 있으며 무료로 실시되는 부분이어서 비용이 절약된다는 점을 지적하고 싶다. 또한 운동 경기나 예술, 각종 오락행사의 스폰서십은 언론을 통해 부각되는 경우도 많아 매출에 기여하거나 직원들의 사기 진작에도 도움이 된다. 이처럼 PR을 마케팅에 적극적으로 활용하는 것을 MPR(Marketing Public Relations)이라고 한다.

퍼블리시티에는 물론 부정적인 정보가 포함된 경우가 있고, 기업이 통제할 수 있는 힘이 없어 게재 시기나 회수를 컨트롤하는 것도 어렵다. 이를 보완한 것이 광고의 기능이다. 다이렉트 리스폰스는 매스미디어광고에서 어려운 쌍방향 커뮤니케이션이 가능하고, 거래까지 지속적으로 실시할 수 있다. 데이터베이스 구축비용이 지금보다 더 내려가고 인터넷에 의한 매출이 증가하면 할수록 다이렉트 마케팅의 중요성이 확대된다.

광고 효과의 측정과 방법

1. 광고 효과의 측정이 필요한 이유

광고 효과는 메시지와 미디어의 상호작용에 의해 나타난다. 매체의 광고시간과 광고판의 구입이 예산의 대부분을 차지하기 때문에 독창성뿐만 아니라 치밀한 플래닝이 요구된다.[01]

광고 효과는 기획단계에서 설정한 기준으로 평가하며, 결과적으로 얼마만큼 목표에 도달했는지 확인하는 것이다. 그리고 평가 결과를 타깃의 지표로 삼는다. 이것을 중요시하지 않으면 정확한 판단이 어렵게 되고, 다음 진행을 효과적으로 할 수 없게 된다. 평가 대상이 기존 제품이라면 출고 전에 타깃을 면밀히 조사하여 비교함으로써 광고 효과나 마케팅 관련 예측이 가능한 것이다.

---

01 요즘은 인터넷의 대중화로 매체 간의 경계가 점차 애매해지고 있다. 또한 IMC와 관계성 마케팅으로 소비자와 브랜드의 접점 파악도 가능해졌다.

효과 측정의 방법에는 몇 가지가 있다. 먼저 광고의 투하량에 따라 어느 정도 소비자에게 도달할 수 있을지 순위로 확인하는 것이다. 텔레비전의 종합시청률(GRP)이나 신문, 잡지 등은 부수가 기준이다. 매체 순위는 광고가 얼마만큼 도달했는지에 따라 다르다. 평가에는 제품의 호감도, 구입의향 등이 지표가 된다.

사전에 소비자 행동 경향도 파악할 수 있기 때문에 관련 정보를 미리 수집해두는 것이 좋다. 제품을 구매했다면 어떤 정보에 의해 구입하게 되었는지 확인하는 것이다. 광고에 한정되지 않고 비용 대비 효과를 구하는 방식도 있다.

예산 전체에서 마케팅이 차지하는 비율은 높지만 그 효과를 측정하기 어렵다. 그래서 결과가 어땠는가를 체크하는 효과 측정이 필요한 것이다. 무조건 광고를 내보내기만 할 것이 아니라 어떤 결과를 낳았는지 분석해볼 필요가 있다. PDCA는 기업의 경영 기법에서 품질관리를 말한다. PDCA 사이클은 일종의 관리 사이클로 계획(Plan) → 실시(Doing) → 확인(Check) → 조치(Action)를 반복 실행함으로써 목표치를 확인하는 방법이다. 결과적으로 최초 전략에 약간의 오류가 있었다 해도 무엇을 어떻게 하면 해결할 수 있을지 대책을 강구할 수 있다.

광고가 광고주의 이익에 기여하는 것이라는 생각에 지나치게 몰두하게 되면 제품의 판매 수익에만 집착하게 된다. 제품이 팔리는 이유는 광고뿐만이 아니라 다양한 마케팅의 결과에 의해서다. 그런데도 효과를 광고 투하나 매출만으로 평가하는 것은 적절치 않다. 광고 효과의 측정은 활동에 대한 평가로 보는 것이 일반화되어 있다. 그 이후에 매출이나 수익과의 관계를 파악해봐야 한다.

　대행사의 업무 중 하나인 조사는 광고 효과 측정처럼 제품에 관련된 리서치와 시장을 파악하는 마케팅 리서치라는 두 방향으로 나누어져 있다. 조사는 표현에 따른 조사도 있지만 제작 전 단계부터 타깃에게 어떻게 받아들여지는지 살펴보는 것도 포함한다. 온에어된 광고의 평가도 하지만, 조사기관을 통한 세밀한 파악도 가능하다.

　마케팅 리서치는 광고주의 요구로 대행사가 담당하지만, 전략 입안을 위해 독자적으로 실시하기도 한다. 조사방법에는 정량 조사와 정성 조사가 있다. 정량 조사는 앙케트 방식인 수량으로 파악하고, 정성 조사는 소비자를 질적인 측면에서 조사하는 것이다. 어떤 게 좋은 것인지 긍정과 부정으로 구분할 수 없는 것을 타깃을 통해 명확하게 해보는 것이다. 이럴 경우에는 5~6명이 대상인 그룹 인터뷰가 많이 이용된다.

　인터넷은 리서치에 많이 활용되며 앙케트의 수준을 높여준다. 단기간에 실시가 가능하고 결과를 즉시 반영할 수 있으며 비교적 비용이 적게 든다. 인터넷 리서치를 전문으로 하는 기관은 대부분 조사 대상자를 수만 명 단위로 보유하고 있다. 따라서 조사에 필요한 샘플 수를 확보하지 못했거나 까다로운 신제품의 구입자나 특정 지향이 있는 타깃 일지라도 적절한 샘플을 얻을 수 있다.

　이전에는 인터넷이 소수의 이용자로 한정되어 있어서 정확도에 의문이 있었지만, 대중화가 된 요즘 그런 우려가 해소되었다. 그렇지만 인터넷 이용자에 국한된 조사는 편향성이 있을 수 있기 때문에 조심해야 한다. 특히 기업 기밀에 해당되는 조사는 주의가 필요하다. 그러나 머잖아 인터넷 리서치가 지닌 문제점을 해소한 기법이나 방법이 개발될 것이며 앞으로 이용이 더욱 확대될 것으로 보인다.

광고주의 입장에서는 광고를 실행하기 전에 효과를 예측할 수 있다면 가장 좋을 것이다. 그렇지만 현실은 그렇지 못하다. 지금까지 사용되어온 기법은 광고 효과를 사전에 파악하고자 했던 크리에이티브 리서치 정도이다. 출고 전 카피의 효과를 테스트하여 최적의 광고문구를 선정하기 위한 사전 조사와 출고 후의 평가가 그것이다. 크리에이티브 리서치의 개념과 기법에 대해서 아직까지도 많은 논의가 있지만, 지금까지의 기법 모두 최적의 성과를 올리는 데 나름의 기여를 하고 있다. 한편 캠페인의 침투도 조사는 어떤 항목을 어떠한 점에 주의해 실시해야 하는지가 중요하다. 광고 캠페인이 시작되기 전에 실시하는 효과 측정은 브랜드 매니저에게 있어서 꼭 필요하다. 광고 표현의 효과를 사전에 알고 표현이 틀리지는 않았는지를 체크해두는 것은 매니지먼트에 있어 상당히 중요하기 때문이다.

광고 조사는 사용 여하에 따라 나름의 노하우를 제공해준다. 그래서 광고 효과를 정확하게 파악하기 위해서 광고주가 직접 조사 결과를 분석해보는 것도 권장된다.

그동안 한국의 현실에서는 광고 캠페인 전 단계에서의 테스트가 그리 중요시되지 않았다. 조금 지난 자료지만 한국광고학회에서 실시한 1980년대 광고주에 대한 앙케트에 의하면 광고 작품 테스트를 하지 않은 광고주가 무려 63.3%에 달했다. 반면에 1982년 미국광고조사재단(ARF)에 의하면, 95.9%가 완성 광고 테스트를 했다고 답해 한국과 미국의 차이가 확연히 드러난다. 그렇다면 왜 한국에서는 크리에이티브 테스트를 실시하지 않았을까. 조사의 유효성이 의사 결정단계에서 존중되지 않았거나 시간이나 예산의 부족, 조사기관의 기술적인 미흡함 등 다양한 이유가 있을 것이다. 분명한 것은 광고를 오랜 경험과 감에 의해 결정하던 역사가 한동안 한국 광고계에 있었던 것만은 분명하다.

광고 표현의 사전 테스트에는 크게 세 가지가 있다. 먼저 광고의 콘셉트 테스트이다. 광고 아이디어가 확정되지 않은 단계에서 소비자의 반응을 살피는 것이다. 다음은 미완성 광고 테스트로, 완성에 이르지 않은 광고안을 제시해 소비자의 반응을 보는 것이다. 끝으로 완성한 광고로 소비자 테스트를 실시하는 경우가 있다.

여기에서 말하는 콘셉트는 광고가 제품에 대해 무엇을 말하는지 전달할 내용을 가리킨다. 광고 표현의 초기 단계에는 제품에 대해 어떻게 설명하고, 무엇을 강조해야 하는지 다양한 논쟁이 일어난다. 다시 말해 '무엇을 말할 것인가(What to say), 어떻게 말할 것인가(How to say), 어디에 말할 것인가(Where to say)'에 대한 논쟁이다.

이 단계에서는 몇 가지를 명확히 해둘 필요가 있다. 광고의 목적은 물론이고 어느 제품과 경합하며, 제품에 대한 시장은 어떤 상태며 타깃은 누구고 광고로 해결하고자 하는 과제는 무엇인지 하는 점이다. 이런 의문이 어느 정도 명확해지고 나서 마케터와 크리에이터는 제작의 첫 단계인 콘셉트 작성에 착수해야 한다. 가능한 함축된 짧은 문장으로 제품이 어떤 것인지를 표현한 시트로 비주얼 이미지와 아이디어를 담아야 한다.

콘셉트는 짧은 문장으로 제품이 어떤 것인지 기능과 효용성을 명쾌하게 담고 있어야 한다. 간혹 제품의 일러스트가 첨부되기도 한다. 몇 개의 비주얼을 조합하여 내레이션이나 설명을 붙인 경우다.

광고 소재를 소비자에게 인터뷰 방식으로 질문하는 것을 콘셉트 테스트라고 한다. 표현에 따른 문제나 계획된 반응을 얻을 수 있을지 파악하는 테스트를 말하는데, 대부분 그룹 인터뷰를 이용한다. 계획되거나 정형적인 질문이 아닌 비교적 자유롭게 소비자의 반응을 살피는 것이다. 제품이나 광고에 대한 의견과 구매의사, 문제점은 무엇인지를 질문한다. 제작의 초기 단계이기 때문에 대략적인 반응을 통해 단서를 얻기 위한 것이 목적이다. 이 테스트는 콘셉트가 결정되고 나서 안건을 구체화시키는 과정에서 실시할 수 있다. 완성 이후에 일어날 수 있는 문제를 사전에 차단할 수 있고, 소비자가 좋아하는 표현도 미리 파악할 수 있기 때문이다.

사전 테스트가 꼭 필요한 매체는 비용이 많이 드는 텔레비전이다. 텔레비전광고에 적합한 테스트는 몇 가지가 있다. 무빙 스토리보드는 수작업이나 컴퓨터 그래픽에 의한 그림 콘티를 정지화면 몇 개와 연결시켜 텔레비전광고와 가깝게 만들어 음악과 내레이션을 붙인 것이다. 그리고 배우가 실제 연기한 것을 촬영해 이전에 찍은 영상자료를 연결시킨 모의광고를 그룹 인터뷰로 반응을 살피는 방법도 있다. 혹은 대상자를 특정 장소에 모아 판정할 수 있다. 내용, 흥미, 구입의향, 제품설명 등의 항목이 제시된다.

일각에서는 이러한 모의 테스트가 실제 도움이 되는지에 대한 반론도 만만치 않다. 실제로 모의 테스트는 완성된 광고와 비교해서 소비자의 반응이 다르다는 결과가 테스트를 실시한 회사로부터 보고되고 있다. 그래서 대부분이 광고가 완성된 이후에 효과 테스트를 많이 한다. 대표적인 텔레비전광고 테스트 시스템은 미국의 리서치 회사인 맥컬럼 스필먼사의 맥컬럼 스필먼 테스트로 알려져 있다. 이 시스템은 주관식 응답을 녹음하면서 터치스크린 모니터를 이용해 객관식 설문의 응답을 받을 수 있게 개발되었다.

시스템은 1회에 120명에서 250명 정도의 샘플을 모아 실시한다. 이른바 시어터 방식이라고 불린다. 광고를 2회 혹은 3회 노출시킨 뒤 질문지에 기입하게 한다. 질문지뿐만 아니라 버튼을 눌러 반응을 보는 흥미 반응 곡선도 있다.

한편 대상자를 소집할 때 목적을 숨기거나 사전에 알려주는 두 종류가 있다. 질문의 항목은 흥미도, 브랜드명, 제품 정보의 기억, 전달 내용의 이해, 좋은 점과 궁금한 점과 같은 진단 정보, '즐겁다'나 '깨끗하다'와 같은 형용사로 표현된 것과 이미지, 구매욕구, 적합도, 호감도 등이 담겨 있다.

—

캠페인을 종료한 뒤에 시장에서 어떻게 받아들여졌는지를 사후 조사하는 것은 의미가 있는 작업이다. 광고에 접촉한 소비자에게 반응을 질문하는 것은 광고주가 단독으로 실시하는 개별 조사로도 가능하다. 비디오 리서치가 실시하는 차트에 의하면, 연간 2~4회 실시되며 몇 개의 광고주가 공동으로 하는 옴니버스 형식의 조사가 있다.

소재를 스토리보드 형태로 제시하고 질문지를 대상자 자택에 한정하여 800명 정도의 샘플로 반응과 평가를 묻는다. 조사 항목은 흥미와 광고 내용의 이해, 이미지, 인물의 적합성, 호의도, 만듦새 등이 있다. 몇 개의 광고주가 공동으로 하는 작업이기 때문에 저렴한 가격으로 실시할 수 있고, 축적된 평가를 다른 광고와 비교해볼 수 있다.

그렇지만 광고의 화제성이 반드시 매출 증대로 이어지는 지표는 아니다. 그중에서도 '호감도'의 순위는 믿기 어렵다. 매스컴에서 인기 있는 광고는 의외로 순위에 좌우되는 경우가 많다. 그러나 구입 의향과 관련 높은 항목은 '이해하기 쉽다'는 것과 '설득력'이다. 뒤를 이어 '친숙함'이고, 반대로 '재미있다는 것'과 '구매 의향'은 낮다. 이렇게 장기적인 관점에서 광고를 평가, 분석함으로 유익한 제작 노하우를 축적할 수 있다.

광고 효과의 측정에 따른 논쟁은 심리적 효과로 측정해야 할지, 아니면 실제 매출로 해야 하는지와 같은 의문에서 비롯된다. 전자는 상품과 유통에 영향을 받기 때문에 단순히 매출로만 측정하는 것은 적합지 않다는 주장이다. 반면에 광고의 결과는 매출로 판단해야지 심리적 지표는 불필요하다는 견해도 만만치 않다.

요즘은 과학 기술의 발달로 미국에서는 광고 캠페인 후의 효과를 측정하는 것이 가능해졌다. 조사 대상의 가구별 구매한 제품을 데이터로 삼아 텔레비전 시청률과 대비하여 구매와 광고시청 기록을 비교분석하는 것이다. 또한 광고를 실시한 세대와 그렇지 않은 세대를 비교해 효과를 측정하는 것도 가능해졌다. 따라서 매출과 심리적 반응 같은 논쟁은 사라졌다. 그렇다고 커뮤니케이션 효과를 측정하는 것이 불필요해진 것은 아니다. 데이터로 측정 가능한 것은 슈퍼마켓을 통해 구입되는 제품에 한정되지 자동차 같은 고액의 구입 빈도가 낮은 제품은 적용할 수 없다는 단점이 있기 때문이다.

2. 크리에이티브 리서치의 활용

광고의 표현을 선정할 때 콘셉트와 잘 어울리고 있는지 확인해볼 필요가 있다. 매스미디어에 의해 노출될 콘셉트는 광고의 목적을 명확하게 담고 있어야 한다. 광고 실시의 전단계는 카피 테스트, 광고 테스트, 광고 표현 조사 등 다양한 호칭으로 불리지만 포괄하여 '크리에이티브 리서치'라고 한다. 한마디로 광고 표현과 콘셉트의 유효성을 검증하기 위한 조사다.

크리에이티브 리서치를 실시하는 이유에는 몇 가지가 있다. 먼저 착안된 아이디어가 복수일 때는 어느 안건이 뛰어나고 좋은지 판단을 위해 실시한다. 차용된 안건을 강화하고 개선하기 위해 실시하기도 하며, 그 밖에 표현 개발을 위해 진행되기도 한다.

크리에이티브 리서치는 지금까지 많은 논쟁을 불러일으켰다. 과연 유효한 것인지 판단의 차이 때문이다. 뿐만 아니라 실시과정에서 드러난 신뢰성과 타당성, 그리고 리서치를 통해 얻는 결론이 과학적으로 납득할 만하며 객관적인 검증을 거쳤는지에 따른 것이다. 예를 들어 텔레비전광고를 미완성단계 때부터 조사하는 것이 과연 타당한 것일까.

어떤 크리에이터들은 혁신적인 크리에이티비티의 힘은 소비자 조사에서 측정할 수 없다고 주장한다. 특히 보수적인 소비자에게 전달되는 특별한 제시는 오히려 평가를 어렵게 할 수 있다. 게다가 조사의 통계를 리서치로 결론 내리면 브랜드 선호도를 판단하는 것이 되어 창의적인 아이디어를 없애버리는 결과를 초래하기 쉽다.

그래서 사전에 크리에이티브 리서치를 실시할 때는 시간이나 비용에 걸맞은 효과를 기대할 수 있을지 살펴볼 필요가 있다. 특히 텔레비전광고에서 조사가 도움이 될지 확인해봐야 한다. 이처럼 리서치를 실행하는 데는 많은 의문점이 제기되고 있다. 지금까지도 대행사와 광고주, 크리에이터와 조사원 사이에는 논쟁이 이어지고 있고, 아직 결론이 나지 않은 상태다.

1982년에 전 미국의 21개 주요 광고대리점이 협의해 결론을 내린 PACT(Positioning Advertising Copy Testing)라는 보고서가 있다. 여기에는 '미국의 광고대리점을 대표하는 합의된 원칙'이란 부제가 붙은, 1980년대 초까지 개발된 크리에이티브 리서치 기법에 관한 9개의 원칙이 담겨 있다.

좋은 크리에이티브 리서치 시스템은 광고의 목적에 맞게 측정방법을 제공하고, 테스트에 앞서 결과가 어떻게 사용되었는지 합의가 전제되어야 한다고 지적한다. 좋은 시스템이란 인간의 커뮤니케이션 반응 모델에 입각한 것이다. 즉 자극의 수용과 이해, 그리고 반응에 입각해야 한다는 것이다. 광고는 자극이 반복하여 제공되어야 함을 지적하고 있다.

완성도가 높은 광고는 건강한 작품으로 평가될 수 있음을 인정하며, 광고 시안을 테스트할 때 가능한 완성도가 높은 것을 선정할 것을 권하고 있다. 노출에 있어 편견 없는 기법을 제공하고 조사 대상자를 선정함에 있어서도 기본적인 배려가 있어야 한다. 덧붙여 객관성과 신뢰성을 강조하는데 이러한 원칙은 지금도 긍정적으로 받아들여지고 있다.

출연자의 지명도에 따른 효과는 광고에 대한 태도, 구매 의도와 다르게 나타나며 유명 출연자가 비유명인보다 현저하게 높았다. 지명도 높은 출연자는 소구 유형에서 긍정적인 반응을 보였다.

한편 광고의 길이에 따른 효과는 제품의 태도 측정치에서 나타나는

데, 15초광고는 정서적 소구에서, 30초광고는 정보적 소구에서 호의적인 태도를 보였다. 광고의 길이와 출연자의 지명도 간 효과는 제품과 광고의 이해도를 통해 나타났는데, 15초광고는 유명인보다 비유명인일 때 호의적 태도를 보인 반면, 30초광고는 반대의 결과를 보이고 있다.

광고의 길이에 따른 효과는 다른 측정치에서는 나타나지 않고 광고의 이해도에서만 나타났다. 긴 시간의 광고가 시청자에게 메시지를 처리할 시간을 더 많이 준다는 이유로 학습 효과가 높다고 밝힌 페치만(Pechmann)과 스튜어트(Stewart)의 연구 결과도 있다.

중요한 것은 뛰어난 크리에이티브는 브랜드를 차별화할 수 있다는 점이다. 브랜드 차별화는 설득이 중요한 역할을 한다. 로서 리브스와 데이비드 오길비(David Ogilvy) 등 저명한 크리에이터의 주장에도 있듯이 제품 차별화를 위해서는 메시지가 중요하다.

그렇다고 모든 상품에서 브랜드 차별화가 효과적인 것은 아니다. 특히 주력 제품의 커머셜은 신제품보다 두 배의 효과가 있다. 전달률이 높은 광고는 낮은 경우보다 효과가 배나 높다. 또한 사전 구매율이 높은 제품이, 낮은 것보다 광고로 인한 영향을 훨씬 많이 받는다.

마케팅은 애초부터 제품의 차별화가 이루어져 있는지가 초점이지만, 어떤 표현을 채택해야 어느 정도 효과가 있는지에 대해서는 명확하지 않다. 표현이 효과에 초래하는 영향력에는 한계가 있다. 크리에이티브가 아무리 노력해도 15% 이상의 설득력을 갖지 못한다. 경쟁이 격심한 업계에서 그 정도의 차이라도 발생한다면 충분하다고 여길지 모르겠다. 그러나 그것만으로 문제점을 파악했다고 말할 수 없다. 지명도와 이미지에 문제는 없는지, 소구점이 올바른지 등은 매출의 데이터로는 알 수 없다. 따라서 광고로 해결해야 할 문제가 무엇인지 파악해야 한다.

—

한국의 텔레비전 시청률 조사는 TNmS라는 전국 멀티미디어 통합조사(Total National Multimedia Statistics) 회사에서 하고 있다. 지상파를 비롯한 케이블TV, DMB 등 모든 프로그램 시청률을 담당하고 있다. 2008년부터 별도 패널을 구성해 현재 수도권 지역 1,400명 규모로 측정하고 있다. 보다 정확한 측정을 위해서는 단말기 제조사나 콘텐츠를 제공하는 방송사와 협력이 요구된다. 측정 대상 미디어별로 별도의 패널을 운영하는 방식은 개별적으로 산출된 시청률을 통합해 재계산해야 하는 제약이 있기 때문에 동일한 대상자로부터 여러 방면에 걸쳐 수집한 싱글 소스 데이터(single source data)가 필요하다. 그러나 현재 한국의 텔레비전 시청률 조사는 싱글 소스 데이터에 의한 측정으로 하지 않고 있다. 그래서 정확한 소비자 행동과 시청률이 연결된 데이터의 입수가 어렵다. 그렇지만 오늘날 커뮤니케이션 효과의 중요성은 한층 커지고 있다.

캠페인 후의 효과 측정방법으로 가장 많이 차용하는 것은 질문지를 이용한 앙케트 조사이다. 그 밖에도 전화, 우편, 인터넷, 조사원에 의한 면접 등 다양한 기법이 이용되고 있다. 조사는 캠페인 전과 후, 두 번 실시하는데, 이를 통해 광고 효과를 보다 확실히 파악할 수 있다. 조사 대상자는 캠페인의 타깃층이다.

조사 항목은 첫째로 소비자가 제품명을 알고 있는가 하는 것이다. 이 항목은 재생과 재인식을 쌍방으로 둘 필요가 있다. 재생이란 제품 목록을 주고 떠오르는 브랜드명을 차례로 예로 들게 하는 방법이다. 재생 순위 중에서 최초로 떠오른 브랜드의 순위만을 추려낸 것을 첫 재생이라 부른다. 따라서 첫 재생률이 높으면 그 제품을 구입할 가능성이 높다.

재인식 순위는 제품명과 사진을 제시하고 그 브랜드를 알고 있는지를 묻는 것이다. 재인식에서는 모른다거나 들어본 것 같다, 알고 있다와 같은 내용을 주는데, 들어본 것 같다는 문안을 재생에 포함시킬 수 있다. 한편 문항을 통해 소비자가 브랜드에 대해 어떤 점을 알고 있는지 알 수 있다. 그래서 제품의 속성이나 어떤 특징을 알고 있는지 묻는 것이다.

또한 광고를 얼마만큼 이해하고 있으며, 제품의 속성에 대해 어느 정도 평가를 하고 있는지 질문한다. 예를 들어 커피의 향이 좋다고 하는 것을 어느 정도 믿거나 긍정하는지 묻는 식이다. 속성을 나타내는 형용사를 주고 각기 긍정과 부정을 묻는 것이다. 그리고 얼마만큼 좋으며, 사고 싶은지 같은 브랜드의 구매태도에 관한 질문도 있다. 경합 제품을 포함해 반응이 어떤지 조사하는 것이다.

인지도는 광고를 본 적이 있는지를 묻는 것인데, 텔레비전광고라면 스토리보드를 보여주면서 본 적이 있는지 질문한다. 지명도와 마찬가지로 본 적이 있는 것 같다와 유사한 문장을 넣어둔다.

광고의 평가는 긍정과 부정뿐만 아니라 어느 점이 마음에 드는지 구체적인 확인이 뒤따라야 한다. 필요에 따라 프로모션 전과 후, 광고에 출연한 탤런트의 평가처럼 보다 세분화한 질문을 해야 한다. 그렇다고 이러한 항목을 첫 번째 조사에서 모두 망라하는 것은 불가능하며 그럴 필요도 없다.

광고 효과의 조사를 실시하는 이유는 한 번 정도 광고 캠페인의 목표를 수치로 측정해둘 필요가 있기 때문이다. 이전의 광고 활동을 객관적으로 평가하여 앞으로의 광고 활동과 연결시켜 보다 나은 효과를 얻을 수 있다. 그래서 어떻게 실시할 것인가라는 논쟁과 더불어 결과물을 어떻게 사용할 것인지 사전에 관계자와 협의가 필요하다.

제3부

매체의 종류와 기획

01　매체 기획의 입안

　기업은 이미지 개선과 제품 판매를 위한 PR을 시작하고, 기획과 방향이 잡히면 광고를 내보낸다. 동시에 직접 체험이 가능한 면대면 방식인 세일즈 프로모션을 진행하면서 효과를 증진시킨다. 다시 말해 하나의 제품을 시장에 내놓으면 단순한 판매 촉진뿐만이 아니라 다양한 광고, 홍보, 이벤트, 세일즈 활동 등의 마케팅 전략을 펼치게 되는 것이다.

　이러한 과정에서 수없이 많은 매체 중 소비자에게 광고를 가장 효율적으로 전달하기 위해 매체를 선정하고 기획하는 것을 매체 기획이라 한다. 단순히 텔레비전이나 신문 등으로 결정, 기획하는 것이 아니라 수많은 매체 중 몇 가지를 선택하고 선정된 매체 속에서 광고를 효과적으로 소구할 수 있는 특정 비히클(vehicle)을 찾는 것까지 포함된다.

　매체는 광고를 소비자에게 견인하는 견인차 역할을 한다. 한편 광고에 있어서 광고 메시지를 통해 소비자와 브랜드의 연결과 구매를 유도

한다. 뿐만 아니라 타인을 향해 무언가 표현하여 전달하고 싶은 욕구를 음악과 영상을 통해 보여준다.

매체는 텔레비전이나 신문 등의 매스미디어와 옥외형의 OOH와 SP, 그리고 인터넷, 크게 세 종류로 나눌 수 있다. 광고 출고 시에는 각 매체의 장점에 주목하고 단점을 보완해 계획을 세워야 한다.

여기서 매스미디어는 전파를 사용하는 텔레비전과 라디오, 인쇄형의 신문과 잡지로 나뉜다. 이는 넓은 지역에 분포한 소비자들에게 단시간에 고효율의 정보를 전달할 수 있다는 강점이 있다. 물론 일각에서 전달력 저하를 지적하지만 지금껏 광고 매체의 중심인 것만은 변하지 않고 있다.

인터넷은 지역을 불문하고 접근할 수 있다는 점에서 매스미디어와 가까운 특성이 있지만 효율성 측면에서는 텔레비전보다 부족하다. 하지만 쌍방향성이라는 인터넷의 특성에 입각한 검색광고 등의 기법은 타 매체에서 볼 수 없는 것으로 기술의 혁신에 따라 앞으로 존재감을 더욱 드러낼 것이다.

1. 미디어 플래너의 매체 기획

매체 기획이란 마케팅 혹은 광고의 목표를 달성하기 위해 매체의 지면이나 시간을 어떻게 구매할 것인가에 대한 계획과정을 의미한다. 하여 이 과정은 마케팅과 광고 전략을 확인하는 것에서 시작한다.

먼저 계획의 전제가 되는 광고의 목적, 목표, 타깃, 지역, 스케줄, 예산을 확인해야 한다. 이러한 정보는 텔레비전을 비롯한 신문이나 OOH 등의 미디어, 그 밖의 각종 비히클(vehicle)의 선정에 영향을 미친다. 미디어 플랜이 완성되면 제안을 뒷받침할 보고서를 만드는데, 기업 측이 광고 효과의 예측을 요구하면 대행사가 보유하고 있는 모델을 이용한다.

광고는 경합사의 출고 전략에 따른 계획과 경합 제품의 출고 상황의 분석이 뒤따라야 한다. 이미 시작한 광고주라면 실적 확인과 개선할 점에 대한 수정이 필요하다. 이러한 과정은 전체 전략에 따르지만 광고주와 경합사의 동향을 함께 고려해야 한다.

매체 기획의 입안은 목표를 시작으로 전략과 예산 배분, 비히클과 광고 단위의 선택, 그리고 출고 시안의 작성, 최종안의 선택, 매체 구입, 출고와 확인, 평가라는 순서로 이어진다. 여기서 매체의 목표는 프리퀀시(frequency) 분포의 최소와 최대 목표치를 설정하는 것이다.

―   ―

미디어 플래너는 매체의 매입과 계획을 입안하는 중요한 역할을 한다. 이러한 작업을 미디어 플래닝이라고 하며 광고 캠페인의 목적, 대상, 목표, 스케줄, 예산 같은 조건에 근거해 보다 효율적인 집행 계획을 세우게 된다. 예산과 사용할 미디어, 스케줄에 대해서는 어느 정도 조건이 제시되어 있기 때문에 범위 내에서 최대한의 효과를 내야 한다.

미디어 플래닝은 치밀하고 과학적인 자료를 근거로 시행할 것을 요구받는다. 예전에는 경험과 감에 의해 입안하는 경우가 많았지만 점차 예산에 대한 효율성이 보다 엄격하게 검증되는 경향이 강해졌다. 이런 흐름에 대응해 오리콤은 케이블 텔레비전까지도 포함된 5대 매체의 광고 데이터를 통합해 매체 효과의 예측이 가능한 매체 기획 시스템을 개발하고 있다.

그간 광고업계의 매체 기획은 효과 분석과 구매를 플래너 개인의 인사이트에 의존해 플래닝을 하는 경우가 많았다. 더불어 과거의 경험에 의존해왔던 미디어 플래닝의 시대는 마케팅과 영업의 경험에 근거한 주먹구구식 플랜이 전부였다. 그러나 요즘은 최적의 예산 배분 시스템이 도입되어 있다. 또한 다양한 시스템의 개발에 힘입어 시청률과 유사한 데이터의 축적이 가능해졌고, 컴퓨터의 성능이 향상되어 시스템도 많이 개선되었다. 예산을 투입해 광고를 내보낼 때 어떻게 하면 효율성이 높아지는지 데이터에 근거해 시뮬레이션할 수 있게 된 것이다. 갖가지 조건을 설정함으로써 광고 효과가 어떻게 나타나는지 예측할 수 있다. 결과적으로 광고주는 예산의 효율화를 꾀할 수 있다. 예산의 규모가 큰 광고주는 규모에 비례하여 상당한 절약 효과를 얻을 수 있기에 앞으로도 더욱 유용하게 활용될 것이다.

사실 시뮬레이션 시스템은 누구의 손을 거쳐도 같은 결과가 나온다. 하지만 어떤 문제의식을 갖고 시뮬레이션하는가는 미디어 플래너의 능력에 달려 있다. 커뮤니케이션의 목표에 효율적으로 도달하기 위해서 크리에이티브 능력이 중요한 것이다.

매체 전략은 광고 목표를 달성하기 위해 매체의 조사자료를 기초로 수립한다. 크게 세 가지로 매체의 도달률, 노출 빈도, 노출방법이 그것이다. 매체는 광고를 어디에 하느냐의 대상이다.

매체 선택 시 주로 자사 제품의 타깃이 되는 고객층의 이용과 접근이 쉬운 매체를 선택한다. 매체의 결정은 심층 조사에서 분석된 목표를 기초로 소비자의 선호도가 중요한 요소가 된다는 점을 잊지 말아야 한다.

매체 전략 수립 시 몇 개의 매체를 혼합한 미디어 믹스(media mix)와 매체의 하부 메뉴가 되는 비히클 유닛을 선택해야 한다. 미디어 믹스는 매체의 효율적인 조합에 의해 메시지를 전달하기 위한 매체의 특성을 고려해 내린 결정이다. 미디어 믹스가 끝나면 매체 비히클을 확정하는데, 예산의 범위 내에서 소비자의 선호 매체를 선택해야 한다.

확정된 매체 비히클로 유닛을 선정하는데 만약 텔레비전으로 선택했다면 어느 프로그램에 넣을 것인지가 비히클이 된다.

미디어 믹스과정이 필요한 이유는 복수의 매체로 실시하는 경우 각기 다른 타깃의 도달률을 높일 수 있기 때문이다. 또한 타깃 내에서의 구매빈도를 높일 수 있다. 텔레비전과 잡지 같은 이질적인 매체의 조합으로써 브랜드 인지와 매체 간 시너지 효과를 얻을 수 있고 광고 요금이 높거나 낮은 매체를 조합하므로써 비용을 줄일 수 있다.

매체 전략의 방법은 여러 가지가 있다. 먼저 경쟁 상대와의 대항에서 매체 점유율(Share of Voice)을 경합사보다 높이는 방법이 있다. 한편 예산이 한정되어 있을 경우 일정 기간 내에 한 종류의 매체에 다량으로 출고하고, 기간별로 매체를 바꾸는 미디어 거버넌스(Media Governance) 전략이 있다. 또한 지속적으로 하나의 매체만 사용해 집중하는 경우도 있다. 전자는 복수 매체로 도달률을 높일 수 있고, 후자는 동일 소비자의 구매율을 높일 뿐만 아니라 매체사와의 장기 계약에 따른 할인이 가능하다는 장점이 있다.

─   ─

도달률은 일정 기간 내에 특정 매체 스케줄에 의해 광고에 노출된 개인이나 가구의 수를 말한다. 일정 기간 최소한 한 번이라도 광고를 본 사람의 비율인 것이다. 노출 빈도는 개인 또는 가구가 광고에 노출된 평균 횟수로, 광고를 본 사람들 중에서 몇 번이나 반복해서 보았는지를 통계로 낸 것이다.

광고의 노출 횟수가 결정되면 광고기간 동안 소비자에게 전달할 매체의 스케줄을 수립하게 된다. 매체 스케줄은 소비자의 생활방식과 속성, 구매 패턴, 월별 판매 현황을 분석해 수립하며 경쟁사의 매체 노출도 포함된 전략적 대응이 필요하다.

다음 과정으로 매체 스케줄 수립에 들어가게 된다.

매체 스케줄은 집중형, 지속형, 절충형으로 나눌 수 있는데, 먼저 집중형 스케줄은 광고를 하거나 그렇지 않는 시기를 구분하는 것이다. 광고를 하는 시기에는 많은 양의 광고를 함으로써 소비자에게 강한 인상을 남기면서 광고를 하지 않는 시기의 이월 효과까지 얻을 수 있다. 대체로 예산이 적을 때 사용되며 제품 특성상 매출이 특정 시기에 집중되는 에어컨과 같은 계절 제품에 적절하다. 그렇지만 타사 제품이 자사 제품의 공백 시기에 광고하면 대응할 수 없다는 단점과 공백 기간이 길면 쉽게 잊혀진다는 단점이 있다.

두 번째로 지속형 스케줄은 광고를 1년 내내 꾸준히 하는 방법이다. 경쟁사에 대한 대응은 쉽지만 예산이 많아야 가능하다는 단점이 있다. 예산이 지속적으로 소진되기 때문에 광고의 힘을 발휘할 적기가 없고 매출에 민감하게 대응하기도 힘들다.

마지막으로 위 두 가지 방법을 적절히 섞어 사용하는 것을 절충형 전략이라고 말한다. 지속적으로 광고를 하되 매출이 급격하게 증가하는 시기에 집중해 출고하는 것이다.

매체 목표를 수치로 설정하기 위해서는 접촉부터 구매에 이르기까지의 심리적 변화와 과정에서 제기될 문제도 사전에 어느 정도 예측해야 한다. 가령 20대 대학 신입생을 타깃으로 6개월간 컴퓨터 10만 대를 판매할 목표가 주어졌다고 하자. 매체 접촉 후에 심리적 변화로 구매에 이르게 되는 리치패턴은 구매빈도의 범위에서 도달될 타깃을 최대화시킨 것이다.

전격형은 리치(reach)와 프리퀀시(frequency)[01]를 높은 수준으로 1년간 계속하는 것이다. 제품 중에서 우위를 획득하고 있거나 후발 브랜드로 시장에 대항해야 할 때 효과적이다.

쐐기형은 신제품에 유리하다. 리치는 구매빈도와 각 기간의 GRP를 일정하게 감소시킨다. 반대로 역쐐기나 주변 영향형은 구매빈도를 증가시켜준다. 그래서 주변의 영향에 의해 전달되는 제품에 유효하다. 개시단계의 타깃은 이노베이터에 한정되지만 점차 확대해 마켓으로 갈 수 있다.

단기 유형형은 유행에 민감하고 제품 주기가 짧은 제품이 대상이다. 이럴 때 도입기에는 전격형을 차용하지만 성장기에도 구매 촉진을 위해 많은 양의 광고를 계속해야 한다. 일정 구매 사이클형은 구매 사이클이 짧은 식품이나 생활용품에 적합하다. 4분기로 나누기보다 구매 시점에 맞춰 플라이팅을 실시하는 것이 효과적이다.

---

01 광고목표 달성을 위한 도달범위(reach) 그리고 도달빈도(frequency)를 의미한다.

브랜드 인지형은 구매 사이클이 길고 의사 결정에 시간이 많이 걸리는 승용차나 산업용품에 적합하다. 높은 리치에 비해 비교적 낮은 구매 빈도로 브랜드의 호의적 자세를 유지시키고 구매를 기다려야 한다. 매스미디어광고를 추가하면 반응을 이끌어내기 쉽다.

타깃 이행형은 구매 사이클은 길지만 의사 결정이 신속한 가전제품에 적합하다. 단기간에 구매빈도를 높여주기 때문이다. 직접반응광고를 이용해 구매 행동을 이끌어낼 수 있다. 그리고 제품의 단위별로 각기 다른 방식을 이용할 수 있다. 계절형은 구매 욕구가 높은 시기에 출고하는 것이 좋다. 그러나 경합에 대항할 때 수익에 부담을 줄 수 있다.

일반적으로 각 단계로 이행되는 전환율은 50% 정도이다. 10만 명의 구매 행동을 일으키기 위해서는 구매의도를 가진 20만 명, 브랜드에 호의적인 40만 명, 이전부터 브랜드를 인지하고 있는 80만 명, 광고로 알게 된 160만 명, 매체 접촉 320만 명이 필요하다. 현재 한국의 20대 인구는 약 663만 명으로 그중 30%가 컴퓨터 초보자라고 하면 201만 명이고, 절반인 330만 명 중에 약 68%가 리치 목표가 된다. 항아리에 물이 어느 정도 찰 정도의 리치와 프리퀀시, 계속기간 등을 결정해야 한다. 매우 어렵고 복잡한 일이지만 어떻든 이 같은 순서에 의해 목적에 따른 예산을 설정할 수 있다.

매체 목표의 설정은 제품의 수명이나 구매의사과정을 고려해 결정해야 한다. 제품의 도입기나 폭넓은 타깃층을 대상으로 할 경우, 혹은 구매 사이클이 긴 경우에는 프리퀀시보다 리치를 우선한다. 그러나 식품처럼 구매 사이클이 짧은 제품이나 경쟁사가 적극적으로 대항할 때는 구매빈도를 우선해야 한다. 후발 브랜드가 목표를 작은 세그먼트로 좁혀 우위에 서려고 한다면 구매빈도를 우선한다. 비 내구재인 기존 브랜드는 구매 사이클 내에서 광고를 한 번 보내도 효과가 있다. 그래서 광고와 출고 타이밍에 의한 최종구입 집단인 리센시 프레임(recency frame)에 관심을 갖는 것이다.

2. 매체광고의 예산 배분

매체별 광고비 점유율은 텔레비전, 신문, 라디오, 케이블 텔레비전, 인터넷, PC통신 순이다. 광고 예산을 배분할 때에는 매체, 지역, 시기, 타깃 별로 나누어 배분해야 한다. 한편 시기별 지출은 대체로 4분기가 기준이지만 계절에 따른 구매 사이클도 고려해야 한다.

한국 코카콜라는 16~24세의 청년을 대상으로 매체별 예산에 따른 실험을 실시하여 음용 증가에 효과가 있는 배분방식을 연구했다. 결과적으로 텔레비전광고를 줄이고 교통과 옥외로의 배분을 늘렸다.

광고의 단위에 있어서 신문은 단색이 기준이지만, 컬러의 유무에 따라 요금이 다르게 설정되어 있다. 제목 밑이나 기사 및 돌출광고라고 불리는 특정 위치에 정형 사이즈로 게재되는 광고도 있다. 잡지는 겉표지 뒤(표2)나 뒤표지(표4) 등의 특수 스페이스와 기사 중간으로 분류되며, 1페이지나 3분의 1페이지 등의 단위가 있다. 텔레비전광고는 15초, 30초, 60초 등이 있지만, 라디오는 10초나 20초가 대부분이다. 광고의 단위에 따라 수준과 수량이 달라지며 구매에 직접적인 영향을 미친다.

이때 평가는 각 비히클에 따른 소비자의 관여도와 구매 시점, 신뢰성, 브랜드 이미지로의 적합성에 의한다.

방송 매체의 경우 요일과 시각으로 규정되는 광고시간이 비히클이다. 텔레비전광고는 평일과 주말, 이른 아침부터 늦은 밤까지 몇 개로 나뉘어 요금이 설정되어 있다. 이것을 기본으로 평일 야간과 주말이나 각 시간대라는 스폿 투입의 시간이 정해진다. 교통광고는 버스와 지하철 역사 내부 및 전동차 내·외부를 포함한 것으로, 역과 구간이 비히클이다.

한편 양적 기준은 구독 부수와 타깃 내의 열독률, 시청률, 청취율이 높은 비히클을 후보로 선택한다. 요금은 광고 단위에 따라 각기 다르다. 장기간이나 대량 출고는 할인이 적용될 수 있다. 비히클 간의 비교나 전체 비용에 따른 효율을 평가할 때 CPM 즉, 1,000명 당 도달비용이 이용된다. 그렇지만 구매층을 20세에서 59세의 남녀로 넓게 규정하거나 5년 이내에 주택을 구입할 신혼부부 등으로 좁힐 경우엔 큰 차이가 나기 때문에 주의가 필요하다. 방송에서 GRP를 사용할 때는 GRP 1% 당 비용으로 산출한다.

출고는 기간 내에 광고를 집중하거나 분산시키는 작업이다.

출고방식은 특정 기간 중에 일정 수준으로 계속하는 계속형과, 광고량을 증감시키는 펄스, 진행과 쉴 때를 번갈아 넣는 방법도 있다.

스케줄은 개별 비히클에 의한 출고 일시를 말하며 양자가 같은 의미로 사용되기도 한다. 그러나 출고 타이밍은 양쪽을 모두 포함한 연속을 가리킬 수 있다.

광고의 출고 패턴과 스케줄에 따라 소비자의 구매 빈도에 영향을 미치게 되는데 출고의 유형 중 집중출고는 단기적으로 브랜드 인지 등의 효과를 높이는 데 효과적이다. 아파트와 같이 구매시간이 오래 걸리는 품목이나 이미지가 중요한 경우에는 어느 정도 간격을 두고 지속하는 편이 효과적이다.

매체와 비히클, 각 비히클에 따른 횟수와 타이밍이 결정되면 출고 시안이 완성된다. 실행 가능한 방안이 다수 있겠지만 예산과 목표를 효율적으로 달성할 수 있는 안을 선택해야 한다. 요즘은 매체 기획 최적화로의 관심이 높아져 매체별 예산에 따른 비히클의 선택이 가능한 시스템이 개발되어 있다. 그러나 복수 매체에서 소비자의 구매 분포나 출고 효과를 측정한다는 것은 상당히 어려운 작업이다.

02

매체광고의 거래방법

2012년, 1공영, 다민영 미디어렙 체제를 수용한 '방송광고판매대행 등에 관한 법률안'이 국회에 통과되었다. 방송사가 광고를 유치하기 위해 광고주에게 압력을 행사하거나 반대로 광고주가 광고를 빌미로 방송사에게 영향을 끼치는 것을 막기 위해서다.

방송사가 미디어렙을 이용하면 방송 편성 및 제작을 광고 영업과 분리시켜 전문화, 효율화를 꾀함으로써 경영의 합리화와 수익성을 제고할 수 있다. 광고주는 미디어렙에게서 시청률 조사 등의 분석자료와 사후 광고 효과 분석과 같은 관련 서비스를 제공받을 수 있다. 자신의 조건에 맞는 최적의 프로그램을 찾아 원하는 목적을 달성할 수 있게 된 것이다.

1. 매체광고의 거래와 광고대행사 수익

광고산업의 수익은 매체대행비와 제작비로 구분된다.

매체대행비는 말 그대로 매체 집행을 대신해주는 수수료를 말한다. 방송광고는 요금과 수수료율이 명확하게 정해져 있다. 일반적으로 광고주의 월 방송광고 금액에 따라 텔레비전의 경우 2억 미만은 12%, 2억 이상 8억 미만은 11%, 8억 이상은 13%의 수수료율이 책정되어 있다.

라디오는 금액에 상관없이 일괄적으로 13%의 수수료율이 있다. 신문이나 잡지는 매체사의 사정에 따라 약간의 차이가 있으나 일반적으로 광고비의 15%가 책정이 되어 있다. 온라인은 매체도 많고, 상황도 각기 다르기 때문에 통상적으로 인쇄광고와 비슷한 15% 정도의 수수료율이 있다. 매체대행비 외에 제작은 통상 실 제작비에 17.65%의 대행 수수료가 붙는 것이 일반적이다.

그 외의 수입원은 매체 거래 이외에 관련된 부분으로 광고 제작이나 시장 조사 비용 등이다. 광고대행사는 외주 제작사나 시장 조사기관에 지불하는 비용에 15% 정도 추가한 금액을 청구한다. 그러나 요즘 들어 거래방식이 많이 달라졌다. 커미션에서 피(fee)로의 변화로, 광고주는 실제 제작에 들어간 비용의 수수료를 대행사에게 직접 지불하고 있다.

미국은 수수료에 따른 지불 시스템을 차용하던 광고주의 비율이 계속해 변화해왔다. 1994년까지 광고주의 61%가 커미션 시스템을 차용하고 있었으나 1997년에는 35%, 2000년에는 21%, 2003년에는 10%로 급락한 한편, 피는 1994년의 35%에서 2003년에는 74%로 급증했다. 이러한 미국 광고계의 보수방식은 결과적으로 매스미디어 중심의 풀 서비스 기능의 후퇴로 이어져 특화된 대행사에게 집중되는 현상을 낳았다.

일찍이 종합광고대행사는 원스톱에 기대가 모아져 있었다. 그러나 보수 제도가 변경됨에 따라 종합대행사에 동반하던 무료 제안이나 조언도 감소하였다. 수수료에 걸맞은 작업량에 집중하게 되었고, 광고주와 대행사의 관계는 보다 합리적이고 기능적인 것으로 변했다. 이에 일부 광고주는 비용을 줄이기 위해 대행사의 인건비나 임대료를 간섭할 정도였다. 하지만 결과적으로 대행사는 보다 특화한 기능인 미디어 판매나 크리에이티브 다이렉트 마케팅에 집중할 수 있게 되었다.

이러한 움직임은 1990년에서 2000년대를 지나오면서 모든 대행사가 재편성되어 홀딩컴퍼니(holding company), 즉 지주회사 다섯 개로 집약된 것과 병행해 일어났다. 당시 홀딩컴퍼니의 매상은 전미 광고비의 약 55%에 달했다. 지주회사 그룹 안에는 종래의 종합광고 대행뿐만 아니라 보다 전문화된 미디어 구매와 크리에이티브 제작 등이 포함되어 광고주의 복잡한 요구에 모두 대응할 수 있게 되었다.

이러한 움직임은 한국에도 파급되었다. 일부 광고주는 광고대행사에 미디어 에이전시의 역할을 부여해 매체의 구입을 도맡게 했다. 그렇지만 지금껏 한국의 시장은 미국 정도의 변화로는 이어지지 못했다. 다만 역할이 이전보다는 훨씬 다양해지면서 진화를 거듭하고 있는 중이다.

그렇다면 좋은 광고주가 되기 위해서는 무엇이 필요할까. 세계 4위 광고그룹인 IPG 소속의 암미라티 푸리스 린타스(Ammirati Puris Lintas)가 라비 바트라(Ravi Batra)01의 질문에 답해 '광고대행사와 보다 좋은 관계를 구축하기 위한 10개 원칙'을 정의했다.

---

01 라비 바트라(Ravi Batra)는 미국의 서던메소디스트 대학 경제학 교수로 『뉴 골든 에이지(New Golden Age)』 등의 저서가 있으며, 경제대공황은 부의 극단적인 편중과 자본의 투기적 투자가 극에 치닫는 대략 60년의 주기로 발생하며, 이 과정에서 부의 편중을 해소시킨다고 주장한다.

① 파트너십을 가질 것. 광고주와 대행사는 갑과 을의 관계가 아니라 대등한 파트너십이 이뤄져야 한다. 서로는 지성과 전문성에 의해 구분된 상호존중이 필요한 사이다.

② 변화를 위한 변화에 주의할 것. 대행사는 트렌드에 편승해 변화를 추구하기 쉬운데, 성공한 광고는 장기적인 포지셔닝과 그것을 지킴으로서 탄생한다.

③ 대행사가 공정한 이익을 얻고 있는지 확인할 것. 대행사가 노력의 정도에 맞는 이익을 얻고 있는지를 확인해볼 필요가 있다.

④ 대행사는 제품을 비롯해 광고주의 기업문화를 충분히 이해하고 있는지 살펴보자. 대행사의 직원들은 광고주의 기업문화를 충분히 이해하여 광고에 반영하고 있는지 매우 중요하다.

⑤ 도전의 자세를 견지하고 실패를 두려워 말라. 위대한 광고주는 위험을 두려워하지 않는다. 설령 실패하게 되더라도 적극적인 자세가 필요하다.

⑥ 대행사의 스태프에게 친절을 베풀어라. 대행사 직원들의 인간성을 알면 알수록 친구가 된다. 친구라면 누구라도 열심히 해줄 것이다.

⑦ 광고의 목적을 분명하게 인식시키고 서로 상의해라. 광고의 평가를 올바르게 하기 위해서는 광고의 목적을 분명히 하고 양자가 동의해야 한다.

⑧ 승인은 심플하고 부결은 친절하게 할 것. 몇 차례나 반복해서 제안하는 것만큼 소모적인 일이 없다. 가능한 간결한 시스템으로 신속한 의사 결정을 하고, 부결할 때도 투명하게 해야 한다.

⑨ 대행사가 책임감을 갖도록 권한을 부여할 것. 때로는 대행사의 권고나 추천에 노(NO)라고 말할 경우가 있는데, 이유를 명확하게 전달해 스스로 문제를 해결하는 데 책임감을 갖도록 해야 한다.

⑩ 매년 대행사의 평가를 내놓을 것. 광고주는 자체적으로 대행사의 평가를 실시해야 한다. 좋은 대행사일수록 광고주의 정기적인 평가를 원한다

광고 요금은 매체에 따라 조금 다르다. 예를 들어 잡지나 교통광고는 각 스페이스에 대해 설정된 요금이 있지만 매체사와 대행사가 서로 교섭하여 결정한다. 신문은 단락에 따른 단가와 광고주의 연간 광고량을 참고해서 결정한다.

광고 요금은 애초에 정가가 정해져 있지만 상호 협의에 의해 기준이 조금씩 유동적일 수 있다. 실제 구입은 광고주와 매체사의 교섭에 의해 결정된다. 그러나 제공되는 매체의 광고 범위는 한계가 있기 때문에 출고 의사가 있는 광고주가 많으면 요금이 높아진다. 반대의 경우라면 낮은 가격으로 구입할 수 있다.

현재의 방송광고의 요금은 커머셜의 시간, 방송시간대의 시청률, 청취율의 고저 등을 기준으로 설정되어 있다. 또한 시청률 예상 지수와 장르별 지수, 광고주 선호도, 상대 방송사의 편성 등이 참고된다. 그래서 드라마·영화·오락 프로그램이 정보·보도·교육·어린이 프로그램보다 높게 설정되어 있다. 텔레비전의 요금은 종합시청률(Gross Rating Point, GRP)을 기준으로 설정되는데, 1GRP 당 단가는 방송국의 출고 단가로 제시되어 있다.

그러나 시청률에 따라 GRP 단가가 유동적이다. 같은 시청률이라도 서울과 지역은 거주하는 주민의 수가 각기 다르기 때문에 요금의 차등이 있다.

시청률은 광고 요금을 결정하는 중요한 요소이다. 이러한 시청률은 점차 세대 시청률에서 개인 시청률로 이동하고 있는데 이는 방송국의 매상과 직결된다. 세대 시청률(Household Using Television, HUT)은 텔레비전을 보유하고 있는 전체에서 특정 프로그램을 시청하는 가구의 비율을 말한다. 개인 시청률(Persons Using Television, PUT)은 텔레비전을 보유하고 있는 전체 가구의 총 인구 중에서 특정 채널을 보고 있는 비율이다.

방송국은 방송 요금이 사업을 지탱하는 주요 재원이다. 방송 프로그램을 제공하는 스폰서는 방송시간대를 구분하여 설정된 방송 요금과 프로그램이 완성될 때까지 투입될 제작비를 지불한다. 다시 말해 방송 요금이란 제공될 프로그램의 시간료(charge for time)를 의미하지만, 프로그램과 프로그램 사이(station break, SB)에 삽입되는 토막광고나 안내광고, 프로그램에 삽입될 광고에 대한 스폿(spot) 요금까지 포함하는데, 방송국에서 수납하는 요금은 시간과 시청률에서 산출되는 시간대의 가치 등 두 요소에 의해 결정한다.

광고업계에서 취급하는 시청률 역시 세대 시청률과 개인 시청률로 나뉘어져 있다. 그러나 일반적인 시청률은 세대 시청률을 가리킨다. 세대 시청률은 그 지역 안의 세대에서 프로그램을 보고 있는 비율을 말한다.

만약 어떤 프로그램의 시청률이 높아지면 스폿의 매상 총액 또한 늘어난다. 광고계도 시청률은 텔레비전광고의 매체 요금을 설정하는 지표가 되기에 매우 민감하다. 시청률이 높으면 같은 한 편의 스폿을 내보내어도 접촉하는 수가 많기 때문에 비쌀 수밖에 없다.

또한 시간대에 의한 구분에 의해서도 책정된다. 시청률이 많은 시간, 즉 골든타임(golden time)을 SA로 하고 이하 C까지 구분하며, 방송시간을 평일과 휴일로 나눠 설정한다. 방송 매체에 따라 가장 좋은 시간, 골든타임이 다른데 라디오는 아침시간, 텔레비전은 저녁시간이 SA가 되는 것이 통례이다. 스폿의 거래에서는 높은 시청률에 따라 시간대를 A, 특 B, B, C의 네 개의 타임라인으로 나누고 있다. 어느 랭크로 보내는지에 따라 요금이 다르다. 요금을 비교하는 지표로 'GRP 1%의 요금=퍼센트 비용'이 제시된다.

현재 기계에 의한 시청률 측정방식은, 실제 사람이 시청하고 있지 않지만 텔레비전이 켜져 있으면 시청률에 포함되는 체계이다. 한편 개인 시청률은 그 지역에 살고 있는 사람 중에서 특정 프로그램을 보고 있는 비율인데, 예전의 개인 시청률은 기입방식이었기 때문에 데이터로서 사용하기는 불충분했지만 지금은 지역별로 측정이 가능하다.

스폿의 발주도 데이터에 의한 세대 시청률을 기준으로 거래되고 있다. 그러나 타깃별 매체 계획은 개인 시청률을 중시하는 경향이 높아, 타깃팩터(target factor)라고 불리는 세대 시청률에 개인 시청률이 어느 정도 포함되어 있는지의 비율을 지표로 도입하고 있다.

시청률은 주어진 시간에 텔레비전을 시청하는 세대나 사람을 백분율로 나타낸 것이다.

한편 시청률은 텔레비전을 시청하지 않는 사람들까지 고려한 지표지만, 시청하고 있는 사람들만을 대상으로 한 지표는 점유율이다. 점유율은 텔레비전을 보는 가구 중에서 특정 채널을 보고 있는 가구 수의 비율을 뜻한다.

도달률은 해당 기간 중 특정 채널을 일정 시간 이상 시청한 세대나 개인이 모집단에서 차지하는 비율을 말한다. 그래서 누적 수용자라고도 한다. 시청률이 측정 프로그램을 평균적으로 얼마나 많이 보았는지 측정하는 지표라면 도달률은 해당 프로그램이 얼마나 많이 중복되지 않은 사람에게 노출되었는지 가리킨다.

종합시청률(Gross Rating Point, GRP)은 특정 시간대 방송사의 시청률 전체로 시청자의 크기를 나타내는데, 일정 기간 동안 어떤 광고가 방송된 프로그램이나 시간대의 시청률을 모두 합한 수치로 특정 광고의 총 노출량을 말한다. 다시 말해 연장 시청률을 가리키며, 특정 기간 동안 한 편의 광고 시청률을 합친 수치다. 어떤 광고주가 9시 뉴스 시간에 한 달 동안 광고를 내보냈다면 해당 프로그램광고 시청률을 합산한 결과가 GRP다. 따라서 GRP가 스폿광고의 요금을 결정한다. 이럴 경우 도달률인 리치와 평균 도달 빈도인 프리퀀시를 함께 계산해야 한다. GRP의 산출은 '리치×프리퀀시'로 가능하다. 단위는 %로 하며, 주로 텔레비전 스폿광고의 매입에 사용된다.

텔레비전광고의 시청률은 어떤 한 편의 광고를 보여주는 비율이기 때문에 GRP는 광고의 도달률과 같이 리치라고 한다. 어떤 광고가 처음 온에어되어 시청률이 15%였다면 도달률도 마찬가지다. 그러나 2회째의 광고에서 10%의 시청률을 보였다면 모두 그 광고를 보는 것이 아니기 때문에 리치에는 포함되지 않는다. 한편 같은 광고에 노출된 접촉 횟수의 평균치를 프리퀀시라고 한다.

연장 시청률의 합계인 GRP가 100%를 넘어도 리치는 도달률이기 때문에 100%를 넘을 수 없다. 그러나 GRP를 리치로 나누는 것으로 프리퀀시를 산출할 수 있다. 따라서 'GRP=리치×프리퀀시'가 성립된다. '도달률×도달횟수=GRP'는 텔레비전광고 이외의 매체에도 이용되며 매체 기획의 지표로 사용된다. 광고대행사는 매체 기획에 따라 GRP를 비롯한 리치, 프리퀀시를 측정하는 모델을 가지고 있다.

텔레비전광고는 소비에 따른 수요의 유무가 발생하기 때문에 같은 조건이라도 시기에 따라 요금이 다르다. 스폿의 출고는 대행사와 방송국과의 협의에 의해 이뤄진다. 예산, 출고시기, 타깃, 도안 같은 자세한 계획 아래 수립된다. 예산은 GRP 1%의 비용에 목표인 GRP를 곱한 것이기 때문에 사전에 매체팀에서 정보를 수집해두면 출고 가능한 대략적인 기준을 잡을 수 있다. 예를 들어 어떤 방송 프로그램의 종일 비용이 50만 원이라고 가정하면, 3억 원의 예산을 투하할 경우, '3억 원÷50만 원=600%의 GRP'를 획득할 수 있다. GRP는 세대 시청률에 따른 것으로 타깃 시청률에 의한 매입은 현재로서 불가능하다. 또한 온에어된 시점의 시청률은 예측값이 되기 때문에 가장 최근의 시청률에 의해 산출한다.

소비자는 광고에 한 번 접촉한 것만으로는 행동하지 않으며 수차례의 반복 접촉이 필요하다는 것이 많은 연구를 통해 밝혀지고 있다. 따라서 도달률인 리치뿐만 아니라 프리퀀시를 증가시키는 것도 중요하다. GRP가 증가하면 리치와 프리퀀시 또한 높아지게 마련이다. 텔레비전광고의 경험이 풍부한 기업과 대행사는 자사의 제품에 어느 정도 GRP를 투하해야 하는지 나름의 지표를 갖고 있으며 이것을 기초로 광고를 발주하고 있다.

03

텔레비전과 라디오광고

1. 텔레비전 방송의 역사

2008년, 한국은 그해 제정된 특별법에 따라 기존 아날로그 방식의 텔레비전 방송 종료와 함께 디지털 방식으로의 전환을 시작했다. 2013년부터 전 지역에 걸쳐 송출된 한국의 디지털 방송은 미국식인 ATSC 방식이다. 이 디지털 방송은 기존 아날로그 방송의 5~6배에 이르는 고화질(HD) 영상 시청과 다채널의 청취가 가능하고 텔레비전을 통해 증권, 여행 등의 다양한 정보를 얻을 수 있다. 한편 아날로그 방송과 달리 쌍방향 운용, 재생, 축적이 가능한 차세대 기술인 디지털 텔레비전을 통해 방송되는데, 아날로그 방식에 비해 화질과 음향이 선명한 것이 특징이다. 특히 채널이 많아 시청자의 선택 폭이 넓어졌다.

무엇보다 디지털 텔레비전의 최대 장점은 데이터 방송이다. 텔레비전을 보다가 촬영 장소가 궁금하면 언제든지 확인이 가능하고, 드라마를 보다가 특정 제품이 마음에 들면 주문할 수도 있다. 지금까지의 시청자는 방송을 일방적으로 보아야 하는 수동적인 위치에 놓여 있었으나 앞으로는 보다 적극적으로 참여할 수 있게 되었다. 또한 다양한 부가서비스가 가능해져 방송사업자 역시 사업 영역을 넓힐 수 있게 되었다.

1912년에 첫 라디오 시험 방송이 있었고, 이어 1933년은 미국의 RCA사가 텔레비전 시험 방송에 성공했다. 1946년에는 펜실베니아 대학에서 대형 컴퓨터가 개발되었다. 이처럼 20세기는 날로 전자통신 기술이 발전을 거듭한 시대였다. 방송의 기술 역시 누구나 읽기, 쓰기가 필요 없이 정보와 오락을 제공받는 시대를 만들고 있다.

한국에서 최초의 텔레비전 방송이자 상업 방송은 HLKZ-TV로 1956년 5월 12일에 발족하였다. 처음에는 카메라 2대로 출발하여, 하루 2시간씩 방송하였다. 채택된 주사선(走査線)은 525였는데, 그 후 한국 텔레비전 방송들이 이 주사선을 따르고 있다. 가시청(可視聽) 지역은 서울을 중심으로 16~24km였지만, 개국 초에는 시내 주요 상점에 가두 텔레비전으로 RCA 21인치 수상기를 설치하여 많은 사람들의 관심과 이목을 집중시켰다.

그러나 HLKZ-TV는 적자운영을 면치 못해 운영권이 『한국일보』에 넘어가고, 1957년 5월 6일 DBC(대한방송주식회사)로 개편되어 보도 10%, 교양 50%, 연예 3%, 기타 10%의 비율로 재편성하였다. 1959년 2월 화재로 HLKZ-TV가 전소하여 결국 DBC는 1961년 문을 닫았으며, 뒤를 이어 1961년 12월 31일 국영 방송인 KBS-TV가 메인 호출부호 HLCK로 정식 개국하였다.

이후 1964년 12월 7일 민간 상업 방송인 TBC-TV와 1969년 8월 8일

MBC-TV의 개국으로 한국 텔레비전 방송은 삼국시대를 맞기에 이르러 방송의 다양성을 갖추는 한편, 치열한 경쟁시대로 돌입하였다. 1970년 확정된 '한국방송공사법'에 의거해 1973년 '한국방송공사'가 발족되었고, KBS는 국영에서 공영으로 탈바꿈하였다.

1980년 12월 신군부의 소위 언론통폐합 조치에 의해 방송의 다양화를 지양하는 공영화로 3개 방송사를 통폐합하는 일이 일어났다. 하여 텔레비전 방송은 국영인 KBS-TV와 민영인 MBC-TV의 이원화로 정비되었다. KBS-TV가 국영 방송의 주축으로, 제1TV(통폐합 전의 KBS)와 제2TV(통폐합 전의 TBC-TV), 교육 방송인 제3TV(1990년 12월 EBS로 독립)의 3개 채널을 갖추었다. 그리고 MBC-TV도 전국을 연결 짓는 네트워크로 지역 방송이 가능하게 되었다. 한편 이 시기에는 텔레비전 방송의 컬러시대를 열었다.

1991년에는 SBS가 개국하였고, 1995년에는 부산·대구·대전·광주·인천 등 5대 광역시에 지역 민간 방송이 개설되어 운영되고 있다. 지금은 인공위성을 이용해 세계 어느 지역과도 자유자재로 중계 방송을 운용할 수 있을 만큼 선진화가 이룩되었다.

지상파 텔레비전의 특징은 네트워크에 의한 광역 도달, 전달의 신속함, 폭넓은 연령층으로의 전달력과 친숙함, 영상과 음성에 의한 표현의 유연성에 있다. 전달의 신속성과 파급 효과는 인터넷이 더 뛰어날지 모르나 정보와 오락을 동시에 얻을 수 있다는 점에서 텔레비전을 따라갈 수 없다. 요즘은 다양한 네트워크와의 연계를 통한 방송도 선보이고 있다.

한편 방송통신위원회는 2012년 9월 지상파TV의 24시간 종일 방송을 허용하였다. 1961년 국내에 텔레비전 방송이 도입한 이후 처음이다. 그런데 KBS · MBC · SBS 지상파 TV 3사의 독과점 현상은 여전히 심각한 실정이다. 현재 2011년 이들 3사의 시청 점유율은 74%에 달했다. 심야 방송까지 하면서 시청률을 바탕으로 황금시간대의 광고 끼워 팔기 등 시장 지배력이 커지고 있다. 더구나 그동안 미디어렙 허용이나 가상, 간접광고 등 관련 규제가 대부분 풀리게 되어 광고 시장의 무소불위의 위치에 놓여 있다. 다양한 콘텐츠로 차별화된 서비스를 하려던 프로그램공급사업자(Program Provider, PP)들은 더욱 위축될 수밖에 없게 되었다. 케이블TV 업계는 점차 지상파 방송으로 쏠림 현상이 심화돼 방송의 다양성을 훼손시킬 것을 우려하고 있다.

한국은 1990년대 중반 이후 국내에 종합 유선 방송인 케이블 텔레비전을 비롯한 뉴 미디어 방송이 도입되었으며, 이후 위성 방송에 이르기까지 괄목할 만한 성장세를 보이고 있다. 케이블 텔레비전은 유선을 통해 방송 프로그램을 각 가정에 송신하는 서비스이다. 특히 기존 지상파 방송이 수신할 수 없는 난시청 지역에 서비스를 제공할 수 있는 점과 많은 채널의 제공이 가능하다는 점이 장점이다. 또한 광고시간의 규제가 없기 때문에 장시간 자세한 정보를 담은 광고 방송을 할 수 있다. 유선으로 연결되어 쌍방향 커뮤니케이션 수단으로의 이용도 가능하다.

또한 다채널 프로그램을 공급하면서 프로그램 제작비가 거의 들지 않게 되었다. 지상파 프로그램을 무료로 수신해 시청자에게 재송신할 뿐만 아니라 점차 네트워크의 진화로 초고속 인터넷 서비스와 케이블 전화 등 이른바 융합 서비스 제공을 할 수 있게 되었다.

운영체계는 SO가 채널 편성권을 가지고 있다. 한편 SO는 각 가정마다 컨버터를 설치해주고 시청료를 징수한다. 프로그램은 자체 제작하거나 외부로부터 구입한다. 한국은 2000년 설립된 통합방송법으로 종합유선방송사업자가 프로그램공급사업자(PP), 전송망사업자(Network Operator, NO)를 겸영할 수 있는 복수종합유선사업자(Multiple System Operator, MSO)를 허용하였다. 따라서 지역독점체제로 출발했던 케이블 텔레비전은 점차 전국적인 단위로 대형화하였다. 전국 여러 지역에서 사업을 벌이고 있는 T브로드, CJ헬로비전 등이 MSO이다. 한편 경기도 분당에 소재한 아름방송처럼 한 지역에서 사업하는 개별 사업자도 있다.

PP는 종합유선방송사업자나 위성방송사업자가 가진 채널의 전부 또는 일부 시간에 대한 전송 사용 계약을 체결하여 사용하는 사업자로, 조선방송, JTBC, MBN처럼 한 사업자가 다수의 프로그램 공급업체를 사용하는 MPP(Multiple Program Provider)도 있다. NO는 일반적으로 유무선 전송이나 선로의 설비를 설치하여 운영하는 통신 및 방송의 전송사업자로 LG유플러스가 있다. 한 사업자가 다수의 SO와 PP를 소유(System Operator & Program Provider)하는 대형 체제이다.

우리나라에서 위성 방송을 위한 통합방송법은 1999년 12월에 통과되었으며, 디지털 위성 방송은 2002년 3월 출범하였다. 위성 방송은 통신사업자인 한국통신(KT)이 주도하고 있는데, 디지털 방식으로 송수신되기 때문에 화질과 음향이 기존의 방식보다 훨씬 뛰어나다. 또한 쌍방향 서비스(interactive service)를 구현하기 때문에 인터넷 검색, E메일, 홈뱅킹, 전자상거래 등이 텔레비전을 통해 가능하다. 또한 다채널, 쌍방향, 광역화, 고화질 등의 특징이 있다. 채널을 최대 200여 개까지 늘릴 수 있기 때문에 자연스럽게 다채널시대가 도래하게 된다.

케이블 방송을 디지털로 설치하는 목적은 다양한 전문채널을 고화질로 보기 위해서다. 지상파만 볼 것이라면 유료 방송 시청을 할 필요가 없으나 수신 환경이 따라주지 않는다면 유료 방송을 선택해야 한다. 현재 평균 10가구에서 6가구 정도가 유료로 지상파 방송을 수신하고 있다.

2. 텔레비전광고의 특징

■ 텔레비전광고의 장점

텔레비전은 전국의 모든 세대에 직접적으로 전달시킬 수 있기 때문에 효율성이 높은 매체다. 특히 지상파 방송은 광고 매체 중에서 가장 영향력이 높은 매체이다. 텔레비전의 보급률은 전국에 걸쳐 이미 100%를 넘어섰고 뉴스, 스포츠, 드라마, 버라이어티 등 오락성이 높은 프로그램의 높은 전달률과 긴 접촉시간이 강점이다. 한편 영상과 소리로 임팩트가 강한 정보를 제공함으로써 기업의 메시지를 인상 깊게 심어줄 수 있다.

텔레비전광고의 매체 전략상 또 다른 장점은 연령층과 성별에 관계없이 어떠한 층도 커버할 수 있다는 점이다. 시청자의 생활패턴을 분석, 그것에 원하는 시간대를 맞춤으로써 타깃을 세분화할 수도 있다. 또한 출고시기를 단기간으로 집중해 투하할 수 있기 때문에 빠른 광고 효과를 얻을 수 있다. 이러한 특성으로 신제품의 출시나 캠페인 행사에도 적합하다.

텔레비전광고는 전국을 대상으로 할 때 더욱 효과적이다. 특히 지역에 따른 대응도 가능한데, 전국에 네트워크화된 방송 프로그램을 통해 효율성을 높일 수 있기 때문이다. 그리고 실생활과 밀접하고 신뢰성이 높은 매체이기 때문에 제품에 메이저라는 이미지를 심어줄 수 있다. 한편 시청률의 상세한 데이터가 완비되어 있어 광고의 출고 이후 평가에 있어서도 명확한 산출이 가능하다.

■ 텔레비전광고의 종류와 제작

텔레비전광고를 제작 기법에 따라 분류하면 몇 가지로 나눠볼 수 있다. 경쟁사보다 우월한 제품일 때 장점만을 집중하여 제시하는 입증식 광고와 소비자 입장에서 전문가 등을 등장시켜 공감대를 형성하는 증언식 광고, 제약 광고에 많이 활용하는 제시자식 광고, 제품의 특성을 시청자와 연관시켜 드라마적인 요소 찾아 내보내는 토막극광고, 사용자의 생활양식을 담은 라이프스타일광고, 추상적이거나 불유쾌한 주제를 다룰 때 효과적인 애니메이션광고가 있다.

텔레비전광고는 콘셉트에 입각해 콘티를 만드는 것에서 시작한다. 콘티는 비주얼과 짧은 문장을 통해 광고의 내용을 설명한 것으로 각 단계에 따라 러프 콘티, 그림 콘티, 연출 콘티로 불린다.

단계상 처음으로 광고 플래너에 의한 러프 콘티가 나온다. 최초 단계는 급히 쓴 스케치 정도이지만 많은 아이디어가 담겨 있다.

다음으로 콘티에 어떤 아이디어가 있으며, 재미나 흥미를 끌고 있는지 평가하여 수정과 추가를 거듭해 기획의 뼈대를 만든다. 점차 러프에서 한 발자국 나아간 그림 콘티로 이미지를 채워나가는 것이다. 그림 콘티는 팀 내에서 구체적인 완성을 가정한 것이다. 각 컷의 초수를 가정해 어떤 영상을 만들며, 캐치카피와 대사는 물론이고 음악이나 효과음까지도 설정해야 한다. 이때 이미지와 제품을 보여주는 방법도 구체화시킬 필요가 있다. 또한 이 과정에서 촬영이나 로케이션 등은 구체적인 실행 계획을 수립해야 한다. 영상 부분은 예산이나 스케줄에 많은 영향을 받기 때문에 사전에 제작사와 매듭을 지어야 한다. 연출 의도에 따라 적합한 배우를 찾아야 하기 때문에 캐스팅과의 정보 공유도 필요하다.

이러한 그림 콘티가 완성되어 촬영에 돌입하게 될 때는 연출 콘티를 사용하게 된다. 연출 콘티란 촬영의 지침이 되는 촬영 계획을 구성한 스토리 보드로, 촬영 스태프와의 커뮤니케이션을 위한 기본적 도구가 된다. 여기에는 촬영할 장면이나 카메라 워크 및 연기, 조명, 의상, 소품 등 연출자가 고려해야 하는 모든 요소가 담겨 있다.

텔레비전광고를 구성하는 요소는 크게 '영상'과 '음향'으로 말할 수 있다. 둘은 일체화되어 타깃의 마음을 사로잡을 표현을 만들어낸다. 그렇다면 이 두 요소는 광고에서 어느 정도의 효과를 내는 것일까?

우리가 잘 알고 있는 영상 기법 중 승용차 광고 등에서 많이 볼 수 있는 클로즈업은 제품을 좀 더 고급스러워 보이게 하는 효과가 있다. 특히 올려다 보는 각도에서 앞부분을 클로즈업하는 경우가 많다.

한편 시각적인 요소의 연장선상에서 광고 출연자가 가지고 있는 이미지도 매우 중요한 역할을 한다. 실제 홈쇼핑 채널에서는 유명 연예인의 제품 소개를 통해 그 제품에 대한 신뢰도를 상승시킨다. 한편 모 발효유 광고는 노벨상을 수상한 의학박사의 출연 및 효과 설명 등으로 마시는 것만으로 세균을 죽이거나 위염을 예방할 것 같은 착각을 들게 한다.

제품을 사용하는 매력적인 출연자를 통해 효과를 극대화하는 대표적인 것이 바로 화장품 광고다. 미모의 탤런트가 출연함으로써 제품을 사용하면 자신도 그렇게 될 수 있다고 느끼게 만든다. 한편 소비자는 심리적으로 피부가 고운 모델이 광고하는 것을 찾게 된다. 이러한 화장품 광고는 기능성 제품을 제외한 대부분이 여기에 속한다.

다음으로 음향 효과에 대한 이야기를 해보자.

하나의 예로 치약 광고를 들어보면 출연자가 이를 닦고 혀로 앞니를 문지르면 "뽀드득"하는 소리가 나오는 광고를 본 적 있을 것이다. 실제와 달리 조금 과장된 면이 있지만 결과적으로 소리를 통해 상쾌하고 깔끔한 인상을 심어줄 수 있다.

한편 음악과 노래는 제품이나 장소를 친숙하게 만든다. 전자 제품만 전문으로 취급하는 A마트는 대중적인 음악에 가사만 개사한 광고를 몇 년간 지속하고 있다. 광고량도 엄청나 텔레비전을 즐겨보는 아이들이 따라 부를 정도이다. 결과적으로 개사된 노래를 통해 자연스럽게 익숙해질 수 있는 효과를 볼 수 있었던 것이다.

위에서 간단하게 설명한 것처럼 광고에 있어서 시각적인 측면과 청각적인 측면은 매우 중요한 요소라 할 수 있다. 이 두 요소에 대해 조금 더 알아보자.

광고 영상에서 제품을 보여주는 방식은 상당히 중요하다. 소비자에게 제품의 장점을 어떤 식으로 표현하고 있는지를 알려주기 때문이다.

그래서 크리에이터는 제품이 사용되는 장면을 어떻게 매력적으로 표현할 것인지 고심하게 된다. 제품의 특징을 캐치하고 그에 맞는 영상 요소들을 효과적으로 조합해야 한다. 맥주 광고를 예로 들어보자. 맥주 광고는 맥주 특유의 시원함을 강조하는 것이 포인트라 할 수 있다. 그래서 한 모금 마신 후 퍼지는 진한 맛과 시원함을 표현하는 것이 중요하다고 볼 수 있다. 이때 시청자들의 생리적인 욕구를 자극[01]하는 요소를 사용하는 것도 좋은 방법이다. 갈증을 해소하고 싶은 욕구를 자극하기 위해 출연자는 맥주 한 잔을 그것도 한번에 꿀꺽꿀꺽 소리를 내어 마신다. 여기에 솟아오르는 분수의 이미지나 살아 움직이는 듯한 거품의 이미지를 적절히 배합하면 우리가 잘 알고 있는 광고가 연상될 것이다.

영상을 위한 또 하나 중요한 요소는 바로 출연자이다. 대부분의 광고에는 많은 인물들이 등장하는데, 유명 탤런트에서 아마추어까지 다양하다. 하여 적절한 인상과 이미지의 출연자를 찾아 선정할 필요가 있는데, 이를 캐스팅이라 한다.

한편 시청자의 관심을 끌기 위한 음향 효과에는 언어, 음악, 효과음 등을 들 수 있다.

언어적 요소는 광고문구나 출연자의 대사, 내레이션으로 다시 세분화할 수 있다. 광고문구는 그래픽과 더불어 임팩트를 높여주는 역할을 한다. 또한 내레이션은 출연자와 내레이터가 담당하지만, 가끔 의외의 인물이 읽음으로써 특별한 효과를 노리는 경우도 있다.

음악은 처음부터 광고를 위해 만들어진 이른바 광고음악과 노래와

---

01 생리적인 욕구를 자극하는 요소를 시즐(sizzle)이라 하며, 이를 자극하는 영상을 시즐컷이라 부른다.

가사가 없는 배경음악(Background Music, BGM)을 예로 들 수 있다. 요즘에는 이미 만들어진 음악의 한 부분을 편집해 사용하는 경우가 많다.

그간 텔레비전광고는 15초 길이라는 것이 통념이었다. 60초짜리 광고는 대선(大選)기간 정치광고가 전부라고 해도 과언이 아니었다. 그러나 시간이 긴 광고를 내보내는 대신 광고 횟수를 줄이는 기법이 새로운 광고 트렌드로 자리 잡고 있다. 얼마 전 A가전회사는 '먹고 살고 사랑하고'라는 헤드 카피와 함께 유명 연예인을 모델로 내세운 60초짜리 냉장고 광고를 내보냈다. 또한 2분짜리 신제품 냉장고 광고인 '푸드 쇼케이스'를 만들어 케이블 텔레비전에서만 방영했다.

초수(秒數)가 길어 '장초수(長秒數)광고'로 불리는 이런 류의 광고가 최근에 등장한 것은 아니다. 이미 2007년에 A에너지 기업이 '생각이 에너지다'라는 60초짜리 광고를 단 한 번 방영하는 파격적인 실험을 했다. 그리고 A건설회사는 '진심을 짓는다'라는 광고를 30초간 방영하는 모험을 했다. 한편 어느 금융사는 '미래상품발굴단'이라는 60초 광고를 방영했다. 새로운 투자방법에 대한 설명과 소비자를 설득하는 데 15초라는 시간은 짧기 때문이다.

프랑스 고급 장신구회사인 까르띠에는 무려 3분 30초에 달하는 광고를 2012년과 2013년에 걸쳐 방영했다. 무려 60억 원을 들여 2년에 걸쳐 제작한 광고는 표범 모양의 보석이 살아나 인도와 프랑스, 러시아를 여행하는 내용이었다.

제품에 대한 아무런 소개도 없어 짧은 영화 한 편을 보는 것 같은 광고가 처음 한국에 선보인 것은 2011년 3월 MBC 뉴스데스크가 끝나고

난 이후이다. 뉴스와 앵커의 인사 사이에서 계속해 끝나지 않는 광고가 나오자 시청자들이 방송사고로 오인할 정도였다. 광고는 2013년 1월 1일 SBS 뉴스 직후 다시 한 번 방영되었다.

장초수광고는 단가가 비싸지만 소비자의 태도나 기억력에서 상당한 효과가 있음이 실증되고 있다. 한편 광고 플랫폼과 광고량이 폭증하면서 광고 혼잡도가 크게 늘어 15초 광고로는 소비자를 설득하기 어려워졌다는 해석도 있다. 브랜드 이미지와 기업의 지향성이 영향력을 미치면서 노출량을 늘리는 것보다 소비자의 관여도를 높이는 것이 훨씬 효과적이기 때문이다. 예전에는 제한된 매체를 많은 광고주에게 나눠주다보니 짧을 수밖에 없었지만, 요즘엔 볼거리가 많아지면서 지상파라고 해도 15초로는 시선을 붙잡을 수 없게 된 측면도 있다.

3. 일상과 밀접한 라디오광고

■ 라디오의 특성, 그리고 과거와 현재

라디오는 일상생활과 밀접한 매체다.

일각에서 '소리의 미디어'라고 하듯 무언가 하면서도 들을 수 있을 정도로 일상과 밀착되어 있다. 평일 출퇴근시간이나 휴일의 드라이브, 레저를 떠날 때에도 쉽게 들을 수 있다. 그래서 자영업자와 주부, 면학 중인 청소년 같은 특징 있는 청취자층이 존재한다. 이러한 계층은 생활습관의 일부로 매일 지속적으로 라디오를 듣고 있다.

요즘의 라디오는 청취자와 직접적인 소통을 이어가는 기법을 많이 쓴다. 생방송 혹은 스마트폰이나 인터넷을 이용해 청취자의 즉각적인 반응을 유도하는 프로그램이 늘고 있는 것이다. 특히 이러한 프로그램에서 보여지는 사회자와 게스트의 일상적 수다는 청취자와의 유대감을 폭넓게 해준다.

한편 라디오는 소리만으로 상상력을 자극한다는 점에서 뛰어난 매체다. 뿐만 아니라 규모에 비해 비용이 낮고 사용하기 쉬운 것이 특징이다. 프로그램의 진행자가 방송 중에 광고 원고를 읽을 수 있는 것도 라디오가 지닌 장점이다. 이러한 점은 진행자의 캐릭터와 일체화함으로써 자연스럽게 프로그램에 녹아들어 친근감을 불러일으키는 효과를 볼 수 있다.

또한 점포나 이벤트의 현장에서 생중계로 현장감을 느끼게 하는 것이 가능하다. 요즘은 청취자와 전화를 통한 현장성을 활용한 프로그램이 많다는 점에 주목해야 한다. 또한 광고주의 요청의 의해 특별 편성되어 장시간에 걸쳐 제공하는 스페셜 프로그램도 있다. 신상품의 발매에 맞춰 광고나 라이브 행사의 생중계에 특별히 제작된 광고를 편성함으로써 커뮤니케이션 플랜에 임팩트를 불어넣을 수 있다.

라디오광고는 1923년 미국에서 처음 시작되었다. 해방 전 한국도 라디오 방송이 있었지만 상업 방송은 아니었다. 민간 상업방송국이 창립되어 출범하기 시작한 것은 1959년 '부산 문화방송'이 개국한 이후부터다.

1954년 12월에 민간 방송인 '기독교방송(CBS)'이 개국하였고, 1961년 12월에는 '문화방송(MBC)', 1963년 4월에 '동아방송(DBS)'이 개국하였다.

같은 해 '라디오서울'이 탄생했지만 1966년 '동양방송(TBC)'으로 개칭하였다. FM 방송은 1965년 6월 '서울 FM방송국'의 개국이 시초이며, 그 뒤 '문화FM'·'한국FM' 등의 민간 FM 방송이 차례로 개국하였다. 그리하여 1960년대에 이르러서는 라디오 방송의 황금기를 맞게 되었다.

요즘은 인터넷의 확산으로 지상파 인터넷 라디오 플레이어 서비스가 출현했다. 2006년 2월 MBC mini, 5월 KBS Kong이 서비스된 이후 SBS, EBS, CBS, TBS, 국악방송, BBS, 아리랑TV 등 각 방송사별 독자적으로 인터넷 라디오 플레이어를 개발·운영하고 있다. 이 플레이어는 라디오 채널별 실시간 청취, 사연 보내기, 보이는 라디오 연동, 실시간 선곡표 보기, 스킨 변경, 타임머신, 자동 예약, 쪽지 보내기, 폰 꾸미기 등 다양한 서비스를 제공하고 있다.

MBC mini는 2005년 가을개편 때부터 준비되어 iMBC에서 자체 개발하였다. 최근에는 특정 방송국의 라디오 플레이어에서 타 방송국의 라디오까지 수신할 수 있게 되었다. KBS는 아이디어 차원으로 논의됐으나 MBC mini 출시 후 KBSi에서 개발에 착수하여 운영 중에 있다. SBS 고릴라도 MBC mini 서비스를 운영하고 있다.

라디오 방송 환경의 변화는 또한 공동체 라디오 방송국 출현에서도 찾아볼 수 있다. 특정 소규모 지역을 권역으로 FM 라디오 방송 프로그램을 송출하는 것이다. 송신 출력은 모든 소출력 FM 라디오 방송국 공통으로 1W이며, 송신소로부터 반경 평균 약 1~2km의 지점에서 청취가 가능한 것이 특징이다. 1950년대는 대학 교내 라디오 방송을 목적으로 처음 출발했지만, 1993년 대전 엑스포 행사장에서 한시적으로 운영된 적이 있다. 지금 같은 소출력 FM 라디오 방송은 2002년 한일 월드컵

기간에 장내 안내 방송을 목적으로 서비스한 것이 기반이 되었다.

현행법상으로 공동체 라디오 방송을 포함한 소출력 FM 방송은 최대 출력이 10W 이하로 제한되어 있다. 현재 각 지역의 소출력 FM 방송국의 출력은 시범 방송 시행 이래 현재까지 모두 1W로, 송신소로부터 반경 약 5km, 도시지역의 경우 약 1~2km 정도를 가청권으로 둘 수 있다. 예를 들어 마포구를 권역으로 하는 마포FM의 경우, 송신소가 있는 와우산을 중심으로 신촌로터리, 홍대입구역 인근까지 청취가 가능하다. 편성에 있어서도 지역 밀착형 방송이라는 취지에 맞게 시청자가 직접 참여하는 프로그램을 주당 최소 200분 이상 실시하도록 규정하고 있다. 뉴스 제작 등의 보도 편성은 제한되어 있으나 정보의 형식으로 타 언론의 뉴스를 제공받을 수 있다. 운영 재원은 시범 방송 당시에는 방송발전기금에서 일부를 지원받았지만 대신 상업적인 광고 방송은 허용하지 않았다. 2006년 말부터 방송발전기금의 지원은 중단되었지만 광고 방송이 가능하도록 방송법이 개정되었다.

그러나 요즘 들어 라디오광고비가 총 광고비에 차지하는 비율이 감소하기 시작했다. 방송사는 고육지책으로 시간대에 따라 타깃을 바꾼 프로그램 편성과 고품질 디지털 음악 방송, FM 방송, FM 문자 다중 방송을 시도하고 있다.

한편으로 인터넷 라디오와 오디오 파일 또는 비디오 파일 형태로 뉴스나 드라마 등 다양한 콘텐츠를 인터넷망을 통해 제공하는 팟캐스트(pod cast) 같은 유사 방송도 선보이고 있다.

■ 광고 매체로서 라디오

광고 매체로서의 라디오의 특징은 신속한 전달과 필요시기에 따른 광고가 가능하다는 점이다. 텔레비전에 비해 매우 저렴하며, 로컬광고는 물론 원하는 타깃층의 시간대에 집중한 대량광고도 가능하다. 운전 중에도 청취가 가능할 정도로 종일 방송되기 때문에 습관성 미디어라고 불릴 정도다. 물론 음향만으로 광고된다는 점이 제한점이지만 시각적인 이미지가 환기되어 영상을 떠올리는 효과가 있다. 예외지만 컴퓨터로 라디오 방송을 들을 때는 관련된 영상을 이용할 수 있다.

그렇다면 라디오광고의 종류는 무엇이 있을까. 대표적인 예로 프로그램광고를 들 수 있다. 이는 한 라디오 프로그램의 스폰서로 참여해 프로그램 중간이나 전후로 나가는 광고(20초)[02]를 말한다.

다음으로 토막광고는 프로그램과 프로그램 사이의 광고(20초)로 'SPOT' 이라고도 한다. 시보광고는 현재 시각 고지 시 나오는 광고(10초)를 말한다. 이들 광고의 위치는 정각 시보 → 프로그램 오프닝 → 프로그램광고 → 프로그램 → 1부 종료 → 토막광고 → 중간시보 → 2부 오프닝 → 프로그램광고 → 프로그램 종료 → 토막광고의 형태로 삽입된다.

라디오광고의 요금은 텔레비전과 유사하다. 애초 설정된 정가는 있지만 수급의 상태나 영업 전략에 따라 요금이 정해진다. 그렇지만 텔레비전보다 유연하고 융통성이 많다는 것이 특징이다. 텔레비전 스폿과 다른 점이 있다면 광고 1편 당 요금이 발생한다는 정도다. 그리고 필요

---

02 20초가 기준이지만 5/10/40초도 가능하다.

로 하는 시간대의 스폿만을 구입할 수 있다. 동일 시간대의 스폿을 정규로 확보하고, 자사가 소구하고자 하는 시간대에 집중시킬 수 있다는 것도 특징이다.

라디오광고비는 스폿과 프로그램광고비로 나눠지는데 스폿은 지역별 광고이고, 프로그램은 전국광고이다. 비용은 프로그램광고비가 높다. 예를 들어 MBC 라디오의 전국 요금은 대략 A급의 경우 월 1,500만 원 정도다. 지역광고의 경우 KBS 라디오의 수도권 요금은 월 300만 원 정도지만, 같은 프로그램광고라도 방송국에 따라 다르다. 약간의 차이는 있지만 MBC AM 토막광고 A급 서울지역의 20초 1회 광고의 경우 약 30만 원, MBC FM 토막광고 A급 서울지역의 20초 1회 광고는 19만 원 정도이다.

방송광고시간의 구매는 현재 한국방송광고진흥공사에서 매달 일정 날짜까지 신청을 받아 결정한다. 그러나 신청 물량의 수량과 연계 프로그램에 대한 예산 등 유리한 조건을 제시해야 소정의 결과를 얻을 수 있다. 문제는 비인기 프로그램도 이른바 패키지라는 개념으로 판매를 하고 있다는 점이다. 그래서 집행 가능 금액에 20% 이상을 별도 책정해 비인기 프로그램을 구입해야 한다.

이 같은 선정방식은 방송국 입장에서는 고정된 프로그램 가격으로 인기 프로그램이 저평가가 되어 적정한 가격을 받을 수 없고, 광고주에게는 쓸데없는 예산이 추가되어 효과적인 광고 집행을 할 수 없다는 문제점이 있다. 그러나 반대로 방송사는 낮은 가격조차 받을 수 없는 프로그램을 적정선까지 받을 수 있고, 광고주는 고가의 프로그램을 저렴한 가격에 구입할 수 있다는 장점이 있다.

　요금 산정은 전파료를 매체가치에 시급별, 등급별 점유비를 고려된다. 예를 들어 토막광고 요금은 전파료에 기준하여 판매 초수를 곱해 설정한다. 프로그램광고는 서울 전파료에 할증률을 곱하고 지역 전파료를 더한 액수에 판매 초수를 곱해 산출한다. 하지만 AM과 FM을 동일 기준가로 적용함으로써 FM광고단가를 크게 인상하는 결과를 낳으며 프로그램 경매제인 프리엠션(preemption) 판매제로 인기 프로그램은 오른 요금에 최고 20∼30%까지 인상될 가능성이 있다.

신문과 잡지광고

1. 신문 매체와 신문광고의 특징

신문광고는 신문에 게재되는 모든 광고를 지칭한다.

신문이 보도와 교양, 오락, 각종 정보의 전달기능뿐만 아니라 광고 매체로써 중요시되는 이유는 갖가지 특성을 지니고 있기 때문이다. 무엇보다 많은 발행 부수에도 불구하고 직접 전달해주며 비용도 저렴하다는 특징이 있다. 또한 즉시성과 설득성이 높으며 신문이 지닌 사회적 신뢰는 광고에 대한 믿음으로 이어지게 한다.

요즘은 컴퓨터나 스마트폰으로 인해 신문 읽기를 소홀히 하는 계층이 많아졌지만, 여전히 매스미디어로서의 존재감은 크다. 특히 신문에 실렸다는 것만으로도 생성되는 신뢰성은 어떤 매체도 따라오지 못하는 강점이다. 그래서 브랜드보다는 메시지 전달이나 이미지 개선이 필요할 때 신문광고를 활용하는 것이 효과적이다.

앞서 이야기했듯 신문은 뉴스나 교양이 중심이 된 신뢰도가 높은 전통적인 매체다. 각종의 정보를 취합해 이슈가 되는 문제를 보다 자세하게 알려준다. 그렇기 때문에 독자들의 주목성이 높다. 비교적 수정도 쉬운 편이다. 독자 수의 예측과 결과도 즉시 확인할 수 있어 효율적인 광고가 가능하다. 무엇보다 90% 이상이 정기구독자로 독자층이 고정되어 있다는 것이 장점이다.

한편 신문은 매일 발행되기 때문에 원하는 출고일을 선택할 수 있다. 이러한 특징 때문에 신제품의 발매일이나 시설의 오픈, 이벤트의 개시처럼 즉시 정보를 전달하는 데 적합하다.

전면광고처럼 큰 공간으로 출고하면 한층 임팩트를 높일 수 있다. 또 텔레비전과 같이 한 명당 광고 도착 코스트까지 확인할 수 있다.

또 비주얼과 텍스트를 조합해 상세하게 정보를 전달할 수 있으며, 틈틈이 몇 번이고 반복해서 읽을 수 있다. 최근 몇 년 동안 컬러인쇄 기술의 발달로 그래픽으로서의 소구력도 높아지고 있다. 따라서 통신판매 등 다이렉트 리스폰스(direct-response)가 요구되는 광고로의 활용도 커지고 있다.

신문은 지금도 광고 시장에 있어 텔레비전에 이어 2위를 고수하고 있는 매체로, 독자들은 신속한 매체로서 인터넷 다음으로 신문을 꼽는다.

신문은 매일 새로운 기사와 광고를 싣고 있다. 그리고 오늘이라는 관점에서 객관적인 정보 전달로 즉각적인 구매 욕구를 일으키게 한다. 그렇지만 몇 년 전부터 가두나 지하철역 인근에서 무상으로 배포하는 무가지의 출현 이후 기존의 신문광고를 이용하던 광고주의 회의적인 반응 또한 무시할 수 없게 되었다. 그러나 무가지의 독자는 신문을 읽자

마자 버리다보니 유가지보다 제품 구매율이 낮은 편이다.

신문광고는 게재되는 면에 따라 요금이 다르다. 1면처럼 주목률이 높은 면일수록 고액이다. 면과 크기로 요금을 정하지만 위치와 출고시기에 따른 변동도 있다. 컬러 등의 특수한 조건이 붙으면 그만큼 가산된다. 이러한 차이는 원하는 메시지를 전달하고자 할 때 참고해야 할 중요한 요소다. 그러나 광고 게재에 따른 소요시간이 다른 매체에 비해 짧아 돌발적인 마케팅 상황에 신속히 대처할 수 있다. 시장에 신제품을 내놓을 때 통상 매체 믹스의 일부로서 신문을 빠뜨릴 수 없는 이유다.

현재 우리나라 주요 일간지는 대부분 지방판을 발행하는데 광고주의 입장에서 보면 지역 선택성을 또 하나의 강점이라 이야기할 수 있다. 전국의 광고 노출을 위해 네트워크 텔레비전을 이용하지만, 특정 지역에 집중해야 할 때는 지역 신문이나 일간지의 지방판을 이용할 수 있기 때문이다.

해당 지역의 대리점을 광고함으로써 지역의 영업 활동을 간접지원할 수 있다. 지역별로 내용이 달리해야 할 때 광고물의 수정이 비교적 쉽기 때문에 제작에 따른 비용과 시간을 줄일 수 있다.

신문제작 기술의 놀라운 발전은 과거와는 달리 잡지와 거의 같은 정도의 선명한 광고물을 독자들에게 전달하고 있다. 하지만 인쇄 기술의 발전으로 컬러 색상의 선명도가 높아졌음에도 불구하고 아직 대부분은 흑백 위주로 제작되고 있다. 잡지나 텔레비전과는 달리 색상의 제약이 많으며, 신문마다 기술의 차이가 있기 때문에 효과도 다를 수 있다. 일간지의 경우 매체의 수명은 하루에 불과하며, 특정 신문이 정기구독되고 있다고 해서 반드시 구성원 모두가 읽는다는 보장이 없다.

신문광고는 표현 형식에 따라 기사광고, 삽화광고, 의장광고, 지방광고, 안내광고 등으로 나누며, 게재 위치에 따라서 기사식(보통)과 특별광고(돌출)로 나눈다. 신문광고의 크기는 전5단이나 5단의 1/2 등으로 부르는데, 전자는 높이가 5단이 전단이 되고, 후자는 반 단의 것을 말한다. 신문 한 면(세로 15단, 가로 12칼럼) 내에서 표현할 수 있는 크기에 따라 돌출, 5단, 7단, 8단, 10단, 15단 등으로 분류되며 크기의 기준은 1단, 1칼럼으로 칼럼은 가로 단위 3cm, 최소 1칼럼, 최대 12칼럼으로 구분되어 있다. 단은 세로단위 3.4cm로 최소 1단, 최대 15단이다.

신문 1면의 제호 옆에 들어가는 일명 제호광고는 브랜드를 지속적으로 노출시키는 데 적합하고, 기사 중간에 들어 있는 돌출광고를 비롯한 소형광고는 부고나 성명서, 공고, 부동산 안내 등이 있는데 내용에 따라 단가가 다르다.

신문 한 면 전체를 차지하는 전면광고도 있다. 하루 3~6개 정도가 전면광고로 게재되고 있는데, 특히 마지막 면의 전면광고 효과가 상당히 높다. 신문을 펼쳤을 때 두 개 지면에 걸쳐 광고를 싣는 스트레드 형식도 있다. 풍부한 지면을 이용해 독자들에게 많은 정보를 강하게 전달할 수 있다는 장점이 있다.

요즘의 신문광고는 한 편의 시(詩)처럼 단순해지고 있다. 광고가 노출되는 매체가 크게 늘어난 데 따른 결과이다. 제품과 서비스에 따른 자세한 정보를 담던 과거와 달리 홈페이지와 블로그, 트위터, 유튜브 같은 플랫폼이 다양해지면서 독자의 시선을 사로잡는 이미지와 간결한 카피로 구성되는 경향이 짙어지고 있다.

A사의 냉장고가 2013년 초까지 선보였던 신문광고의 헤드 카피는 '이렇게 살살 녹는 스테이크는 누가 만드는 걸까?' '이렇게 싱그러운 샐러드는 누가 만드는 걸까?'였다. 얼핏 냉장고와 어울리지 않아 보이는 스테이크를 소재로 한 것도, 기능을 전혀 설명하지 않는 헤드카피 모두 이미지만을 담은 간결한 단문이었다.

시청률이 엄밀하게 조사되는 텔레비전광고에 비해 신문광고는 그동안 광고 효과에 관한 지표가 누락되어 있었다. 그러나 최근 몇 년 사이 이러한 문제를 해소하기 위해 신문사마다 데이터를 마련하고 있다. 이전부터 신문을 읽던 비율인 도착률과 신문의 어느 면이 많이 읽혀지는지 정확도 높은 데이터를 제공함으로써 효과 측정이 가능하게 되었다.

한국언론진흥재단이 2011년 한국리서치에 의뢰한 조사에 의하면 신문 독자의 2명 중 1명꼴로 신문의 내용을 정독하는 헤비 유저(heavy user)인 것으로 조사되었다. 한편 '신문광고 주목률 조사'에 따르면 응답자의 42.5%가 지면과 기사를 읽을 때 관심 있는 지면과 기사를 읽고 처음부터 다시 자세하게 읽는다고 답했다.

그렇다면 신문광고의 주목도는 어떠할까?

신문광고의 주목도를 묻는 조사에서 응답자의 57.3%가 신문에 게재된 광고를 비교적 관심 있게 보는 것으로 집계되었다. 성별로는 남자(52.8%)보다 여자(64.4%)가 높게 나왔으며, 연령별로는 19~29세의 젊은 독자의 주목도가 64.1%를 기록하여 다른 연령대를 압도했다. 신문의 총 광고 수 중 본 것만을 기억하는 비율인 '광고 접촉률'은 23.5%였다.

신문광고의 출고는 광고주의 의향에 따라 대행사에 의해 개시된다. 최소 게재 한 달 전에 기획하지만 이를수록 이상적이다. 신청 때에는 게재일과 면을 협의해 전달한다. 처음 출고하는 광고주는 이 시점에서 단가 등의 요금을 결정해야 한다.

게재할 원고는 갤리(galley)라는 러프한 단계에서 사전 심의를 받게 된다. 언론의 규정상 표현 등에 문제가 있을 경우 조정될 수 있다. 신청을 받은 신문사는 어느 면에 게재할 것인지를 할당한다. 게재 날짜나 면이 겹칠 때는 신문사와 대행사의 협의에 의해 결정한다. 통상 게재 1주일 전에 확정하여 광고물의 입고를 진행한다. 일반적으로 게재 이틀 전까지 완료하지만 컬러 등 원고의 내용에 따라 다르기 때문에 주의가 필요하다. 지금은 각종 문서를 컴퓨터로 전송하는 전자문서교환(Electronic Data Interchange, EDI)에 의한 전달방식을 많이 이용하고 있다.

2. 부록광고의 지역 전략

부록광고란 신문에 끼워져 있는 전단지를 일컫는다. 가정에 직접 전달되기 때문에 주부층의 접촉률이 높은 매체이며, 즉각적인 반응으로 효과를 파악하기 쉬운 특징이 있다. 전단지는 지역 신문보급소에서 최소 단위로 끼워넣는 작업으로 진행하기 때문에 지역 마케팅을 실시하는 데 효과적이다. 인근 학원이나 슈퍼, 음식점 등의 소매, 부동산, 패스트푸드점 같은 외식과 서비스 관련 업종의 이용이 많다. 특히 소규모 예산으로 실시할 수 있다는 것이 메리트다.

또한 자세한 정보를 제공할 수 있기 때문에 통신판매나 통신교육 등의 다이렉트 응답을 필요로 하는 데 활용되고 있다. 하여 통신사와 대기업의 통신판매에서 많이 이용하고 있다. 판매점과 지역마다 표현을 달리함으로서 크리에이티브 테스트를 용이하게 실시할 수도 있다.

이러한 부록광고와 더불어 SP광고의 대표적인 것으로 최근 급증세를 타고 있는 것이 프리페이퍼(free paper)다. 신문이나 책자를 만들어 무료로 한정된 지역 주민에게 배포하는 미디어를 말한다.

프리페이퍼는 두 종류가 있다. 첫째, 쇼퍼(shopper)는 광고를 지면의 전면에 게재하여 타깃으로 설정된 가정에 무료로 배포하는 것이다. 광고 게재가 수입원으로 발행되며 거의 주간지나 다름없다.

다른 하나는 프리커뮤니티 뉴스페이퍼로 지면의 4분의 1 이상을 특정 지역의 갖가지 정보를 담아 무료로 배포하는 것을 말한다.

요즘은 소비자가 일상생활에서 접촉하는 모든 것이 매체가 된다. 대중과 접촉할 수 있는 장소나 기회까지 매체로 활용되고 있는 현실이다. 그동안 신문이 중심이었던 인쇄 매체는, 쿠폰이나 코믹지 등으로 확대되고 있다. 포스팅을 비롯해 지하철역이나 대중이 밀집한 번화가에서 배포되기도 한다. 그러나 무분별한 SP의 출고는 브랜드의 이미지를 잃게 만들 위험성이 있으므로 신중한 고려가 필요하다.

3. 비주얼과 광고문구

그래픽광고는 크리에이티브 디렉터를 중심으로 비주얼을 담당하는 아트 디렉터와 광고문구를 담당하는 카피라이터 등이 함께 진행한다. 그래픽 아이디어는 텔레비전광고의 초기에 만드는 러프 콘티처럼, 섬네일(thumbnail)이라는 비주얼 이미지의 러프한 안을 내는 것에서부터 시작한다. 섬네일은 엄지 손톱만 한 사이즈로 미리 그림의 대략적인 모습을 보여주는 것이다. 한 화면에 여러 장의 그림을 보여줄 수 있어서 마치 포토앨범처럼 게시판으로 이용하기 쉽다.

기본적으로 카피라이터가 광고문구와 함께 비주얼의 방향과 아이디어까지 제출한다. 여기에서 그래픽광고의 구체적인 방향을 잡는다. 이즈음 영상과 일러스트 어느 쪽으로 표현할 것인지 결정해야 한다. 텔레비전광고가 포함된 통합 캠페인은 콘셉트를 팀원들과 함께 작성할 수 있다. 한편 정리된 플랜을 광고주에게 제안하기 위해서 컴프[01]를 작성한다.

제안을 앞두고 촬영이나 로케이션 장소를 미리 가정해 도안을 맡을 일러스트레이터나 작가와 교섭한다. 모델이 필요하면 선정된 연예인의 갖가지 조건을 확인해야 한다.

컴프는 실제와 마찬가지로 DTP를 이용해 제작한다. 탤런트나 배경이 되는 사진을 사용하여 실제 광고와 유사하게 만드는 것이다. 프레젠테이션은 규모에 따라 대형 패널을 출력해 제안의 효과를 높여야 한다.

---

01 완성형 광고를 만들기 위한 사전 제작물.

신문광고나 잡지광고, 포스터 등의 그래픽광고는 기본적으로 카피와 비주얼로 구성되어 있다. 카피는 광고를 통해 보여주는 짧은 문장으로 캐치카피가 중심이며 가능한 눈에 잘 띄도록 실어야 한다.

캐치카피는 광고로 전달하고 싶은 콘셉트를 함축해 표현한 것으로 소비자의 마음을 움직일 수 있어야 한다. 한편 캐치카피를 보충하는 짧은 문장을 리드라 하고, 구체적으로 제품의 특징을 설명한 것을 보디카피라고 한다.

카피 중에서 캐치카피에 해당되는 것을 키비주얼이라고 하며, 중점적으로 다뤄야 할 사진이나 일러스트를 가리킨다. 키비주얼의 이미지는 광고의 분위기나 인상을 심어주는 톤 앤 매너를 좌우한다. 캐치카피와 키비주얼의 조합으로 광고의 아이디어가 표현되는 것이다.

제품과 기업명은 광고주가 정한 로고로 표현된다. 로고의 색, 위치, 크기는 모두 기업의 이미지를 통합한 CI(Coporate Identity)에 담겨 있다. 로고에는 문자뿐 아니라 심벌마크도 더해진다. 이러한 작업을 CIP(Corporate Identity Program)라고 한다. 이는 직원들로 하여금 기업이 추구하는 가치를 공유하게 하고 외부로 표현하는 동시에 미래 경영 환경에 대응하기 위한 전략의 하나로 1950년대 미국에서 처음 시작되었다. 주로 시각 이미지로 표현할 수 있는 기업 로고나 상징(symbol) 마크를 통해 나타낸다. 19세기 독일의 건축가 겸 디자이너 페터 베렌스(Peter Behrens)가 디자인한 알게마이네 전기회사(Allgemeine Elektrizitats Gesellschaft, AEG)의 상징 마크가 시초라고 알려져 있다. 본격화된 대표적인 사례는 1956년 5월 미국의 그래픽 디자이너 폴 랜드(Paul Rand)[02]가 디자인한 IBM 로고이다. 요즘은 경영 환경이 복잡해지면서 CI보다 BI(Brand Identity)의 중요성이 더욱 강조되는 추세이다.

4. 회독성(回讀性) 높은 잡지광고

실시간 소셜 미디어와 인터넷 매체가 정보를 퍼나르는 시대에 아날로그적 감성의 잡지는 시대에 뒤처질 수밖에 없다. 그럼에도 불구하고 최근 스마트폰과 SNS에 익숙한 20대 사이에 잡지 창간이 줄을 잇고 있다. 대학가를 중심으로 소규모 자본으로 창업해 젊은층을 중심으로 독자층을 넓혀가고 있는 이른바 '20대 독립잡지'[03]들이다.

지금의 20대는 2000년대부터 인기를 끈 사용자제작콘텐츠(UCC)를 통해 자신을 표현하는 데 익숙하다는 점도 잡지 창간 붐의 이유 중 하나라 할 수 있다. 그러나 무엇보다 기존 매체들이 젊은이들의 의사를 충분히 반영하지 못하고, 온라인 매체는 너무 빠르고 가볍게 느껴지는 가운데 나타난 하나의 현상으로 보는 것이 좀 더 타당해 보인다. 보다 진지하고 현실에 뿌리내린 매체로서 잡지를 요구하고 있는 것이다.

02 폴 랜드(Paul Rand, 1914~1996)는 폴란드에서 미국으로 이주해온 유대인 이민 2세로 유럽의 모더니즘 원칙에 입각한 디자인으로 20세기 미국 그래픽 디자인의 역사를 대변한다. 1941년에서 1954년까지 뉴욕의 광고대행사 바인트라우베(Weintraub)에서 아트 디렉터로 지내며 콘셉트를 중시하는 뉴 애드버타이징(New Advertising) 운동을 이끌었다. 특히 기업 아이덴티티 시스템 분야에서 두드러진 활약을 보였다. 대표작인 IBM 로고는 1950년대에 처음 개발되어 지금까지 사용되는 기업 로고의 걸작으로 꼽힌다.

03 현재 월간 『잉여』, 『듀르나』 등 100여 종이 간행되고 있다.

잡지광고를 타깃의 관계로 나누면 종합지와 전문지로 분류할 수 있다. 광고를 게재할 때 제품과 관련된 전문지를 선택하면 훨씬 효과적일 수 있다. 그러나 해당 장르의 전문지는 독자 폭이 좁아 충분한 리치를 획득할 수 없다는 단점이 있다. 이럴 경우는 종합지 혹은 다른 전문지와 합치된 독자층을 가진 잡지를 선택해야 한다. 전문지 중에서도 종합지에 가까운 패션잡지나 여성지처럼 광고 타깃의 성별과 연령층의 조건에 어울리는 독자층을 가진 잡지를 찾는 것이 효과적이다.

잡지를 내용별로 보면 비슷한 성별과 연령의 독자를 가진 잡지가 수없이 많기 때문에 독자의 수준과 질을 판단할 필요가 있음을 알 수 있다. 광고를 실을 잡지로 전문지를 선택할 때도 마찬가지다. 잡지가 제안하는 가치관이 광고에서 원하는 목적과 다를 때 아무리 광고를 많이 해도 독자의 마음을 움직일 수는 없다.[04]

한국 잡지 시장의 규모는 판매부수가 정확히 공개되지 않기 때문에 발행 현황을 통해 짐작해보는 수밖에 없다. 언론진흥재단이 발표한

---

04 소비자의 관점에서 제품을 소개한 독특한 잡지도 있다. 보통 월간지는 지면을 광고로 채우고 기사조차 스폰서로 제작하는데 2011년 창간한 월간지 『B』에는 광고가 없다. 편집도 잡지 한 호에 특정 제품 한 가지만 다루는 선택과 집중 전략을 취하고 있다. 겉만 보면 가장 광고 같은 매체인데, 실제로는 그렇지 않다. 특정 브랜드를 다루면서도 광고로 전락하지 않은 이유는 광고주가 보여주고 싶은 것이 아닌, 소비자가 사용하면서 마주치는 장면들을 등장시키고 있기 때문이다. 오죽하면 책 뒷면에 브랜드 선정과 관련된 어떠한 금전적 지원도 받지 않았다고 명시할 정도이다. 잡지에는 흔한 여성지 패션 모델이 한 명도 등장하지 않는다. 대신 해당 제품에 대한 소비자 인식을 묻는 설문 조사, 연상되는 단어, 사용 후기, 회사의 창업 스토리 등이 담겨 있다. 이러한 역발상이 한때의 유행으로 그칠지 지속 가능한 모델로 이어질지 궁금하다.

'2011 잡지산업 실태 조사'는 문화체육관광부에서 제공한 정기간행물 발행업 등록에 따른 잡지 3,990종을 대상으로 모집단을 만들어, 그 가운데서 영리를 목적으로 하는 잡지 800개를 표본 추출하여 조사했다.

발행 기간을 기준으로 보았을 때 가장 많은 비중을 차지하는 것이 월간지로 전체의 60%에 달하고 있다. 내용별로는 문학지(6.75%), 종교지(6.30%), 시사지(4.25%), 문화예술지(4.05%) 등이 발행되었다.

조사 결과 잡지산업의 시장 규모는 약 1조 1,000억 원, 종사자는 1만 300명으로 신문산업 규모의 3분의 1 수준인 것으로 나타났다. 또한 10개 잡지사 중 1개사 꼴로 지난 1년 동안 휴간을 경험(9.4%)했으며, 이유로는 재정 악화(64.5%), 판매 부진(10.5%), 인력 부족(9.2%)을 꼽았다.

시급히 개선해야 할 관련 제도나 정책을 묻는 질문에서 잡지광고의 활성화(40.0%), 유통체계 개선(28.7%), 우편요금제도 개선(22.9%)이라고 응답했다. 또한 정부가 확대해야 할 정책으로 우수잡지 지원제도(63.1%), 전문인력 양성(30.1%), 창업지원(17.6%), 지역잡지 육성(15.0%), 시설 및 장비 현대화(13.1%)를 꼽았다.

■ 광고 매체로서 잡지

잡지는 텔레비전이나 신문과의 차이를 명확히 하기 때문에 세분화된 시장의 도달이 용이하다. 그래서 1980년대부터 매스미디어를 수용자의 형태로 구분한 클래스 미디어(Class Media)라고 불리고 있다. 일반적으로 세그먼테이션 효과라고 하며 좁은 도달범위를 보완하는 개념이다.

예를 들어 다국적기업의 유명 브랜드 화장품이나 핸드백 등이 광고 매체로 호화 패션잡지를 이용하는 것은 브랜드와 잡지의 조화를 고려했기 때문이다. 그러나 판매 부수가 10만 부 정도로 100만 명 이상의 타깃에게 도달하기 위해서는 복수의 잡지와 조합해야 한다. 잡지는 세그먼테이션 효과 이외의 특징으로 전국적인 배포와 반복성, 보존성, 독자와의 적합성, 고품질 컬러인쇄를 들 수 있다. 또한 편집 타이업으로 광고를 기사로 게재하거나 샘플의 첨부도 가능하다는 점을 꼽을 수 있다.

광고 매체로서 잡지의 특징은 클래스 미디어라고 불리듯 독자층을 좁힐 수 있다는 점이다. 장르에 따라 독자의 성별과 연령 같은 속성으로 관심 영역을 좁힐 수 있고, 개성과 경향까지 만들 수 있다. 따라서 커뮤니케이션 계획에 의한 세분화[05]된 타깃의 활용이 가능하다.

또 다른 특징으로 우수한 인쇄 기술을 이용함으로써 멋진 비주얼 표현이 가능하다. 그리하여 패션, 화장품 등 고도의 그래픽을 원하는 제품이나 명품 브랜드에 적극 대응할 수 있다.

요즘은 명품을 중심으로 대형 광고의 출고가 늘고 있는 추세다. 따라서 보다 상세한 상품정보의 제시도 가능하다. 전문성이 높은 잡지일수록 책의 성격에 맞게 메시지를 담는 것이 효과적이다.

한편 잡지는 주변 비치로 광고로의 반복 접촉을 기대할 수 있다. 가정과 직장, 또는 공공장소에 비치되는 경우가 많아 구매자 이외의 대중에게도 읽혀지는 회독성이 있다. 신문광고와 비슷한 소형 광고도 있어 시리즈를 통한 접촉도 가능하다.

---

05 잡지는 독자 스스로 구입한다는 점과 자발적인 접촉으로 타깃을 보다 세분화할 수 있다.

■ 잡지광고와 타이업광고

잡지의 어느 면에 '광고지면'이라는 기사 페이지가 있다. 이것은 광고주가 페이지에 요금을 지불해 제작을 편집부에서 담당한 편집 타이업광고(Tie Up Advertising)라는 잡지 특유의 광고 기법이다. 한마디로 광고지만 기사와 같이 보이게 하는 특성이 있다.

순 광고는 전달하고자 하는 메시지를 명확하게 하지만 광고면이기 때문에 읽지 않고 그냥 넘겨질 우려가 있다. 그러나 편집 타이업 방식을 취하면 광고라는 생각이 들지 않기 때문에 무심코 읽게 된다. 연예인을 등장시켜 잡지 이미지와의 관련 효과도 기대할 수 있다

편집 타이업은 광고지만 기사가 개입되어 있다는 점에서 독자에게 자연스럽게 받아들여진다. 그렇지만 광고주가 자사의 의향을 너무 강하게 드러내면 광고색이 짙어져 오히려 효과를 반감시킬 수 있다. 타이업이 출판사에 의해 특집으로 기획된 경우에는 관심층이 많이 읽기 때문에 더 효과적일 수 있다. 단 마치 기사처럼 광고가 만들어지기 때문에 전적으로 편집자의 능력에 의존하게 된다.

이러한 특성으로 타이업 원고는 편집자에 의해 작성되기 때문에 광고 요금에 타이업 분의 제작비가 추가된다. 그러나 잡지의 이미지와 동떨어진 제품이 아닌 것이어야 할 것이다. 이때 제작에 있어서 일방적인 요구보다는 편집자의 자세를 존중하는 것이 중요하며, 잡지의 성격을 원고에 반영시킬 수 있다.[06]

---

06 편집 타이업과 유사한 것이 칼럼식 광고이다. 기사방식이란 점에서 같지만 광고주가 만든 원고를 사용한다는 점에서 다르다. 광고주의 의향을 적극 반영시킬 수 있지만 잡지의 기사처럼 느끼게 하는 효과에 있어서 편집 타이업보다 조금 약하다.

타이업광고는 복수의 광고주가 하나의 광고 스페이스를 공유하여 상승 효과를 노리는 광고이기도 하다. 혼자보다는 공동으로 실시하는 편이 예산과 효과에서 이점이 있다고 판단할 때 실현된다.

이를테면 영화사가 신작 영화의 개봉에 즈음하여 화장품 회사와 타이업하면 예산의 범위를 초과한 빈도의 광고를 할 수 있다. 한편 화장품 회사는 영화에 출연한 배우의 초상 등을 아이캐처로 대중의 이목을 집중시킬 수 있다.

개봉을 앞둔 화제성 높은 영화를 자신만의 독특한 표현으로 나타낸 것이 타이업광고이며, 타이업처의 정보가 주목도를 높이는 요소이다. 광고주는 노출 기회를 늘려 보다 많은 양의 캠페인을 연출할 수 있기 때문에 쌍방의 메리트가 있다. 또 소재에 따라 광고 자체만으로 화제가 될 수 있다. 그리고 타이업처를 이용한 프리미엄 제공 등의 프로모션을 한다면 한층 높은 효과를 얻을 수 있다.

그러나 타이업광고는 두 개의 정보에 일체감을 불어넣음으로써 효과를 높이지만, 정보의 과다 노출로 자사 브랜드의 이미지가 추락할 위험성이 있다. 타이업처의 콘텐츠에는 터치할 수 없는 조건이 많기 때문에 제각각인 것을 하나로 만드는 데 일체감을 이끌기 어려운 점도 있다.

■ 잡지광고의 분류와 열독률

잡지광고는 게재되는 지면이나 위치에 따라 분류한다. 페이지에 따라 효과가 다른데, 눈에 띄는 페이지는 효과도 높고 특별하게 취급받는다. 같은 페이지의 광고라도 눈에 띄기 쉬운 페이지와 찾기 어려운 페이지를 비교하면 전자의 효과가 훨씬 높다. 따라서 눈에 띄기 쉬운 면은 특별한 스페이스로 분류되어 요금이 별도 설정되어 있다.

또한 잡지광고는 종류에 따라 열독률에 차이가 있다. 남녀 연령층과 독자층에 따른 차이로 먼저 일반적으로 컬러광고 열독률은 70%고, 흑백은 44%이다. 둘째, 사진이나 일러스트레이션이 많을수록 열독률이 높다. 셋째, 오른쪽 페이지가 왼쪽 페이지보다 높다. 넷째, 기사의 첫 페이지, 두 번째 페이지, 세 번째 페이지 순으로 낮아진다. 다섯째, 한 페이지에 실린 광고의 수가 많을수록 열독률이 떨어진다. 컬러와 흑백 같은 인쇄방법에 따른 차이도 있다. 기사와 함께 보는 기사 대면광고와 기사 중간에 게재되는 돌출광고도 있다.

잡지광고는 게재 면과 크기, 색으로 요금이 결정된다. 신문광고는 단이 기준이지만 잡지광고의 단위는 페이지며, 기본 단위는 1페이지다. 이것을 기초로 게재되는 면과 페이지 수, 크기, 컬러, 인쇄방식에 따라 요금이 결정된다. 게재면은 특수면과 그 외로 구분한다. 게재면 외에 기사 중간이나 내지는 게재되는 페이지의 위치에 관계없이 동일한 요금이 적용된다. 그렇지만 표지 같은 특수면은 예외다.

페이지와 광고 스페이스에 대해서는 표1, 표2 등과 같은 기본 패턴을 비롯해 잡지에 따라 세로 1/3페이지, 가로 1/4페이지 같은 다양한 패턴이 설정되어 있다. 표1은 앞표지이고, 표2는 앞표지의 이면이며, 표3은 뒤표지의 이면, 표4는 뒤표지에 실리는 광고이다. 표지 대응면 광고는 표2, 표3에 대응하는 지면에 실린다.

목차면 광고는 목차면의 상하 또는 양측에 실린다. 목차 이면 광고는 목차면의 이면이고, 기사 중 광고는 기사면 가운데에 실린다. 보통면 광고는 광고만을 싣는 지면의 광고이고, 중앙면 광고는 잡지 중간에 표지와 같은 지질의 지면에 실리는 광고를 말한다.

정기 간행물에는 신문광고와 같은 소형 광고면이 있다. 중철 잡지는 중간에 마주보는 두 면의 요금을 높게 책정하는 경우가 있다.

뿐만 아니라 풀 컬러인 4색이나 흑백뿐인 단색에 따라 다르다. 컬러는 C로 표기되고, 4색 1페이지의 경우 4C1P라고 표현한다.[07]

잡지광고의 게재는 출판사의 재량에 의해 상당 부분 유동적이다. 그래서 원하는 게재면에 주의가 요구된다. 잡지광고를 출고할 때는 통상 2개월 전에 신청하는 것이 좋다. 인기 있는 잡지는 사전에 마감되는 경우가 많기 때문이다. 신청 시에는 게재할 호와 면, 크기를 출판사 측에 전달하고 관련된 협의를 마쳐야 한다.

게재면에 대해서는 두 가지 주의할 점이 있다. 표지나 표4는 선호도가 높기 때문에 사전에 특정 광고주와 계약하고 있을 수 있다. 반대로 내지의 4C1P, 2P 등은 게재면의 지정이 어렵다. 신문과 같이 면에 따른 요금을 지불하지 않기 때문에 대행사도 교섭을 하지만 기사의 편집과정에서 순서가 결정될 수 있다. 원고의 입고는 보통 발매 한 달 전이고, 1주일에서 10일 정도 지나면 초교가 나온다.

---

07 인쇄방식은 전형적인 평압식에서 부터 옵셋, 실크, 그라비야, 플렉소, 자동로터리 인쇄 등이 있다.

옥외와 교통광고

1. 일상의 소구가 가능한 SP매체

일반적으로 SP라고 불리는 세일즈 프로모션(Sales Promotion)광고[01]는 매스미디어와 인터넷을 제외한 광고의 총칭이다. 최근에는 교통광고나 옥외 미디어 서비스인 OOH와 별도로 분류하는 경우가 많다. 부록광고나 전화번호부광고, 영화관광고가 여기에 속한다.

SP매체는 소비자의 일상생활과 연계해서 전달하는 것에 적합하다. 그리고 타깃의 대상에 맞춰 출고함으로써 커뮤니케이션의 효과를 높일 수 있다. 물론 매스미디어와 비교하면 효율성 측면에서 조금 떨어진다. 그러나 이벤트나 경품을 제공하는 식의 오프라인의 활동처럼 목적이

---

01 세일즈 프로모션광고(Sales Promotion Advertising)는 인적 대면판매와 매스컴, PR 등 마케팅의 여러 기능을 서로 보완하고 협력하면서 보다 큰 효과를 거두기 위한 일련의 판매 촉진광고로 짧게 SP광고라고 한다. SP광고는 매스미디어를 통한 반복적인 정보제공방식과는 다르며 다이렉트광고와 포지션광고, POP광고 3가지로 나누어진다. 구매시점에 소비자가 구매 행동을 일으킬 수 있도록 실시하는 비반복적인 광고로 유통 판매 촉진과 관련이 있다.

분명하거나 특정 타깃을 강화하려고 할 때 유효한 매체이다. 따라서 각 매체의 특성을 숙지하여 효과적으로 배치하는 것이 중요하다.

OOH는 교통광고와 옥외광고를 합친 용어로 지하철이나 버스, 디지털 사이니지(Digital Signage)를 비롯한 옥외의 대형 전광판 등 외부에서 볼 수 있는 모든 광고를 말한다.

특징이라면 옥외에 설치되어 있기 때문에 사람들이 이동하는 도중에 접촉이 가능하고 시야에 쉽게 들어올 수 있다는 점이다. 번잡한 거리나 공공장소에서 타깃의 의사와 관계없이 캠페인의 의도를 전달할 수 있다. 그래서 고객과의 접점을 확대할 수 있는 매체로 재인식되고 있는 것이다. 동일한 포스터를 연이어 붙이거나 지하철역 등 특정 공간을 이용해 대량 출고한다면 임팩트를 한층 높일 수 있다.

최근에는 고객과의 접점이 중시되면서 옥외광고가 새롭게 재인식되고 있다. 실외에서 다양한 매체를 활용하는 옥외광고는 SP매체 중에서도 성격이 가장 뚜렷하다. 빌보드와 같은 전통적인 것과, 버스나 택시의 내·외부를 활용, 혹은 퍼포먼스를 이용한 광고 등 다양한 방법의 활용이 가능하다.

하나의 예로 디지털 사이니지가 새로운 광고 기법으로 부각하고 있다. 원래 '신호'라는 뜻을 가진 사이니지는 디지털 기술을 활용하여 평면 디스플레이나 프로젝터 등에 영상이나 정보를 표시하는 광고 매체를 말한다. 공항이나 버스정류장, 영화관 등 주변에서 흔히 볼 수 있는 대형화면 안내판을 통칭하는 이 매체는 애초 입력된 정보만을 전해주었지만 터치패널 등과 결합해 양방향 서비스로 발전하면서 쓰임새가 더욱 다양해지고 있다.

OOH는 그래픽이 기본이지만 비주얼 임팩트를 활용한 표현이 가능하다. 해외 유명 브랜드를 중심으로 브랜딩 전략의 차원에서 활용도가 늘어나는 것도 OOH가 주목을 받는 요인이다. 한편 매스미디어에 접촉하지 않는 시간대에도 소비자에게 메시지를 전달할 수 있다. 미디어에 대한 접촉경로가 다양화하고 있는 시대에 접촉할 수 있는 모든 매체를 이용, 효과를 최대화하는 크로스 미디어 커뮤니케이션 전략으로써 적합하다.

옥외광고의 종류는 옥외 매체(Outdoor Media)와 OOH, 그리고 BTL(Below the Line), 앰비언트 미디어(Ambient Media)가 있다. 옥외광고(Outdoor Advertising)와 OOH는 같은 뜻이다. 말 그대로 집이 아닌 옥외에서 다양한 매체를 활용한 광고를 말한다.

BTL은 대중 매체를 사용하지 않은 일대일 마케팅이나 유통 채널을 통한 마케팅 기법이다. 표적 시장이 비교적 선명하게 드러나 있고 표적의 숫자나 규모가 비교적 작은 경우에 사용된다. 예를 들어 판매사원이 직접 소비자를 방문해 의사소통을 하거나 백화점 등에서 흔히 볼 수 있는 시식행사, 카탈로그나 프로모션 도구들을 배포함으로써 소비자들과 소통하는 방법이 있다. 요즘은 소매점 내에서 POP 이벤트의 형태로 많이 접할 수 있다. 많은 부분이 옥외 미디어를 활용하지만 방문판매 등에서도 흔히 볼 수 있다.[02]

---

02 반대되는 개념인 ATL(Above the Line)은 마케팅 커뮤니케이션 활동 중 비(非)대인적 커뮤니케이션 활동으로서 텔레비전, 라디오, 인쇄, 옥외 등과 같은 전통적 매체로 구성된다.

앰비언트 미디어도 옥외 매체의 한 종류다. 전통적인 방식이 아닌 새로운 형태의 옥외광고를 위한 매체로, 영수증 뒷면이나 쇼핑카트의 광고, 엘리베이터 안의 벽면을 이용한 전자간판 등이 여기에 속한다.

OOH는 야외 활동이 증가할 때 더욱 활성화된다. 4대 매체가 해결할 수 없는 상황에서도 제품을 알릴 수 있기 때문이다. 디지털 기술의 발달에 따라 3D, 인터렉티브 등이 가능해진 것을 바탕으로 OOH가 다시금 마케팅 플랫폼의 중심으로 자리 잡고 있다.

요즘 흔히 볼 수 있는 것은 OOH 미디어를 통한 자동차의 판매이다. 소비자가 전시된 자동차를 직접 타보고 궁금증을 해소할 수 있도록 게임처럼 가상주행을 즐기게 함으로서 브랜드와 친숙하게 하는 것이다. 다시 말해 정보와 체험을 적절히 활용해 브랜드에 대한 관심을 갖게 만드는 것이다.

한편 나이키 캠페인은 만화라는 콘텐츠를 활용해 농구라는 소재를 제품과 연결시키고 있다. 무심코 만화를 보다가 만화 중간에 실린 나이키 운동화를 자연스럽게 보게 만드는 것이다. 스토리가 있는 만화이기 때문에 광고임을 알면서도 끝까지 보게 된다. 이처럼 흥미 유발형 OOH광고는 소비자가 광고로 인식하기보다 체험이나 재미있는 콘텐츠로 여긴다.

그렇지만 국내의 OOH광고 시장은 새로운 패러다임을 요구받고 있다. 단순한 옥외광고가 아닌 수준 높은 다양한 크리에이티브가 구현되는 사례를 필요로 한다. 특히 야외 체류시간이 늘어나는 소비자의 생활 패턴으로 진화를 거듭하고 있다. 광고 전략에 있어서도 소비자들과 더 많이 접촉할 수 있는 OOH 개발이 요구되고 있다.

2. 출퇴근시간에 효과가 높은 교통광고

반드시 자동차로 이동을 해야 하는 지역은 예외겠지만, 대도시는 대체로 통근, 통학을 대중교통으로 하는 경우가 많다. 그래서 버스의 차내광고나 지하철역 구내의 교통광고가 직장인 혹은 학생들에게 접촉 기회가 많을 수밖에 없다. 특히 출퇴근시간이 주된 접촉 기회가 되기 때문에 환승 이용이 많을수록 광고에 접촉할 기회가 그만큼 높아진다. 또한 일정한 노선 안에 게재된 광고는 접촉시간이 길기 때문에 정보를 확실하게 전달할 수 있다는 장점도 있다.

특정 지역의 거주자나 외부 방문자가 접촉하는 매체이기 때문에 그 지역을 상권으로 하는 상업시설이나 병원, 부동산, 학원 등에서 이용하면 효과적이다. 한편 역 구내매점에서 판매되는 음료나 과자류, 기호품, 잡지 등은 구매 직전의 광고 접촉으로 효과를 높일 수 있다.

같은 OOH 미디어라 해도 미디어 특성이나 목표고객, 전달하고자 하는 의도에 따라 다양한 매체가 있을 수 있는데 대표적인 것이 교통광고다. 교통광고의 핵심은 인지촉진이다. 그러나 이해하고 설득시키고, 행동하게 하는 직접반응광고(Direct Response Advertising)에는 맞지 않다고 생각할 수 있다. 그러나 접점 포인트로 중요성을 생각하면 고객 획득의 채널로 무시할 수 없는 미디어다.

한편 교통광고 집행 시 이동 중인 사람들의 동선을 파악해야 한다. 출근시간대의 동선은 대개 집 근처의 지하철역 개찰구를 통해 회사 인근의 개찰구로 나가게 된다. 이때 자동 개찰구의 스티커, 역 구내의 포스터와 지하철 실내의 간판광고, 그리고 지하철을 내려 환승역 개찰구로를 지나면서 다시 한 번 간판광고를 접하게 된다. 이렇듯 매체의 다양성을 전제로 한 연속적인 커뮤니케이션이 교통광고 장점이다.

한국옥외광고학회가 2013년 소비자를 대상으로 일상생활에서 접하는 총 19개 광고 매체의 접촉률을 조사한 결과, 버스 외부광고가 텔레비전과 인터넷, 휴대전화 다음으로 가장 빈번하게 접촉하는 광고 매체로 드러났다. 뿐만 아니라 그동안 전통적으로 접촉률이 높았던 케이블 텔레비전과 신문, 라디오보다 접촉빈도가 더 높은 것으로 파악되었으며, 경쟁 교통광고 매체인 지하철 스크린도어나 버스쉘터(bus stop shelter)에 비해서 압도적으로 높은 접촉률을 보였다. 특히 광고 매체에 대한 접촉률을 성별로 구분하여 살펴보면, 인터넷과 신문, 라디오는 남성이 다소 높은 반면에 버스 외부광고는 텔레비전과 함께 여성이 상대적으로 높게 나타났다. 또한 대표적인 교통광고 매체인 버스 외부광고, 지하철 스크린도어, 버스쉘터 등 3개 주요 매체에 대한 소비자의 직접적인 평가에서도 다른 두 개 매체보다 관심도와 호감도 및 영향력 등 모든 항목에서 높은 평가를 받았다.

한편 스마트폰 사용이 일상화되면서 대중들은 세상의 많은 정보를 스마트폰이라는 작은 창을 통해서 얻고 있다. 집을 떠나 모바일 인터넷을 이용하고 있는 시간이 바로 교통광고의 접촉시간대라고 해도 과언이 아니다. 그래서 모바일 인터넷과 교통광고는 상호 보완할 수 있는 관계가 성립한다. 따라서 최근에는 스마트폰 사용자를 바로 모바일 사이트에 유도하여 즉시 결정을 내리게 하는 것이 교통광고의 최종 목적지라고 할 수 있다.

요즘은 지하철역에 가상스토어광고를 많이 볼 수 있다. OOH 미디어에 직접반응 효과를 접목시킨 첨단광고라 할 수 있다. 크로스 미디어 전략에 있어서의 OOH 미디어의 활용은 이동 중인 사람들에게 얼마나 많은 임팩트를 전하고 행동할 수 있게 하느냐가 관건이다. 스마트폰의 발달과 IT인프라를 감안할 때 분명 잠재성이 많은 미디어이다.

지하철광고는 역사광고와 지하철 차량광고로 나눌 수 있다. 역사광고에는 조명으로 된 와이드광고와 종이로 만들어진 포스터광고가 있다. 또한 승강장의 스크린도어광고와 유동인구가 많은 출입구 계단의 와이드 컬러 간판을 비롯, 원형조명기둥, 벽면의 액자형 광고판 등이 있다. 한편 역사와 승강장의 벽면, 기둥 등을 광고판으로 사용하여 부착한 랩핑광고도 있다. 이제까지 든 예의 위치에서 알 수 있듯 구내광고는 기다리거나 걷는 동안 접촉할 경우가 많기 때문에 제품이나 브랜드의 이미지를 전달하는 데 적합하다.

지하철역 구내광고의 대부분은 포스터지만 전광판 같은 대형 모니터를 사용하는 경우나 바닥에 붙이는 플로어광고처럼 임시로 게시한 경우도 있다. 전광판은 오랜 기간 계속할 수 있기 때문에 자치단체나 상업시설의 홍보에 많이 이용되고 있다. 포스터는 비주얼 능력을 최대한 활용해 전달하는 매체다. 동일한 성격의 포스터를 여러 장 이어붙이면 한층 효과를 높일 수 있다.

지하철 차량광고는 창문 상단의 모서리형 광고, 문 옆의 눈높이에 부착한 액자형 광고, 차량 중간 천정에 붙은 천정걸이형 광고 등이 있다.

열차 내의 광고는 천장의 광고물이나 문 옆의 작은 광고판, 유리면에 붙인 스티커가 기본이다. 이것들은 모두 접촉시간이 길고 정독률이 높다는 특징이 있다. 천장에 매단 광고는 차내광고 중에서도 주목률이 가장 높고 임팩트가 강하다. 창문 위는 천장에 매단 것보다 주목률은 떨어지지만 게시기간이 길기 때문에 반복 접촉을 통해 프리퀀시의 효과를 얻을 수 있다. 스티커는 공간은 작지만 시선이 닿는 위치에 게시되기 때문에 주목률이 높고 게시기간이 길다는 장점이 있다. 차체광고는 지하철 실내의 광고를 말하며 제한된 공간 안에서 주목률을 높일 수 있다.

지하철광고 요금은 역이나 노선, 위치에 따라 결정되며 접촉인 수에 직접적인 영향을 받는다. 이용자 수에 비례하기 때문에 승객수가 많은 노선이나 환승역의 요금이 높다. 특히 많은 접촉이 예상되는 큰 광고판은 요금도 그만큼 높지만 기간에 따라서도 달라진다.

서울의 시내버스는 주요 지점을 가급적 직선으로 연결하여 빠른 운행을 목적으로 만든 간선버스가 중심이다. 그리고 여러 지점을 운행하며 지하철과의 환승이 목적인 지선버스, 특정 지역만 순환 운행하는 순환버스와 외곽지역과 시내를 연결하는 광역버스가 있다. 따라서 광고를 하고자 하는 제품의 특성에 따라 노선과 위치를 결정하는 것이 효과적이다.

버스광고는 외부광고와 내부광고로 분류된다. 외부광고는 버스 외부에 장착해 운행 중에 광고를 접할 수 있게 한다. 큰 광고 면적으로 시선 집중도와 접촉률이 높다. 내부광고는 버스의 하차 문이나 의자의 등받이 등에 게시한다. 고정노선의 반복운행으로 장기적 효과를 기대할 수 있다.

　교통광고는 대부분 전문 광고대행사를 통해 거래되므로 출고하고자 할 때 대행사를 통해 신청하는 것이 바람직하다. 포스터 등으로 게재되기 때문에 상세한 부분까지 확인한 후에 진행시켜야 한다. 특히 지하철 역사나 특수 공간은 보다 면밀한 검토가 필요하다.

06 인터넷광고의 배경과 현재

1. 인터넷 혁명

인터넷은 일상의 생활환경을 크게 변화시켰다. 웹사이트나 메일은 새로운 경제활동에 기여하고 있고, 요즘은 인터넷에 의한 마케팅 커뮤니케이션이 상거래의 수단으로 활용되고 있다. 특히 스마트폰의 대중화는 인터넷 쇼핑몰의 강점인 접근의 편의성을 극대화하고 있다.

한편 지금의 인터넷 포털사이트는 광고의 홍수 상태라 해도 과언이 아니다. 각 포털사이트마다 메인 페이지 곳곳에 끼워 넣은 배너광고, 쇼핑박스광고 같은 디스플레이광고, 검색할 때마다 쏟아지는 키워드광고(Keyword Advertising)들이 수백 가지에 이르고 있다. 키워드광고만 해도 수많은 종류와 명칭들로 신규 광고주는 구분하기조차 힘든 것이 사실이다.

문화체육관광부는 2013년 '여론 집중도 조사'를 발표했다. 여론 형성에 영향을 미치는 매체 조사로 신문, 텔레비전, 라디오, 인터넷 등 4대 매체의 부문별 점유율과 집중도를 산정한 것이다.

이 결과 국내 미디어 시장에서 텔레비전 방송의 힘이 여전히 막강한 가운데 인터넷 뉴스의 영향력이 신문을 크게 앞지른 것으로 조사되었다. 최근 모바일, 인터넷 등으로 무게중심이 이동하는 미디어 환경의 변화로 인해 인터넷 뉴스가 26.0%로 17.3%인 신문을 크게 앞섰고, 텔레비전 방송 점유율의 절반을 넘어선 것이 눈에 띈다. 이어서 라디오가 8.4%를 차지했다. 지금도 매년 인터넷광고비가 증가하고, 나아가 매스미디어광고를 위협함과 동시에 연동하여 새로운 커뮤니케이션 기법을 제공하고 있다.

이러한 현상의 배경에는 인터넷 매체의 급격한 발전과 보급, 영향력의 빠른 확산 등이 있을 것이다.

인터넷의 커뮤니케이션 미디어로서 특징 중 대표적인 것은 상호교차성과 국경의 경계가 없다는 점이다. 소비자는 인터넷을 통해 미디어를 받아들임과 동시에 발신자로서 역할을 하게 되었다. 그런 의미에서 인터넷은 경쟁상대임과 동시에 공존해야 하는 대상이 된 것이다.

인터넷은 컴퓨터 사이의 글로벌한 네트워크를 말한다. 지금은 누구라도 전 세계의 컴퓨터에 접속이 가능한 세계 공통의 커뮤니케이션으로 자리 잡고 있다.

인터넷의 기원은 1969년 미국에서 사용된 알파넷(ARPANET)이 시초로, 미국 정부가 구상한 ARPA(Advance Research Project Agency)에서 최초로 만들어졌다. 전쟁 같은 긴급사태 때 적의 통신망에 장애를 받지 않고 스탠포드, 유타주립, UC산타바바라, UCLA 대학을 서로 연결하여 데이터를 안전하게 보호하고자 착안된 것이다. 사실 이는 대학 간 연구용 컴퓨터 사이에서 대화가 가능하도록 하기 위한 것이었지만 외국으로부터 군사 공격을 받았을 때 안전하게 통신망을 유지할 수 있게 하는 것이 목적이었다. 이러한 구상이 점차 발전하여 지금과 같은 네트워크가 만들어졌다. 하지만 인터넷은 국가는 물론이고 개인이나 기업, 특정 조직에 소유된 매체가 아니다. 세계적인 공공 커뮤니케이션의 기반인 것이다. 한편 월드 와이드 웹(WWW)의 개발로 인해 인터넷 사용은 누구나 할 수 있는, 쉬운 커뮤니케이션 형태가 되었다.

시장 조사기관 이마케터(eMarketer)에 의하면 전 세계 인터넷 이용자 수가 2012년에 22억여 명을 돌파한 것으로 알려져 있다.

한국의 인터넷 이용자는 10명 중 6명으로, 세계 3위인 것으로 조사되었다. 한편 미국 캘리포니아주립대학(UCLA) 커뮤니케이션 정책센터의 '세계 인터넷 프로젝트' 2011년 보고서에 따르면 인터넷 이용자 비율에서 한국이 60.9%로 3위를 차지했다. 한국의 경우 주당 10시간 이상 인터넷을 이용하는 비율이 세계에서 가장 높은 55.7%를 기록하고 있다. 남·여간 인터넷 이용자 비율은 남성이 전체의 67.8%가 이용하지만, 여성은 53.8%로 14%의 차를 보여 세계 남녀 평균 차이인 8% 포인트를 크게 웃돌고 있다. 또한 초고속 무선 인터넷 보급률이 경제협력개발기구(OECD) 회원국 가운데 처음으로 100%를 돌파한 가운데 인터넷 이용자의 웹페이지 제작 경험은 세계 최고인 것으로 나타났다. OECD가 발표한 '2012 인터넷경제전망' 보고서에 따르면 한국의 웹페이지 제작 경험은 38%로 조사 대상인 26개 국가 중 가장 높았다. 인터넷을 통한 게임이나 음악, 영화 이용률도 1위로 오락 도구로서 인터넷을 가장 적극적으로 활용하는 국가로 나타났다. 게임·음악·영화의 재생이나 다운로드를 위해 이용하는 비율도 51.4%로 가장 높았다.

이러한 한국의 인터넷 보급률과 함께 광고비도 급증하고 있다. 한국 광고업협회에 따르면 2011년 한국의 총 광고비는 8조 7,500억 원으로 그중에서 인터넷광고비는 1조 8,170억 원이고, 검색광고가 1조 1,190억 원, 디스플레이광고비도 6,180억 원에 이른다.

인터넷의 발전과 높은 보급 및 접속률에 의해 인터넷광고는 앞으로도 지속적으로 증가할 것이다.

2. 개인이 미디어가 된 시대, 그리고 인터넷광고

인터넷 매체의 급격한 발전과 보급으로 인해 미디어 환경도 많이 바뀐 것이 사실이다. 최근 보여지는 몇 가지 경향 중 가장 눈에 띄는 현상은 개인이 미디어가 되는 현상이라 할 수 있다.

최근 소셜네트워크서비스(SNS)처럼 인터넷과 소비자와의 관계를 새롭게 정립한 플랫폼이 연이어 선보이고 있다. 예를 들어 블로그와 유사한 형식의 미니홈피인 '싸이월드'나 '마이스페이스(MySpace)', 개인과 개인을 연결시켜주며 네트워킹을 겸비한 '유튜브(YouTube)' 등의 동영상 투고 사이트를 예로 들 수 있다. 또한 '세컨드 라이프(Second life)' 같은 가상세계 참가형 SNS, 휴대전화의 게이밍 사이트에서 출발한 '모바일 게임타운'도 모두 소비자가 미디어가 된 콘텐츠이다.

점차 데이터의 소유자나 독점자 없이 손쉽게 데이터를 생산하고 인터넷을 통해 공유할 수 있도록 사용자 참여 중심의 환경으로 나아가고 있는 점을 상기시켜준다. 특히 최근 또 하나의 커뮤니케이션 형태로 대두되고 있는 SNS에 의해 등장한 다양한 웹 관련 서비스는 광고 매체로의 활용도 가능하다.

인터넷광고의 특징은 인터렉티브(Interactive) 즉, 쌍방향성에 있다. 다시 말해 소비자 측의 높은 참여율이 특징이라는 것이다. 자사 사이트나 캠페인 사이트로 유인하여 정보 제공은 물론 효율적인 타깃팅, 저비용, 효과 측정이란 장점이 있다. 이러한 특징은 타 매체의 어디에도 없으며, 인터넷이라는 미디어가 지닌 독보적인 특성이기도 하다.

일각에서 텔레비전광고를 비롯한 매스미디어 효과가 점차 낮아진다는 지적이 있는데, 인터넷의 활성화로 인한 정보 접촉의 변화 때문이다. 이러한 변화에 따라 웹2.0시대에 걸맞은 광고 자세가 요구된다.

기존의 웹은 포털사이트처럼 서비스업자가 제공하는 정보를 일방적으로 수신하는 방식이지만 웹2.0은 응용 프로그램과 데이터를 이용해 사용자 스스로 서비스를 창출할 수 있도록 한다. 다시 말해 누구에게나 골고루 제공되는 데이터로 다양한 신규 서비스를 창출할 수 있는 플랫폼으로서의 웹 환경 속에서 사용자 중심의 열린 공간임을 잊지 말아야 한다.

지금은 웹2.0이라는 새로운 조류에 광고주나 대행사가 어떻게 접근할 것인지가 최대 관심이다. 소비자의 직접 참여를 전제로 하는 웹2.0은 일정하게 정보를 통제하고자 하는 기존 사이트와 새롭게 등장한 서비스와의 관계에서 효과적인 활용법이 모색되고 있다.

인터넷광고는 매스미디어와 유사한 기능과 함께 자사의 웹사이트로 유인하는 기능을 가진다. 유도처의 웹사이트에서 제품을 구입할 수 있게 하거나, 회원등록을 시키는 등의 효과도 볼 수 있다. 이러한 전개에는 광고의 응답률이나 획득률이 필요하다.

인터넷에서는 제품의 정보를 얻을 수 있을 뿐만 아니라 다양한 프로모션과 재미있는 콘텐츠를 이용할 수 있다. 또한 업체에서는 브랜딩에 웹사이트를 활용하면 제품의 홍보와 친숙함도 도모할 수 있다.

미니홈피, 카페, 블로그를 통한 공동 프로모션을 비롯해 동영상광고, 배너 확장 등 다양한 광고 상품의 등장으로 브랜딩광고가 증가하고 있는 것은 이러한 장점을 반영한 움직임이라 할 수 있다.

또한 요즘은 소비자가 업체를 선택할 때에 검색 후 커뮤니티 공간의 후기나 리뷰를 참고하는 경우가 많아졌다. 이러한 경향에 발맞추어 우선적으로 검색 상위에 노출이 되어야 자사의 홈페이지나 블로그의 접근이 수월하고 매출에 직접적인 영향을 준다. 그래서 키워드광고가 소규모 자영업자 중심에서 점차 대형 광고주로 급신장하고 있다.

인터넷광고는 인터넷 미디어를 기반으로 하여 유상광고로 제공된다는 점이 또 하나의 특징이다. 컴퓨터나 모바일 등 범용성이 있는 디바이스로 열람이 가능하고 발신과 게시가 이뤄지는 인터넷광고는 또한 클릭을 통해 쌍방향의 소통이 가능하다. 한편 기업 사이트 안에서 전개되는 마케팅적인 콘텐츠로서 역할도 한다는 특징이 있다. 브랜디드 엔터테인먼트 마케팅(Branded Entertainment Marketing)[01]이 이를 반영한 것이다. 그러나 인터넷광고는 매스미디어보다 계약이나 포맷이 조금 복잡하다는 단점이 있다.

---

01 특정 제품이나 브랜드를 오락성이 강한 영화나 방송 같은 콘텐츠에 넣어 마케팅하는 방법이다. 예를 들어 인기가수의 노래에 브랜드를 넣거나 뮤직 비디오 형식으로 CF를 만들 때, 시청률이 높은 프로그램에 제품을 경품으로 제공하는 것을 말한다.

한편 상품이나 서비스의 광고를 위해 둘 이상의 매스미디어를 이용하는 미디어 믹스와 온라인과 오프라인 등 매체 간의 결합으로 메시지를 전달하는 크로스 미디어(cross media) 모두 인터넷을 기반으로 나왔다.

인터넷의 등장은 소비자의 광고접촉방식과 태도에도 영향을 미쳤다. 크로스 미디어는 인터넷을 중심으로 매체를 구성하지만 복수의 광고 매체나 수단을 조합해 매체 시안을 작성하는 것은 미디어 믹스다. 텔레비전 매체를 기본으로 광고의 접촉을 극대화하기 위해 다른 미디어를 조합한 덧셈의 발상이다.

그리고 인터넷 혼자서 예상 고객의 획득, 판촉 캠페인, 고객과의 유대감, 브랜딩 등을 포함한 마케팅 툴로서의 기능을 다하지 못한다. 인터넷을 보다 확실하게 인식하여 이른바 곱셈의 발상에 의해 커뮤니케이션을 확장한 것이 크로스 미디어다. 인터넷과 매스미디어광고뿐만 아니라 OOH나 SP매체 등 모든 콘텐츠를 포괄한다. 따라서 플래너는 광고에 한정되지 않은 마케팅 전반의 지식과 미디어의 가치를 편견 없이 받아들일 수 있는 중립적인 사고를 해야 한다.

3. 인터넷광고의 종류와 요금체계

인터넷광고는 인터넷이라는 채널을 통해 노출되는 모든 광고를 말하는데 검색광고와 배너(Banner)광고, 이메일광고 등이 대표적이다. 이때 요금은 수량과 크기, 노출시간 등에 따라 달라진다. 광고주의 모집은 배너광고의 광고주 모집 공고나 메일이나 전화로 안내하지만 일반적으로 대행사를 통해 시행한다.

인터넷광고에 대한 계산방법은 노출 1,000회 당 광고단가인 CPM, 1회 클릭 당 광고단가인 CPC, 그리고 사용자가 회원으로 등록하거나 소프트웨어를 다운로드받거나 설문의 응답, 이벤트에 참여하는 등 광고주가 원하는 특정 행동을 취할 때 그 횟수에 따라 가격을 책정하는 CPA(Cost Per Action)가 있다.

그런데 일방적으로 광고를 전송하는 방법은 기대했던 것보다 효율성이 떨어진다는 것을 알게 되었고, 이를 보완하기 위해 사이트를 등록할 때 인구통계학적인 정보를 이용하는 방법이 등장했다. 그러나 CPM에 인구통계학적 정보를 이용하면 CPM단가가 높아진다. 예를 들어 원래 CPM의 단가가 5,000원이라고 가정할 때, 특정 연령대별로 선별하여 전송하면 일정 금액 추가되며, 여성이나 남성에게만 광고를 보내는 경우에도 추가 금액이 발생한다. 그런데 CPM에 인구통계학적 정보를 이용하자 광고비는 상승했지만 비용 대비 효과가 기대했던 것처럼 크지 않았다. 따라서 그러한 정보보다 사용자의 인터넷 행동 양태를 반영하여 광고를 보여주면 좀 더 효율적일 것이라는 착안에서 온라인 행동 양태를 반영한 광고가 도입하게 되었다.

포털 기준으로 광고 메일 단가는 보통 메일 한 건당 10~20원 사이로 책정되며 특정 카페나 커뮤니티 등 세부 타깃팅을 하면 100원 내외로 책정된다. 하지만 이 단가는 메일 전체가 광고주의 내용을 기준으로 한 것이며, 하단의 배너광고는 좀 더 낮게 책정된다. 포털 기준으로 배너 노출은 노출당 2~5원 사이지만, 특정 지면이나 사이트는 10~30원으로 높아진다. 물론 실제 메일에 첨부될 배너광고의 크기나 업체 수에 따라 달라진다.

인터넷광고의 요금 유형은 네 가지로 분류된다.

먼저 검색 보장형 광고는 일정 기간 노출될 횟수를 광고주가 지정하여 그 횟수에 도달할 때까지 계속하는 방법이다. 간혹 같은 스페이스에 복수의 광고주가 함께 계약할 수 있다.

둘째, 기간 보장형은 지정된 기간에 광고를 노출하는 방식이다.

셋째, 클릭 보장형은 미리 클릭 수를 지정하여 일정 수에 도달하지 않으면 기간이 연장되는 형식이다.

넷째, 성과 보장형은 소비자가 실제로 구매한 개수나 매출에 의해 요금을 지불하는 형식이다. '제휴'라고 불리며 전자상거래업자가 매체사로 인해 매출이 늘어났을 때 금액의 일부를 지불하는 것이다. 매출의 일정 비율이나 1건 당 금액을 결정한다.

인터넷광고의 장점 중 하나는 예산에 대응한 각종 기법을 적용할 수 있다는 점이다. 가령 소규모인 광고주라 할지라도 검색광고를 활용하면 적은 비용으로도 상당한 효과를 얻을 수 있다. 인터넷광고는 매스미디어처럼 규모가 큰 광고주에 적합한 미디어와 전혀 다른 성격과 효과를 기대할 수 있다.

인터넷광고의 효과는 직·간접 효과로 나눌 수 있다. 직접 효과는 홈페이지로 판매한 제품이나 수량, 매출액, 영업이익 등을 말하고, 간접 효과는 기업과 제품에 대한 이미지 증가를 말한다. 이러한 개념은 결국 인터넷광고가 기업의 이미지 개선 같은 간접적인 효과뿐만 아니라 매출 등의 직접적인 효과도 가져다준다는 사실을 시사한다.

통상적인 인터넷광고의 종류와 기법을 정리하면 다음과 같다.

① 웹(Web)광고

인터넷 홈페이지에 게시된 광고로 24시간 게재하는 것과 수십 초에서 수십 분마다 바뀌는 것이 있다. 특히 배너광고는 신문기사의 광고처럼 가늘고 긴 띠 모양의 화상 영역에 광고문을 게재하여, 클릭하면 광고주의 홈페이지로 자동 연결된다.

② 이메일 매거진(E-mail Magazine)광고

이메일을 통해 마치 홈페이지와 같은 양식으로 다양한 기사를 제공하는 광고로, 메일(mail)과 매거진(magazine)의 합성어인 이 광고는 전자메일을 이용해 잡지의 텍스트나 화상으로 전달하는 광고다. 전자 메일을 이용해 메일 매거진 속에 광고가 삽입되는 메일 매거진형과, 전체가 광고인 다이렉트 메일 두 가지가 있다. 이메일을 단순한 인터넷 마케팅의 툴 이상으로 고객 개개인을 겨냥한 원투원 마케팅의 도구로 이용하는 것이다. 고객과 관련된 다양한 형태의 데이터를 수집, 분석하여 목적에 부합하는 타깃을 선정한다. 또한 이메일광고와 다양한 프로모션으로 구매동기와 만족도를 높여준다.

③ 유료 리스팅(Paid listing)광고

특정 카테고리나 키워드의 상단에 유료등록 사이트를 보여주는 일종의 검색형 광고로 검색엔진 마케팅이라고 한다.

④ 모바일광고

휴대전화의 브라우저나 메일을 이용한 광고로 예전에는 SMS를 이용했지만 요즘은 MMS 동영상 등을 사용한다. 스마트폰의 앱, 모바일 홈페이지도 모바일광고라고 할 수 있다.

⑤ 인터넷 CM

인터넷이나 휴대전화를 포함한 통신회선의 광고판에 게재되는 광고로 스트리밍 방식과 다운로드 방식이 있다.

⑥ 배너광고

인기 있는 홈페이지의 한쪽에 특정 웹사이트의 이름이나 내용을 부착해 홍보하는 그래픽 이미지다. 마치 현수막처럼 생겨 배너라고 불린다. 사전 계약된 규격에 동영상파일 등을 이용해 광고를 하고 요금을 지불한다. 광고 효과를 분석하기 위해 배너가 사용자들에게 보여진 횟수나 일정 기간 배너그래픽이 다운로드된 횟수를 세어 광고주에게 알려주기도 한다. 애초에는 사각형 모양에 도메인과 사업내용을 알리는 단순한 형태였으나 요즘은 동영상을 넣거나 홈페이지를 열면 저절로 화면에 배치되는 등 다양해지고 있다.

⑦ 키워드광고

검색 사이트에 특정 검색어를 입력하면 관련 업체 광고가 노출되도록 하는 기법이다. 누리꾼이 '이사'와 관련된 키워드를 검색하면 '포장이사', '이삿짐센터' 등 관련 광고가 나오는데, 특정 제품이나 관심을 가진 사람에게만 노출된다는 점에서 불특정 다수가 대상인 배너광고와는 다르다. 즉 특정 검색어의 결과에만 노출됨으로써 클릭률이 높고 저렴한 광고비용과 마켓 선점으로 소액 광고주들 사이에서 효과를 인정받고 있다.

⑧ 팝업(Pop up)광고

웹사이트를 클릭하면 새로운 창과 함께 나타나는 광고다. 애초 방문자가 보고자 했던 콘텐츠나 배너보다 팝업광고를 먼저 만나야 하기 때문에 효과가 뛰어나다. 그러나 웹페이지를 접속할 때마다 뜨는 팝업광고로 인해 소비자들이 꺼리게 되어 그 개선책으로 오늘 하루, 또는 일정 기간 나타나지 않게 선택하도록 하고 있다.

⑨ 옵트인(Opt-in)광고

옵트인은 당사자가 개인 데이터 수집을 허용하기 전까지 데이터 수집을 금지하는 것을 말한다. 기업과 같은 단체가 광고 메일을 보낼 때, 수신자의 사전 동의를 얻어야 발송할 수 있는 다이렉트 메일 방식이다.

⑩ 채팅창광고

채팅을 하면서 배너를 클릭하면 채팅창 우측에 플래쉬로 제작된 광고가 나온다. 광고 하단은 각종 경품의 당첨 여부가 표시되며 광고를 눌러도 채팅을 하는 데 아무런 지장이 없기 때문에 수시로 클릭할 수 있다.

⑪ 메신저광고

메신저 내의 광고는 크게 세 가지로 구분할 수 있다. 메신저 지면의 배너광고와 채팅창 배너 등의 네트워크 지면광고, 그리고 탭 광고, 토스트바 등 서비스 활용 광고이다. 수많은 콘텐츠와 광고로 채워진 웹사이트광고와 비교해 차별성과 주목성에 있어 뛰어나다. 또한 회원가입만 하고 방문을 하지 않거나 필요한 서비스만 골라 이용하는 등 사용도가 높지 않은 웹사이트들과 달리 가입자 대부분이 적극적으로 활용하고 있어 상당한 효과를 기대할 수 있다.

⑫ 인터렉티브 영상광고

인터넷은 타 매체와 달리 소비자가 직접 참여할 수 있다는 점에 착안하여 인터렉티브 요소를 가미한 광고다. 이용자나 지인의 사진이 광고 속에서 노출되거나 이용자의 선택에 따라 스토리가 전개되는 인터렉티브 형태의 영상광고이다. 이는 일반 광고보다 몰입도와 임팩트가 높고, SNS 연동을 통해 공유와 전파가 빠르고 파급력이 높다는 장점이 있다.

⑬ 게임 내 광고(In-game AD)

게임 유저는 게임 아이템 혹은 게임에 등장하는 배경에 대한 몰입과 참여율이 높다. 따라서 게임을 즐기면서 브랜드를 인지시키고, 브랜드의 특성을 전달하고자 할 때 효과가 높다. 요즘은 게임을 통해 모바일로 해당 제품을 프로모션하고, 오프라인 매장으로의 방문을 유도하여 온-오프라인 통합광고로 이어지게 하는 것이 추세다.

인터넷의 장점을 최대한 활용한 기업은 적은 비용으로 높은 효과를 얻을 수 있으며, 고객의 반응도 즉시 파악할 수 있다.

이때 가장 합리적인 광고 기법으로 기업과 소비자를 연결하는 인터렉티브 미디어 모델과 배너광고를 조합한 방식을 들 수 있다. 인터렉티브 미디어광고는 인터넷의 쌍방향성으로 소비자의 취향을 분석해 차별화된 광고를 할 수 있다. 특히 배너광고는 클릭하면 자연스럽게 자사의 홈페이지에 접속하도록 되어 있어 기존 광고에 비해 상당한 효과가 있다.

배너광고는 인터넷 홈페이지에 띠 모양으로 만들어진 광고로 인기 있는 홈페이지의 한쪽에 특정 웹사이트의 이름이나 내용을 부착하여 홍보하는 그래픽 이미지를 말한다. 정해진 규격에 동영상 파일 등을 이용해 광고하고 소정의 요금을 지불하게 되는데, 광고 효과의 분석을 위해서 일정 기간 보여준 횟수나 다운로드된 횟수를 광고주에게 알려주기도 한다.

배너광고는 보는 것만으로 호감을 갖게 하는 장점이 있다. 한편 매스미디어광고에 접했을 때와 비슷하게 광고 메시지를 인식하는 효과도 있다. 한편 배너에 링크된 광고주 사이트 주소에 의해 클릭 시 즉시 방문이 이루어져 광고주 사이트를 방문하는 비율이 높아진다. 이러한 특징 때문에 클릭에 의한 광고 효과뿐 아니라 일반적인 광고와 같은 광고로 파악할 수 있다.

처음에는 사각형 모양에 도메인과 사업내용을 알리는 형태였지만, 요즘은 동영상을 넣거나 홈페이지를 열면 저절로 화면에 배치되는 식으로 다양화하고 있다. 특히 배너광고에 동영상과 오디오, 애니메이션 등을 웹 브라우저상에 실행시켜 소구력을 높이는 멀티미디어형이 리치 미디어광고[02]라고 한다.

배너광고의 요금은 게재되는 웹사이트에 따라 요금이 다르며, 액세스 수가 많은 사이트일수록 높다. 요금은 몇 가지 거래방식으로 나눌 수 있다. 게재하는 기간에 따라 요금이 결정되는 것이 기간 보증형이다. 그러나 액세스 수에 관계없이 기간이 만료되면 게재도 종료된다. 반면에 배너가 표시되지 않을 위험을 최소화하기 위해 횟수를 사전에 지정한 검색 보증형이 있다. 그리고 클릭된 횟수를 보증하는 것이 클릭 보증형이다. 게재기간을 목표로 설정하고 그 기간 중에 클릭 수가 도달하지 않으면 도달할 때까지 연장된다.

메일광고는 광고에 클릭하는 수에 따라 요금을 결정하지만, 메일 매거진과 메일 DM은 다르다. 메일 매거진은 게재된 범위에 따라 달라진다. 메일 DM형은 대상 수에 따라 책정되며, 대상자가 증가하

---

02 리치 미디어광고(Rich Media Advertising)는 활자 위주인 배너광고에 신기술을 적용해 보다 풍부하게 만든 광고를 말한다. 배너광고에 동영상, 오디오, 애니메이션 효과 등 멀티미디어를 결합하여 주로 인터넷광고나 모바일광고에 사용된다. 광고 위에 마우스를 올려놓거나 클릭하면 광고 이미지가 변하거나 동영상이 재생되며, 기존 방식에 비해 거부감은 낮고 주목도와 클릭률이 높다.

면 1명당 단가가 내려가는 방식도 있다. 한편 하이퍼텍스트로 작성한 HTML(Hypertext Markup Language)의 요금이 높은 편이다.[03]

키워드광고는 인터넷 검색사이트에 특정 키워드를 검색한 사람들을 대상으로 광고주의 사이트가 노출되도록 하는 광고 기법이다. 텔레비전이나 라디오 또는 배너광고와 같이 기업이 고객을 찾아 광고를 하는 것이 아니라, 찾아오는 고객에게 광고를 노출한다는 점에서 이전의 광고보다 매우 적극적이고 효율이 높은 광고다.

키워드광고의 광고방법은 월 단위의 일정 계약기간 동안 기간 기준으로 광고비용을 지불하는 정액제 광고(Cost Per Mile, CPM)[04]와 소비자가 검색이나 배너광고를 클릭한 횟수를 근거로 지불하는 종량제 광고(Cost Per

---

03 메일로 전송된 광고를 다이렉트 메일광고(Direct Mail Advertising)라고 한다. 간단히 말하자면 우편물을 발송하여 광고하는 것이다. 다이렉트 메일은 조그만 엽서나, 팸플릿, 이메일(E-mail)에 이르기까지 다양하게 이용할 수 있으며, 업자가 희망하는 대상만을 선별하여 광고할 수 있고, 불특정 다수인에게 광고하는 것과 달리 특정 개인을 대상으로 광고할 수 있는 특징이 있다. 매체사가 전송하는 메일 매거진의 몇 줄 공간을 매입하는 메일 매거진광고와 사전에 전송을 인증한 소비자에게 메일 DM을 대신하는 DM광고가 있다. 속성이나 관심에 따라 대상자를 설정한 것이 메일광고로 즉각적인 반응이 높다.

04 정액제 광고는 기존의 광고 매체에서 1,000명 또는 1,000가구에 광고메시지를 전달하는 데 소요되는 비용을 말하며, 클릭 수가 아니라 노출 수를 기준으로 월 정액제로 상품별 노출의 위치가 달라지는 광고이다. 종량제에 비해 메인 키워드가 상대적으로 많이 사용되며 선착순 판매방식이다. 또한 계약기간 동안 고정위치를 독점할 수 있고 정해진 광고비인 만큼 인기 키워드의 경우 광고비의 절감이 가능하다. 광고를 진행하면 포털의 최상단 자리에 광고를 노출시켜준다. 그리고 경쟁 입찰방식으로 순위를 정하는데 광고비와 광고운영 점수에 따라 조정된다. 단위 광고비용/노출회수×1000으로 계산한다. 대표적인 것은 구글과 오버추어의 광고, 네이버의 타임초이스, 다음의 스페셜링크 등의 광고 상품이 있다.

Click, CPC)[05]로 나누어진다. 요즘은 검색광고가 점차 진화하여 키워드를 통한 브랜딩과 검색광고를 텔레비전 등 타 매체와 함께 진행하는 크로스 미디어광고가 새로운 트렌드로 자리 잡고 있다.

키워드광고는 키워드 1개만으로도 광고가 가능하기 때문에 진입장벽이 매우 낮다. 뿐만 아니라 광고를 효율적으로 집행할 만한 장소가 검색 점유율을 대부분 차지하는 네이버와 다음 등의 유명 포털사이트로 한정되어 있다. 많은 노출 수가 보장되는 대표 키워드는 다수의 광고주들이 경쟁을 하는 경우가 대부분이고, 이것은 키워드 클릭당 비용인 구매단가의 상승을 가져와 수익을 저해하기도 한다. 그래서 나온 해결책이 세부 키워드이다. 대표 키워드보다 높은 클릭률과 구매율을 보이는 경향이 있고, 경쟁자가 적기 때문에 구매단가 또한 저렴하다. 그러나 세부 키워드는 발굴하는 데 드는 노력과 효과적인지를 판단하는 기간이 오래 걸린다는 단점이 있다.

하지만 인터넷의 이용자가 많아지자 인터넷광고가 본격화되고, 시장도 꾸준한 증가세를 보이고 있다. 제품 정보만을 제공하는 수준을 넘어 기업의 이미지 구축이나 태도 개선, 구매 증대를 위한 마케팅 수단으로 이용하는 경향도 높아지고 있다.

---

05 종량제 광고는 광고를 클릭한 횟수당 비용을 지불하는 방식이다. 때때로 PPC(Pay Per Click)와 별다른 구분 없이 사용되는데 클릭 횟수를 기준으로 광고 단가를 산정하는 방식이 같기 때문이다. 두 단어의 미세한 차이점을 살펴보면, PPC 방식은 단지 클릭이 일어난 횟수만을 기준으로 단가가 책정되는 반면, CPC는 총 임프레션에 대한 클릭 횟수를 기준으로 광고주와 매체사가 협상하여 광고 단가를 책정한다. 또한 정액제에 비해 키워드 선정에서 자유롭고 일일예산 한도설정 기능이 있다. 소비자가 원하는 것만 검색해 나온 사이트로만 접속을 해야 광고비의 결제가 되고 비용이나 순위, 노출시간 등의 조율이 가능하다. 다음의 클릭스와 구글의 애드워즈가 대표적인 상품이다.

텔레비전이나 신문, 잡지 등 오프라인 형태의 수동적 광고는 점차 적극적인 누리꾼의 참여로 쌍방향 커뮤니케이션이 가능한 인터넷으로 옮겨가고 있다. 국내 인터넷 인구는 10대~20대 이용률이 90%를 넘어서고 있다. 특히 대졸 이상 전문직 등 구매력 높은 고소득층이 중심이라는 점에서 제품광고와 기업의 마케팅 수단으로 자리매김하고 있다. 그동안은 프로모션 수준에 머물렀지만 점차 브랜드 관리를 위한 강력한 수단으로 떠오르고 있다.

인터넷광고의 전략

1. 인터넷광고의 기법

인터넷광고 시장은 이미 신문이나 잡지, 그리고 유선방송광고 시장을 초과하였다. 인터넷광고가 그동안 인터넷의 발전을 가능하게 했고, 오늘날의 디지털 경제를 이끌고 있다 해도 과언이 아니다. 인터넷광고로 인해 사용자는 무료로, 또는 지불할 가격보다 훨씬 낮은 가격에 정보와 서비스에 접근할 수 있고, 중소기업들은 적은 자본으로 시장에 진입할 수 있는 기회를 가질 수 있게 되었다.

인터넷광고는 사용자의 인구통계학적인 등록 정보, 또는 인터넷상의 행동에서 나타나는 관심에 따라 맞춤형 광고를 내보낼 수 있다는 점에서 오프라인광고와는 차별된다. 물론 텔레비전이나 신문, 잡지에 싣는 광고도 광의의 인구통계학적인 자료 또는 구독 지역에 맞추어 광고를 할 수 있으므로 넓은 의미에서의 맞춤형 광고라고도 할 수 있다. 그러나 인터넷광고는 사용자와의 쌍방향 커뮤니케이션을 통해서 축적된 정보를 이용하여 관심이나 선호도에 따라 실시간으로 전송할 수 있다. 또한 소비자의 입장에서는 관심 있는 광고만을 볼 수 있다는 점에서 쌍방 모두 효율적인 방법이라 할 수 있다.

■ 인터넷광고와 타깃

인터넷에 의한 광고는 매스미디어 전략과 마찬가지로 먼저 어떤 커뮤니케이션 타깃을 선택할 것인가를 결정해야 한다. 누구를 대상으로 어떤 메시지를 보내면 효과적일지 판단하는 것이다.

종래의 광고 전략에 포함된 성별이나 연령, 직업, 지역, 수입, 세대 같은 기본적인 속성이 담긴 데모그래픽 타깃팅 이외의 기법으로 온라인상에서의 맞춤형 광고에는 세 종류가 있다.

컨텍스츄얼 맞춤형 광고(Contextual Targeting)는 사용자가 싱글 웹사이트나 싱글 애플리케이션과의 상호작용을 통해 얻게 된 정보만을 이용해서 이루어지는 광고를 말한다. 사용자가 검색창에 검색어를 치면 검색어와 관련된 광고를 배너가 아닌 텍스트 형태로 보여준다. 그래서 쇼핑이나 정보에 욕구를 가졌거나 관심이 높은 소비자에게 보여질수록 하여 구매 가능성을 높인다. 소비자 자신과 관련성이 높은 제품일수록 광고에 대한 반응과 브랜드에 대한 인식, 구매의향이 높다. 또한 웹사이트의 평가가 좋을수록 광고 효과도 좋다. 그러나 음료수 같은 제품은 웹사이트의 평판의 높낮음이 그다지 영향을 미치지 않는다. 관심도가 높은 제품일수록 웹사이트에 실린 내용과 관련성을 고려할 필요가 있다.

프로파일 맞춤형 광고(profile targeting)는 일정 기간에 걸쳐 수집된 광고 분석자료에 저장된 사용자 정보를 이용해 광고를 전송한다. 따라서 사용자의 온라인 행동 양태뿐만 아니라 사용자의 등록정보, 또는 사용자에 대해 공개된 정보를 이용한다. 그래서 개인정보 침해의 소지가 많은 광고이다.

반면 행동 양태 맞춤형 광고(Behavioral Targeting)는 광고를 인터넷 이용자의 과거 웹 활동에 맞춰 노출하는 것이다. 프로파일 맞춤형 광고의 한 종류라고 할 수 있는데, 일정 기간 동안 수집되어 광고 분석자료에 저장된 사용자의 행동 양태에 대한 정보를 사용한다. 이때 사용자의 검색어, 방문한 웹페이지, 클릭한 링크, 사용자가 본 콘텐츠 등이 모두 포함된다. 이외의 다른 방법을 통해 수집된 정보는 사용하지 않는다. 예를 들어 최근 자동차의 웹사이트를 방문한 사람에게 자동차 광고를 보여주는 식이다.

그 밖에 소비자의 기본적인 속성이 담긴 데모그래픽 타깃팅으로는 지리적 타깃화(Geotargeting)가 있는데 이것은 지역에 맞춘 타깃팅으로, 특정 지역의 소비자에게 광고 메시지를 두텁게 전달하는 전략이다. 지역별 전략도 매체 기획을 세우는 데 고려할 필요가 있는, 지역의 소비자가 대상인 소매업이나 학원 광고 등에 유효하다.

또 하나의 유형으로 방송시간대 광고(Daypart Targeting)란, 방송광고는 프로그램의 성격이나 시청자의 특성에 따라 나누어 실시하게 되는데, 인터넷 이용자도 다양한 인터넷상의 활동을 하기 때문에 거기에 맞춰 광고를 해야 한다는 점을 이용하는 것이다.

한국은 인터넷 접속률이 새벽 4~5시가 최저인데, 점차 높아져 오전 업무 개시쯤인 9~10시에 절정을 이룬다. 또한 점심시간에 조금 감소하지만 오후 들어 접속률이 높아져, 밤 22~23시 사이에 또 한 번의 절정을 이룬다. 그래서 인터넷의 황금시간대는 21~23시 사이라고 한다. 미국의 버드와이저가 금요일 저녁에 친구들과 담소하며 맥주를 마시고 싶은 시간대를 노려 주식 시장의 뉴스사이트에 광고를 출고한 것이 이러한 인터넷광고 전략의 좋은 사례다.

친숙함을 느끼게 하는 전략(Affinity Targeting)은 소비자가 평소 친숙함을 느끼는 웹사이트에 광고를 출고하는 전략이다. 실제로 미국은 대중이 친숙하게 여기는 웹사이트를 통해 고가의 제품을 광고하고 있다.

한편 소비자를 분석한 전략(Purchase-Based Category Targeting)은 자사 브랜드 구매자의 생활패턴을 분석하여 타깃의 활동에 맞는 웹사이트에 광고를 출고하는 전략이다. 예를 들어 화장품 관련 사이트보다 온라인 쇼핑몰이나 자동차 사이트에서 보내는 시간이 훨씬 길지만, 의외로 게시판이 짧다는 결과에 의해 광고를 출고하는 것이다. 이때는 온라인 소비자 행동과 구매 데이터를 결합한 데이터 마이닝(data mining)[01]의 실시가 필요하다.

인터넷 매체의 특징 중 하나는 이용자 중 특정 소수가 웹사이트를 방문한 사람 전체보다 더 많은 페이지뷰(page view)[02]를 차지하고 있다는 점이다. 미국의 어느 신문사 사이트는 열성적인 20%의 이용자가 페이지뷰의 86%를 차지한다고 알려져 있다. 그래서 인터넷광고는 일부 헤비

---

01 많은 데이터 가운데 숨겨져 있는 유용한 상관관계를 발견하여, 미래에 실행 가능한 정보를 추출해 내고 의사 결정에 이용하는 과정을 말한다.(네이버 지식백과)
02 인터넷 사용자가 인터넷상에 있는 홈페이지를 열어본 횟수를 가리킨다.(네이버 지식백과)

유저에 의해 광고의 임프레션(Impressions)[03]을 전달하고 있다.

페이지뷰가 일부 이용자에게 편중되는 경향은 인터넷에서 쉽게 볼 수 있다. 이런 경향을 무시하고 매체 계획을 진행하면, 광고가 일부 웹사이트 이용자에게 편중하게 된다. 웹사이트의 라이트 유저까지 범위를 확대하기 위해서는 몇 가지 방법을 생각해볼 수 있다.

먼저 타깃 유저가 집중하고 있는 웹사이트를 선택하는 것이다. 대형 포털사이트뿐만 아니라 세분화된 웹사이트인 투자나 뉴스사이트, 스포츠나 엔터테인먼트 관련 사이트를 선택해보는 것이다.

다음은 웹사이트의 트래픽에 주의해야 한다. 웹사이트는 각기 액세스되는 패턴이 정해져 있는 경우가 많다. 영화에 관련된 사이트는 주말에 열람될 가능성이 높다. 타깃에 침투하기 위해 걸리는 시간을 가능한 빨리 타깃 리치에 도달하도록 선택해야 한다.

이때 온라인과 오프라인 미디어를 동시에 이용해 브랜드 리치를 달성시킬 수 있다. 그리고 텔레비전이나 신문 같은 종래 매스미디어와 조합함으로써 보다 효율적으로 리치를 획득할 수 있다.

그렇다면 인터넷의 접촉빈도는 어느 정도가 적당할까. 미국은 실험에서 각종 제품을 이용해 1회에서 40회의 프리퀀시로 배너광고를 노출시켰다. 그러자 브랜드의 지명도가 최종에서 90%나 달성되었고, 가장 큰 지명도는 최초의 1회, 또는 2회째로 45%가 달성되었다. 2~3회째는

---

03 광고 노출 횟수를 말하는데, 특히 웹사이트가 한 번 열려 배너광고가 한 번 노출된 경우를 1임프레션이라고 한다. 하나의 웹페이지에는 디자인에 따라 여러 개의 광고가 들어갈 수 있기 때문에, 단위 시간당 웹페이지보다는 단위 시간당 광고 뷰로 더 많이 표기한다. 페이지 또는 광고 임프레션은 사이트 서버에 의해 유지되는 로그에 기록이 남는다.(네이버 지식백과)

60%였다. 결과적으로 좁은 타깃그룹에 수차례 광고를 노출시키는 것보다 넓은 층에 적은 수의 프리퀀시로 노출시키는 것이 효과적이었다. 미국의 인터넷광고 중개기업 더블클릭(DoubleClick)사의 조사에 의하면 가장 적절한 접촉 빈도는 4~7회라고 한다.

광고의 게재는 검색엔진 마케팅(Search Engine Marketing, SEM)에서 한다. 단순히 검색에 그치는 것이 아니라 적극적으로 특정 웹사이트로 유도하여 상품을 구입하게 만드는 것이 역할이라 할 수 있다. 각종 검색엔진에 등록하거나 검색 결과를 상위 랭킹으로 끌어올려 미처 사용자가 인식 못한 효과를 얻는다.

검색엔진 최적화로 불리는 SEO(Search Engine Optimization)는 검색했을 때 상위에 나타나도록 관리하는 것이다. 최적화는 사이트를 대표하는 핵심 키워드 2~3개 정도를 선택하여 사용한다. 추천 사이트로 등록하면 자연스럽게 이용자가 많아져 사이트의 순위가 올라가게 된다.

특별히 SEO가 필요한 이유는 키워드를 통해 검색하는 소비자는 그 단어에 관련된 니즈를 갖고 있기 때문이다. 이때 키워드를 입력하는 소비자를 어떻게 자사 사이트나 캠페인 사이트로 유도할 수 있을지가 과제다. 결국 경합사가 미처 파악하지 못한, 검색 수나 클릭률이 높은 키워드의 선택을 어떻게 해야 할 지가 중요한 것이다.

대표적인 검색광고로 구글의 '애드워즈(AdWords)'가 있으며, 하루에 사용할 예산의 상한을 설정할 수 있고, 1개월 단위로 게재할 수 있다.

■ 인터넷광고의 최근 경향

인터넷광고는 그 역사가 짧지만 동영상과 가상공간 등으로 범위가 끝없이 확장되며 진화하고 있다. 대표적인 것이 키워드광고이며 유사한 것이 페이드 리스팅광고로 콘텐츠 연동형이다.

컨텐츠 연동형 광고는 웹페이지의 문맥이나 키워드를 해석하여, 관련성이 높은 광고를 표시하는 시스템이다. 구글(Google)의 애드센스(AdSense)가 많이 알려져 있는데, 웹사이트의 운영자가 자신의 사이트를 통해 수입을 얻을 수 있고, 광고주와의 계약 같은 번잡스런 절차를 밟지 않아도 된다는 장점이 있다. 광고주도 자사의 상품이나 서비스와 연관성이 높은 페이지에 광고를 출고하고 양질의 잠재고객을 획득하기 쉬운 이점이 있다. 특히 검색광고와 경쟁하는 기법이 아니라는 점이 장점이다.

유저의 웹 열람 행동을 인터넷상에서 항해에 비유한다면, 검색 사이트는 항해의 출발점인 항구이다. 효과 높은 항구에서의 호객 수단이 검색광고다. 그러나 콘텐츠 연동형 광고는 광활한 바다에 퍼져 있는 뉴스 사이트나 블로그와 같은 무수의 중계점에서의 호객 수단이며, 검색광고와는 성격이 다르다. 이러한 점에 유의하여 검색광고와 콘텐츠 연동형 광고를 병행한다면 보다 많은 효과를 얻을 수 있다.

블로그나 SNS처럼 인기 있는 인터넷 서비스에 연동하는 제휴도 개발되고 있다. 또한 영향력 있는 블로거를 네트워크화하여 인터넷상의 구전 효과를 확대하려는 움직임도 있고, SNS와 타이업형 프로모션도 증가하고 있다.

이러한 경향 속에서 주목받고 있는 개념은 바이럴 마케팅(viral marketing)

이다. 이는 구전 효과의 확산을 통해 액세스를 획득하는 기법이다. 누리꾼이 이메일이나 다른 전파 가능한 매체를 이용해 자발적으로 기업이나 제품을 홍보하기 위해 퍼뜨리는 것으로, 컴퓨터 바이러스처럼 확산된다고 해서 붙여진 이름이다.

이는 대략 2000년 말부터 새로운 인터넷광고 기법으로 주목받기 시작하였다. 기업이 직접 홍보를 하지 않고 소비자의 이메일을 통해 전해지는 광고라는 점에서 기존 광고와 차별된다. 입소문 마케팅과 유사하지만 전파하는 방식이 다르다. 입소문 마케팅은 정보 제공자를 중심으로 메시지가 전달되지만 바이럴 마케팅은 정보 수용자를 중심으로 퍼져나간다.

한편 인터넷 속에 존재하는 가상현실 공간인 세컨드라이프(secondlife)를 활용하는 프로모션도 주목받고 있다.

—

모바일광고는 기본적으로는 PC와 같은 인터넷광고이지만 휴대전화에 의한 접속과 PC로의 접속은 콘텐츠의 내용과 타깃층이 다르다는 점에서 차이가 있다. 최근 들어 스마트폰으로 인터넷에 접속하는 층도 대략 100만 명에 이르며, 인터넷 이용자의 10% 정도를 차지하고 있다. 병용하는 사용자도 있기 때문에 휴대전화의 인터넷 기능을 활용한 모바일광고는 앞으로 더욱 확대될 것으로 예상된다.

모바일을 통한 인터넷 이용의 특징은 자택 이외의 이동 중에도 가능하다는 점이다. 언제 어디서나 메일이 도착하면 열람이 가능하다. 제4세대 스마트폰의 출범에 의해 초고속통신망인 브로드밴드화가 진행되어 영상이나 리치 콘텐츠 등의 활용이 가능해진 점도 주목할 만하다.

모바일광고는 점차 검색 이용이 늘어남에 따라 키워드 연동형 광고 시장이 확대될 것이다. 앞으로는 기존의 오디오와 동영상에 그래픽이나 플래시 기술을 적용하여 역동적인 정보를 양방향으로 제공하는 리치 미디어도 많이 이용될 것으로 보인다.

■ 인터넷광고와 규제

인터넷광고에는 준수해야 할 법령과 규제가 많다.

제한되는 광고는 공중의 생명과 재산에 위해를 가할 우려가 있는 것과 미풍양속에 저촉되는 것, 그리고 환경을 손상시키는 것 등이 있다.

일반적으로 '부당경품류 및 부당표시방지법' 등 광고 일반에 관한 것과 '약사법' 등 상품 서비스의 업종에 관한 것, 그리고 '방송법'이나 '옥외광고법' 등 매체에 관한 것이 있다. 그 밖에 공정한 경쟁과 관련된 '독과점방지법' 외에도 공정경쟁을 유도한다는 점에서 '부당경쟁방지법'이 있다. 시장에서 타사의 제품과 서비스를 혼동시키거나 신용을 침해한다고 판단되는 행위를 금지하는 것이다.

또한 크리에이티브에서 사용하는 미술이나 음악 등 다양한 저작물은 '저작권법'에 따라 권리가 보호된다. 특정 초상(肖像)을 이용함으로써 권리를 침해할 가능성이 있을 때는 초상권 보호법을 위반할 가능성이 있기 때문에 주의해야 한다. 나아가 의약품이나 건강식품 등의 광고물 표시에 관해서는 '국민건강증진법'을 준수해야 할 필요가 있고, 옥외광고나 사인류는 '옥외광고물법'의 규제에 따른다. 인터넷광고나 캠페인은 개인정보의 보호에 관한 법령인 '개인정보보호법'에 주의할 필요가 있다. 그리고 프리미엄 캠페인의 제작은 제조물책임법인 'PL법(Product

Liability Law)'에 유의해야 한다.

2. 모바일과 SMS광고

직장인 A씨는 아침에 일어나자마자 습관적으로 스마트폰부터 잡는다. 여자 친구의 생일이 오늘임을 알려주는 알림창이 떠 있다. 깜빡 잊고 있었던 A씨는 며칠 전부터 생일을 기대해온 연인의 얼굴이 떠올라 놀란다. 그것도 잠시, 회사 인근 공연장의 예매 정보가 화면에 뜬다. 서둘러 예매를 마치니 공연장 주변 맛집 정보가 올라온다. 선물은 무얼 하면 좋을지 페이스북을 켰더니 머플러를 좋아한다는 타임라인이 떠 있다. 점심시간에 짬을 내어 백화점에 들른다면 오늘의 위기를 무사히 넘길 수 있을 것이다.

최근 젊은층을 중심으로 생활 영역의 많은 부분이 모바일로 인해 이루어지고 있다. 이러한 추세에 반응하여 모바일이 새로운 광고 수단으로 각광받고 있다. 스마트폰을 통해 직접적인 마케팅을 하는 광고방식이다. 현대인은 무의식적으로 모바일 기술을 이용한 새로운 형태의 광고 타깃이 되고 있다.

대표적인 모바일광고는 문자메시지를 이용한 SMS광고다. 광고주가 이동통신사업자와 계약을 맺고 성별, 연령별, 지역별로 구매에 적합한 가입자를 찾아 광고를 하는 것이다. 무차별적인 스팸메일과는 달리 소비자의 특성에 맞게 제공하여 구매 효과를 높여준다.

월드컵 마케팅의 하나로 서울 지역 청소년 8만 명에게 축구공 등을 나눠주는 이벤트를 휴대전화 SMS를 이용한 모바일광고로 실시한 적이 있다. 행사장 인근에 거주하는 청소년 중 휴대전화의 가입자들에게만 행사 안내광고를 보내 큰 효과를 본 것으로 알려져 있다.

광고관리 서비스업체인 마린 소프트웨어(Marine Software)에 따르면 스마트폰상의 광고 클릭률은 4.17%로 2.39%인 인터넷광고에 비해 1.7배가 높은 것으로 나타났다. 모바일광고의 장점은 스마트폰을 이용해 잠재 고객의 이동경로 등 생활 패턴과 취향을 분석해 기존 검색광고보다 더 맞춤형(targeted)으로 제공할 수 있다는 점이다.

구글(Google)은 안드로이드 버전인 '젤리 빈(Jelly Bean)'과 '구글 나우(Google Now)' 서비스를 하고 있다. 구글 나우는 사용자에게 최적화된 알림기능을 통합한 서비스이다. 검색 서비스와 스마트폰의 사용 패턴, 위치 정보 등을 조합해 원하는 정보를 미리 제공해준다. 축적된 정보가 많을수록 제공되는 콘텐츠의 양이 늘어 정확도가 높아지기 때문에 사용시간이 길수록 향상된 정보가 가능하다.

구글 나우는 입력된 질문과 연관된 장소나 제품, 콘텐츠를 제안해주기 때문에 광고 플랫폼으로서 가능성이 매우 크다. 전 세계 모바일 트래픽이 연간 78%씩 증가하는 상황에서 검색광고를 통해 수익을 얻고 있던 구글이 모바일로 확대하기 위해 선택한 전략이다. 구글 나우가 제안한 아이템을 이용자가 즉시 검색함으로써 인터넷광고 수입을 모바일을 통해 얻을 수 있다.

한편 대표적 소셜네트워크서비스인 페이스북과 트위터 모두 소셜

기능을 광고로 활용하고 있다. 페이스북의 '스폰서 스토리(Sponsor Story)' 와 트위터의 '프로모티드(Promoted)'가 그것이다. 프로모티드 상품은 현재 미국을 비롯한 많은 국가에 도입되어 있는데, 크게 프로모티드 트윗(Promoted Tweets), 프로모티드 트렌드(Promoted Trends), 프로모티드 계정(Promoted Accounts)으로 나뉜다.

프로모티드 트윗은 이용자가 팔로우하는 계정에 올리는 광고성 글로 타임라인 상단에 나타나게 한다. 흘러가는 타임라인 중간이라 눈에 잘 띄지 않지만 주목도가 상당히 높다. 계정은 이용자에게 팔로우할 대상을 추천할 때 노출된다. 프로모티드 트렌드는 트위터의 인기 있는 키워드 아래에 광고 키워드를 끼워넣는 방식으로 사용자들은 문맥이나 이벤트 같은 트렌드를 보게 된다. 프로모티드 계정은 개인 사용자가 관심을 가질 만한 계정을 추천하는 '팔로우 추천'의 일부로, 로그인된 개인 트위터 홈페이지의 팔로우 추천 부분에 나타나게 한다.

향후 트위터의 광고 플랫폼이 국내에서 본격적으로 서비스가 시작되면, 분명 광고주들에게 새로운 매체로 주목받을 것이다. 기존의 천편일률적인 배너광고 및 키워드광고에서 벗어나 다양한 형식의 광고를 통해 소비자들에게 제품을 홍보하고 브랜드 인지도를 상승시킬 수 있다. 하지만 현재 국내 인터넷광고 시장이 네이버, 다음 등 포털사이트가 제공하는 키워드광고 및 디스플레이광고가 중심인 점을 감안하면, 정착하는 데 시간이 걸릴 것으로 보인다.

페이스북의 스폰서 스토리는 이용자가 자신이 방문한 가게의 위치를 알리거나 특정 상표에 좋다는 버튼을 누르면 관련 정보가 이용자들의 홈페이지에 마련된 스폰서 스토리라는 코너와 뉴스피드에 노출되는 서비스로 비용은 광고주가 지불한다. 자신의 친구가 직접 제품과 서비스를 추천하는 형태를 취함으로써 광고의 거부감을 줄이고 클릭 가능성을 높여준다. 또한 링크와 사진 등 각종 콘텐츠가 넘쳐나는 가운데 이용자들의 활동을 부각시킬 수 있다.

페이스북 검색 서비스인 '그래프 검색(Graph Search)'은 마케팅 담당자들이 자신의 광고를 노출시킬 대상을 찾기 위해 사용한다. 페이스북에 올라온 사진과 장소, 인물, 프로필을 바탕으로 이용자의 원하는 것을 찾아주는 이 서비스는 '부산에 살고 영화를 좋아하는 직장인' 등의 조건이나 '대학로에 분위기 좋은 커피 전문점'과 같은 구체적인 정보를 얻고자 할 때 사용할 수 있다. 이러한 특성 때문에 그래프 검색은 특정 이용자를 대상으로 광고를 하고 싶을 때 매력적일 수 있다. 직접 입력한 정보로 정확한 타깃팅이 가능하기 때문이다.

트위터와 페이스북은 PC보다 모바일에서 더 높은 광고 효과를 누리고 있다. 트위터를 모바일로 사용하는 사람은 PC 사용자보다 86% 이상 몰입도가 높다. 그만큼 광고 노출률도 높아진다.

한편 페이스북의 디바이스별 광고 비용을 조사한 결과, 데스크톱의 경우 0.81달러이고 모바일은 1.38달러로 조사되었다. 모바일광고가 70% 이상 가격 프리미엄이 있음을 알 수 있다.

모바일광고의 또 다른 가치는 구매 행동의 단초가 된다는 점이다. 수많은 광고로 인해 접촉 즉시 구매가 일어나는 경우는 흔치 않다. 모바일은 자극에서 결재까지 모든 과정이 스마트폰, 아이패드 등의 휴대용 단말기를 통해 가능하다.

또 모바일광고는 인터넷보다 한 단계 높은 것으로 평가받는 고객 관리방식인 CRM(Customer Relations Management)을 이용하고 있다. 휴대전화를 구입할 때 입력하는 신상정보의 높은 신뢰도는 모바일 마케팅의 든든한 기반이다. 따라서 이동통신 업체들이 소유한 소비자 신상정보와 CRM 기법이 결합했을 때 어떤 광고보다 높은 효과를 기대할 수 있다.

한편 요즘 통신사는 인터넷 모바일광고의 하나로 다채널 서비스(multi media message service, MMS)를 이용한 동영상광고를 하고 있다. 이러한 멀티채널을 이용한 동영상광고 서비스는 플래시 애니메이션 수준의 영상과 음향이 혼합된 방식이다. 또 다른 모바일광고로 스팸전화가 있다. 메일과 휴대전화 문자메시지를 이용한 광고에 이어 가장 많이 이용하는 기법이다. 자동응답 시 광고 내용을 녹음해 불특정 다수의 휴대전화로 전송하는 방식이다. 제목만 보고 지워버리는 스팸메일이나 문자메시지 서비스인 SMS광고와 달리 걸려온 전화에 무의식적으로 응답하는 경우가 많은 것에 착안한 것이다.

모바일광고의 유형 진화는 여기서 끝나지 않는다. 광고가 'SNS 드라마'로 기획된 것이다. 기업의 페이스북이나 유튜브 등 SNS에서 공개되는 동영상으로, 방송광고보다 비용이 저렴하고 젊은층을 공약하기 쉽다는 장점이 있다.

A보험사는 2013년 최초로 SNS드라마를 표방한 '러브 인 메모리'를 선보였다. 헤어졌던 첫사랑이 우연히 재회해 만남을 이어간다는 10분짜리 드라마로 주인공이 보험사 직원으로 나온다. 매회 도입부엔 자사 빌딩에 걸린 소위 '광화문 글판'이 등장해 해당 회의 주제를 암시한다. 6주간 매주 자사 페이스북과 유튜브에서 업데이트된 이 광고는 조회 수

가 무려 36만 건을 넘어섰다. 이러한 기획에는 보험에 친숙하지 않은 젊은층과의 거리를 좁히려는 의도가 깔려 있다.

분식프랜차이즈 업체인 'A떡볶이'는 매장에서 촬영한 4분짜리 시트콤 '매콤한 인생'을 발표했다. 떡볶이가 좋아 떡볶이 집을 차린 사장과 그를 좋아하는 여 종업원이 중심이 된 에피소드로 꾸며졌다.

메신저를 이용한 광고 및 마케팅 수단도 최근 대두되고 있다.

국민 메신저로 자리잡은 '카카오톡(KakaoTalk)' 가입자는 2012년 말 현재 해외 가입자를 포함해 7,000만 명을 넘어섰고, 개인당 하루 평균 43분가량 사용하며, 150건 이상의 메시지를 보내는 것으로 조사되었다. 카카오톡은 사용자뿐 아니라 사용 횟수도 점차 늘고 있는 추세이다. 메시지 이용건수로 보면 이동통신망을 통해 주고받는 휴대전화 문자메시지 이용을 훨씬 앞선다.

카카오톡의 주된 수입원은 기프티콘이다. 한편 카카오톡의 광고 플랫폼으로 '플러스 친구'가 있다. 유명 가수나 게임사, 패스트푸드 브랜드 등의 카카오톡 계정을 친구로 추가하면, 영화나 연극 공연의 할인 및 이벤트 등에 대한 정보는 물론 모바일 쿠폰도 제공한다. 업체가 고객에게 다양한 이벤트와 할인 등의 혜택을 제공하는 방식이다.

타 애플리케이션광고에서처럼 실행 중에 위나 아래에 배너처럼 붙거나, 화면 전체를 덮는 디스플레이광고와는 달리 오로지 '친구 추천'을 통해 광고하는 방식이다. 소비자가 기업과 '친구'를 맺는 것은 기업 입장에서는 카톡이라는 매개체를 통해 저절로 잠재고객을 확보하게 되는 이득을 창출하게 된다. 뿐만 아니라 대화로 정보를 주고받을 수 있어 주목도가 높고, 친구로 추가한 회원 수에 비례해 광고 효과를 가늠해볼 수 있다.

플러스친구를 보완한 '카카오애드'는 매장을 방문했던 고객이 인근 매장의 이벤트에 참여하면 바로 친구 추가 페이지로 이동되는 형식이다. 이는 소셜커머스 업체의 무리한 할인 방식으로 인한 매장 부담을 줄여준다. 자율적으로 할인율이나 경품을 정한 광고를 할 수 있으며, 스마트폰으로 고객 관리도 할 수 있는 모바일 광고 플랫폼이다.

3. 블로그와 UCC의 활성화

뉴 미디어는 전통 매체들과 자연스럽게 만나 융합하며 출범했다. 인터넷은 신문이나 방송과 유사한 형식의 뉴스 서비스를 제공하고 있다. 새롭게 등장한 미디어 서비스는 각 매체의 장점을 살려 제휴와 협력의 단계를 거치며 통합으로 나아가고 있다.

그러나 개인 미디어는 자신이 서비스를 제공하는 미디어의 주체이자 정보의 생산자가 된다. 매스미디어 독점시대의 언론은 뉴스와 프로그램 등 콘텐츠의 일방적인 전달자였고 개인은 수용자에 머물렀다. 그러나 인터넷과 IT의 발전은 그러한 기반을 근본적으로 바꿔놓았다. 개인이 미디어 콘텐츠를 생산할 뿐 아니라 스스로 소비하는 환경이 조성된 것이다. 미디어의 생산자이자 소비자인 미디어 프로슈머(Media prosumer)로서 개인의 등장이야말로 변화된 미디어 환경을 한마디로 설명해주는 핵심적인 키워드다.

이러한 현상의 중심에는 먼저 블로그가 있다.

블로그는 개인의 일기나 메모를 인터넷상에서 표현하기 위한 편리하고 간편한 개인 웹사이트다. 블로거도 최근 몇 년보다 사회적인 영향력이 증대되었으며, 기업도 블로거의 제품이나 서비스의 평가에 귀를 기울이게 되었다. 또한 블로그에 게재된 키워드의 빈도를 인터넷에서 간단하게 검색할 수 있게 되었다. 요즘은 블로그의 반응을 광고의 반응으로 평가하여 활용하고 있을 정도다.

웹(web)과 로그(log)의 합성어로 '인터넷 항해일지'라고 번역되는 블로그는 1997년 뉴욕에 거주하는 데이브 와이어(Dave Winer)가 처음 만든 것으로 알려져 있다. 2001년 미국의 9·11 참사 이후 널리 퍼졌고, 우리나라에도 2002년 말부터 전문 서비스 업체들이 생겨나면서 확산되었다. 블로그는 동영상 UCC나 한때 유행했던 개인 홈페이지에 비해 만들기가 쉽다는 장점이 있다. 이에 2003년 10월에 시작된 네이버 블로그는 개설된 숫자만 1,000만 개, 광의의 블로그로 볼 수 있는 싸이월드 미니홈피는 2,000만 개에 이른다. 블로그의 힘은 숫자에만 있는 것이 아니다. 자신이 직접 관리하거나 타인의 블로그에 방문하는 것을 즐기는 누리꾼들에게 기존 언론을 능가하는 신뢰성과 영향력을 발휘하고 있다.

IT나 영화, 공연 등 전문 분야가 뚜렷한 블로그는 언론보다 해당 분야의 소식을 더 빠르고 정확하게 전달해준다. 실제로 블로거 세 명 중 한 명은 신변잡기 수준을 넘어 저널리즘과 유사한 활동을 하고 있다. 개인이 직접 블로그와 미니홈피 같은 커뮤니티 사이트를 이용하여 자신의 경험과 생각을 담은 글과 동영상으로 정보 생산에 적극적으로 참여하고 있는 것이다.

이러한 현상에 힘입어 블로그 마케팅의 중요성이 부각되면서 점차 기업도 진입하고 있다. 처음부터 블로그가 관심의 대상이 아니었지만, 인터넷 인프라가 확장되고 웹 서비스가 진화하면서 영향력이 커졌기 때문이다. 또한 블로그를 미디어로 인식하게 된 것도 블로그 마케팅의 중요성을 한층 부각시켰다. 결국 기업은 블로거를 언론을 손에 쥔 소비자의 일부로 파악하여 그들과 접촉할 기회를 갖는 것이 중요하다. 따라서 적극적으로 접근하는 것도 기업의 평판을 높이기 위한 커뮤니케이션 전략의 하나가 되었다. 그렇다고 기업이 블로거에게 무언의 영향력을 행사하는 것은 곤란하다. 블로거도 어디까지나 객관적이고 중립적인 입장에서의 정보를 발신해야 하며, 그렇지 않다면 비판적인 논쟁에 휘말릴 수 있다.

블로그 마케팅 전략으로 앞서 언급한 바 있는 '검색엔진 최적화'를 들 수 있을 것이다. 자신의 블로그 사이트를 대표할 수 있는 핵심적인 키워드를 두세 개 선택해 이것을 등록해, 배너 교환이나 여러 사이트에서 추천 사이트로 등록하면 자연히 이용자가 많아지고, 이용자가 늘어나면 사이트의 순위도 올라갈 것이다. 검색 최적화 전략을 성공적으로 이끌기 위해서는 키워드의 선택과 배치가 무엇보다 중요하다.

하지만 블로그 운영에 있어서 가장 중요한 것이 콘텐츠이다. 콘텐츠는 문장이 자연스럽게 읽힐 수 있도록 만들어야 한다. 그래야 공감이나 추천, 혹은 댓글이 빠르다. 포스팅을 하면서 추가적으로 이미지와 동영상을 준비하면 훨씬 보기 좋은 콘텐츠를 만들 수 있다.

한편 블로그가 최상단으로 노출되려면 트래픽이 중요하다. 이용자들이 콘텐츠에 점수를 매기기 때문이다. 댓글, 공감, 엮인 글, 스크랩, 추천 수가 모여 상위로 검색된다. 블로그의 운영은 장기적인 목표를 갖고 내실을 기해야 지속적인 성장이 가능하다.

—

웹2.0시대를 맞아 정보의 공유와 개방이라는 사회적 흐름 속에서 사용자 제작 콘텐츠인 UCC(User-Created Contents)가 다방면에 걸쳐 활용되고 있다. UCC는 웹사이트 이용자에 의해 생산된 콘텐츠로 비직업적 활동의 산물로서 웹 공간에 공표한 콘텐츠다. 다시 말해 신문이나 방송 같은 전통적인 매체에서 생산된 콘텐츠와 대립되는 성격을 갖고 있다. 요즘은 사용자들이 직접 정보의 가치를 지닌 콘텐츠를 전문적인 수준에서 생산하고 있다. 급기야 스스로의 만족을 넘어 오프라인 방송에 버금가는 영향력을 지닌 수단으로 대두하고 있다.

대부분의 인터넷 포털사이트는 경쟁적으로 동영상 UCC를 제공하고 있고, 한편으로 UCC만 전문적으로 취급하는 사이트의 성장이 두드러지고 있다. 공중파 방송들도 여러 프로그램에서 일반인들이 직접 제작한 동영상 UCC를 방영하고 있으며, UCC 활성화와 비지니스 모델을 발굴하기 위해 노력하고 있다. 스마트폰이나 인터넷 방송에서는 언제라도 다양한 소재의 UCC를 찾아볼 수 있다.

이러한 흐름에 맞추어 많은 기업들은 소비자 참여를 유도하는 이벤트의 일환으로 UCC를 이용한 소비자 창작 광고를 공개 모집하는 기획을 선보인 바 있다. 이렇게 공모된 소비자들의 창작 광고는 실제 매체를 통해 집행된 바 있다.

4. 효과 높은 크로스 미디어의 실행

크로스 미디어는 온라인과 오프라인 등 다양한 매체 간의 결합으로 메시지를 전달하는 기법이다. 하나의 뉴스를 신문이나 잡지, 텔레비전, 인터넷, 휴대전화 등 다양한 매체에 맞춰 제작해 보도하는 것으로 매체의 경계를 넘나들며 전달해준다.

크로스 미디어라는 용어에는 한국적인 독특한 뉘앙스가 함축되어 있다. 원래 크로스 미디어는 어떤 미디어에서 만들어진 콘텐츠를 다른 미디어에 이행시키는 것을 뜻한다. 그러나 우리는 인터넷광고 전략으로써 크로스 미디어라는 용어를 사용하고 있다.

가장 많이 사용되는 크로스 미디어는 검색 키워드를 통한 광고다. 앞서 이야기했듯 크로스 미디어는 소비자에게 하나의 미디어를 다른 미디어로 이행시키는 것이다. 인터넷을 중심으로 광고 전략을 세워 소비자의 구체적 행동을 일으키게 하는 커뮤니케이션 활동인 것이다. 예를 들어 쿠폰을 다운받아 매장에 보여주면 무료로 상품을 나눠주는 이벤트나, 제품에 새겨진 일련번호를 휴대전화의 SMS메시지로 보내면 경품을 제공하는 행사가 있다. 또한 QR코드를 인식해 추가적인 정보 제공 및 이벤트 참여를 유도하는 프로모션도 있다.

크로스 미디어 전략의 핵심은 자사의 웹사이트나 캠페인 사이트에 가급적 소비자를 많이 불러들이는 데 있다. 그들을 통해 구매나 문의 같은 구체적 행동을 일으키게 하는 것이다. 특히 금융, 휴대전화, 항공, 관광, 자동차 등 자사 웹사이트가 구매의 스태프가 되는 분야에서 중요한 전략이 되고 있다. 앞으로도 자사 웹사이트나 캠페인 사이트를 경유시키기 위한 크로스 미디어 전략은 더욱 확대될 것이다.

5. 인터넷광고의 효과 측정

인터넷광고의 장점 중 하나는 대중과의 접촉이나 반응을 인터넷을 활용해 측정할 수 있다는 점이다. 통상의 매스미디어광고는 캠페인 후에 소비자에게 질문하는 것으로 측정이 가능했다. 하지만 인터넷은 보다 객관적인 데이터를 얻을 수 있다는 점에서 매스미디어광고와 다른 특징이 있다.

인터넷광고의 효과는 세 가지로 나눌 수 있는데 검색 효과는 광고의 노출 효과를 지칭한다. 한편 배너광고 등이 얼마나 노출되었는지 알 수 있는 횟수를 임프레션이라고 한다. 또한 사용자가 광고배너를 클릭한 횟수를 광고 클릭(Ad Click)이라 칭한다. 웹사이트가 한 번 열려 배너광고가 한 번 노출되면 이를 1임프레션이라고 한다. 광고 배너가 다운로드되어 방문객에게 보여지는 광고 뷰(Ad View)와 같은 개념이며, 노출(Page View)로 통용된다.

하나의 웹페이지에는 디자인에 따라 여러 개의 광고가 들어갈 수 있기 때문에, 단위 시간당 웹페이지보다는 단위 시간당 광고 뷰로 더 많이 표기하고 있다. 페이지 또는 광고 임프레션은 사이트 서버에 의해 로그에 기록이 남는다.

그리고 임프레션에 의해 발생한 지명도를 광고 임팩트 효과, 이미지의 변화는 브랜딩 효과, 브랜드에 대한 구입 의욕의 증가를 표시한 것을 태도변용 효과라고 한다. 트래픽 효과는 리스폰스 효과다. 광고나 표기되고 있는 URL을 클릭해 노출로 나눈 값인 클릭률은 CTR(Click Through Rate)로 이것은 배너광고를 클릭해 다음 페이지로 이동하는 비율을 말한다. CTR은 '클릭 수÷임프레션 수'의 백분율로 나타낸다.

리스폰스(response) 효과는 반응이다. 인터넷광고에 의한 소비자 행동 효과로 구매나 조사에 대한 협조, 문의, 등록, 캠페인 등을 지칭한다. 방문자 수를 상품구입자 수로 나눈 비율은 전환율(conversion rate)로, 임프레션에서 구매와 등록을 하는 비율을 말한다.

김봉현 · 김태용 · 박현수 · 신강균 지음, 『광고학개론』, 한경사, 2011.

김완석 지음, 『광고심리학』, 학지사, 2000.

김진한 지음, 『브랜드 포지셔닝』, 와이미디어, 2009.

김학천 · 김병길 · 김동규 지음, 『현대 미디어의 이해』, 건국대학교 출판부, 2001.

김흥규 · 최원주 지음, 『브랜드는 커뮤니케이션이다』, 커뮤니케이션북스, 2005.

게리 하멜 지음, 김소희 옮김, 『시대를 앞서는 미래 경쟁 전략』, 21세기북스, 2011.

돈 슐츠 · 스탠리 타넨바움 지음, 리대룡 옮김, 『광고 전략 에센스』, 월간POPSIGN,
　　　　1997.

데니스 베커 외 지음, 정종식 옮김, 『설득력 있는 프리젠테이션』, 21세기북스새날,
　　　　1997.

데이비드 아커 지음, 이상민 옮김, 『브랜드 자산의 전략적 경영』, 비지니스북스, 2006.

데이비드 오길비 지음, 강두필 옮김, 『나는 광고로 세상을 움직였다』, 다산북스, 2008.

대니얼 카너먼 지음, 이진원 옮김, 『생각에 관한 생각』, 김영사, 2012.

로버트 B. 세틀 지음, 대홍기획 마케팅컨설팅그룹 옮김, 『소비의 심리학』, 세종서
　　　　적, 2003.

로서 리브스 지음, 권오휴 옮김, 『광고의 실체』, 김영사, 1988.

로저 둘리 지음, 황선영 옮김, 『그들도 모르는 그들의 생각을 읽어라』, 윌컴퍼니, 2013.

마크 고베 지음, 안장원 옮김, 『감성디자인 · 감성브랜딩 · 뉴 트렌드』, 김앤김북스,
　　　　2008.

바바라 K, 케이 · 노먼 J, 메도프 지음, 이명천 외 옮김, 『인터넷 광고의 이해』, 커뮤
　　　　니케이션북스, 2003.

박준형 지음, 『통합 브랜드 커뮤니케이션』, 이콘출판, 2012.

보르하 빌라세카 지음, 이선영 옮김, 『변화는 사막에도 비를 뿌린다』, 글로세움, 2013.

심성욱 · 전종우 · 황장선 · 고한준 · 강형구 지음, 『광고학 개론』, 서울경제경영, 2011.

알 리스 · 로라 리스 지음, 김현정 옮김, 『홍보 불변의 법칙』, 비지니스맵, 2013.

이명천 · 김요한 지음, 『광고학 개론』, 커뮤니케이션북스, 2010.

장대련 · 한민희 지음, 『광고론』, 학현사, 2011.

정걸진 · 양영종 · 김상훈 지음, 『광고조사론』, 형설출판사, 2000.

조 카포 지음, 이정아 옮김, 『광고의 미래』, 커뮤니케이션북스, 2005.

잭 트라우트 · 앨 리스 지음, 안진환 옮김, 『포지셔닝』, 을유문화사, 2012.

존 페퍼 지음, 권오열 옮김, 『사랑받는 기업의 조건』, 비지니스맵, 2008.

제임스 허먼 지음, 이성복 옮김, 『상 받은 광고가 11배 잘 팔린다』, 문예마당, 2012.

잭 트라우트 · 스티브 리브킨 지음, 현용진 외 옮김, 『포지셔닝 불변의 법칙』, 이상
        미디어, 2012.

칩 히스 · 댄 히스 지음, 박슬라 옮김, 『스틱!』, 엘도라도, 2007.

체탄 샤르마 · 조 헤이조그 · 빅터 멜피 지음, 김태훈 옮김, 『모바일 광고』, 연남사, 2011.

톰 엘스틸 · 진 그로 지음, 김병희 외 옮김, 『광고 크리에이티브 전략』, 커뮤니케이
        션북스, 2008.

폴 크루그만 지음, 김재영 외 옮김, 『크루그만의 경제학』, 시그마프레스, 2008.

폴 아담스 지음, 이지선 옮김, 『세상을 연결하는 관계의 비밀』, 에이콘, 2012.

필립 코틀러 · 케빈 켈러 지음, 윤훈현 옮김, 『마케팅관리론』(제13판), 피어슨에듀케
        이션코리아, 2009.

케네스 로먼 지음, 정주연 옮김, 『무조건 팔아라』, 민음사, 2012.

허브 코헨 지음, 강문희 옮김, 『협상의 법칙 1』, 청년정신, 2011.

허의도 지음, 『미디어 혁신에 관한 거의 모든 시선』, 프리스마, 2011.

►►► **저자 약력**

이원재 李源宰

　서울에서 출생했으며, 건국대학교 언론홍보대학원을 졸업하고 현재 겸임교수이다. (재)서울디자인재단 홍보담당을 역임하고, 광고대행사 〈인사이트제이 커뮤니케이션즈〉 대표로 있다. 저서로『광고의 진화』가 있다.

광고의 이해

인쇄 · 2013년 10월 7일 | 발행 · 2013년 10월 14일
지은이 · 이원재
펴낸이 · 한봉숙
펴낸곳 · 푸른사상
주　간 · 맹문재

등록 · 1999년 7월 8일 제2-2876호
주소 · 서울시 중구 충무로 29(초동) 아시아미디어타워 502호
대표전화 · 02) 2268-8706~7　팩시밀리 · 02) 2268-8708
이메일 · prun21c@hanmail.net / prunsasang@naver.com
홈페이지 · http://www.prun21c.com

ⓒ 이원재, 2013

ISBN 979-11-308-0020-2　93320
값 25,000원

　저자와의 합의에 의해 인지는 생략합니다.
　이 책의 전부 또는 일부 내용을 재사용하려면 사전에 저작권자와 푸른사상사의 서면에 의한 동의를 받아야 합니다.
　이 도서의 국립중앙도서관 출판시도서목록(CIP)은 서지정보유통지원시스템 홈페이지(http://seoji.nl.go.kr)와 국가자료공동목록시스템(http://www.nl.go.kr/kolisnet)에서 이용하실 수 있습니다. (CIP제어번호 : CIP2013019757)

한 편의 광고를 통해 전달되는 메시지는
어떤 가치관을 부각시킬 수도, 반전시킬 수도 있다.

광고의 이해

Understanding of Advertising